南京医科大学学术著作出版资助项目

公司合同理论本土化反思

祝　彬　著

法律出版社 LAW PRESS · CHINA

序　言

公司合同理论滥觞于经济学领域，随后被引介至公司法学领域，成为重要的公司法学理论学说之一。公司合同理论的到来伴随着其与传统公司法学理论之间的冲突，并引发了“公司法中的合同自由”的论战，公司法的强制性与任意性之争一时成为公司法学领域的焦点。公司合同理论进入我国公司法学领域后，一方面，公司法的强制性与任意性之争继续在我国延续，我国学者继续围绕着公司自治与司法干预的界限进行论战。另一方面，由于对公司合同理论的误读、误解，我国学者在对具体学科研究目标、研究方法和具体学科语境等差异不加甄别的情形下，盲目地将公司合同理论中的“合同”视作民法学上的合同，并以民法学合同中的合意原则作为理解公司股东会决议活动正当性与否以及公司章程是否有效的依据，从而引发了合意原则与公司资本多数决议规则的冲突。对公司合同理论的误读、误解不仅引起了理论上的混乱，而且导致实务中相互矛盾的司法裁判结果以及逻辑混乱的裁判说理，严重损害了司法的统一性和权威性，也让公司治理活动无所适从，妨碍了公司的正常运行秩序，影响了社会经济的有序发展，既有违公平正义的实现，也不利于经济效率的提高。

本书正是基于对公司合同理论引发的现实问题的思考而立意，运用案例分析、价值分析和经济分析等研究方法，试图对公司合同理论的渊源和发展变化情况做一梳理,以发现公司合同理论在我国的异变之处,探寻司法实务中裁判错误与说理矛盾的根源,正确认识公司合同理论和公司决议规则的本质,祛除公司合同理论的不当理解带来的理论干扰和司法混乱,坚持公司多数决议规则,从而达到正本清源,正确指导司法实践的目的。本书共分为三个部分:导言、正文和结语。正文部分共分四章。

导言部分主要通过具体案例提出问题,说明写作目的,对公司合同理论文献作一简要梳理,并确定恰当的研究方法,点明本书的创新之处。

第一章主要梳理了公司合同理论的起源、发展过程。通过对委托代理理论和交易费用理论的起源和发展的考察,详细呈现了公司合同理论在经济学中的演变过程。通过对公司合同理论进入法学领域中引发的“公司法中的合同自由”论战的再现,展示了公司合同理论的观点和主张,以及与传统公司法学理论的冲突之处。然而,公司合同理论尽管是经济分析方法应用于公司法的良好开端,但是由于缺乏实证的支撑而备受诟病。一些学者的实证研究表明,尽管公司合同理论者为公司参与者们选出他们在公司法中的权利而竭力呐喊,而实践中的公司参与者们似乎对这一权利非常冷漠,公司参与者们在章程制定过程中往往不加选择的直接适用公司法中的任意性规则。

第二章主要介绍了公司合同理论在我国的承继和异变情况。公司合同理论进入我国法学领域后,我国公司法学者依然延续着公司法的强制性与任意性之争,热烈地探讨着公司自治与司法介入的界限,述说着公司法的功能。与此同时,部分学者对公司合同理论泛滥解读,将公司合同理论中的“合同”完全等同于民法学上的合同,进而运用合同中的合意原则去解读和评价公司章程的效力与公司股东会决议的效力,动摇了传统的公司资本多数决议规则,引起了理论和实务的混乱。这种情况已经脱离了公司合同理论的应有之义,实为公司合同理论的异变。其主要原因是由于对公司章程性质认定不清,无论是公司初始章程还是章程修正案,实际上都是公司股东会议依据多数决议规则决议的结果,只不过公司初始章程是多数决议的特殊情形——一致通过产生的,而章程修正案通常是表决权超过法定多数时产生的。公司章程应当是公司内部的自治性规则,绝不能以合同中的合意原则评判章程对异议股东是否具有拘束力。即便认为公司章程是股东之间的契约,也是公司合同理论下特定称谓的"契约",而绝不可等同于民法上的契约。

第三章主要厘定了合同与决议的区别,阐述了多数决议规则的正当性。合同和决议虽同属于民事法律行为,但是两者却存在本质的区别,而股东会议事活动的特点表明其只能是决议活动,而不是合同的缔结。既然股东会议事活动属于决议,就应当遵循决议活动的规则——多数决议规则,公司资合性的特点决定了股东会议事活动的多数决议规则必然是资本多数决议规则。资本多数决议规则是决议本质属性的内在要求,是公司民主管理制度的必然要求,也是公司治理活动追求公平与效率的应有之义。而公司合同理论对公司议事活动解释力的内在缺陷也表明,合同中的合意原则无法作为评判决议效力的依据。

第四章主要论述了多数决议规则是理想与现实冲突之间的必然选择,是公平与效率兼顾的必然结果。强调了应当理性看待公司合同理论,以发展的眼光看待公司法的强制性和任意性,防止静态地、标签式地理解公司法的强制性和任意性。指出资本多数决议规则下对异议股东的保护应当和其股权比例与地位相适应,不应超出其合理期待而走向另一个极端。

本书结语部分主要是对研究结果的简要总结，呼吁应当理性看待公司合同理论，并指出公平和效率并重的资本多数决议规则是理想和现实冲突之间公司议事活动的必然选择。

目　录

导　言

一、问题的提出

近年来,公司合同理论逐渐成为我国公司法学理论界关注的热点问题,并且该理论对司法实务界也产生了不可估量的影响。公司合同理论这一起源于经济学领域的理论来到公司法学领域后,确实为公司法学理论研究提供了新的研究方法和研究思路,拓展了公司法学研究的视野。但是,对公司合同理论的错误理解所产生的危害同样不可小觑,尤其是对司法裁判的影响。

例1:2006年发生的姜某诉某集团有限公司章程条款无效案①中,烟台市芝罘区法院认为,股东的股权属股东个人的合法财产权,对股权的处分应当遵循股东意思自治原则,公司强制处分姜

① 一审案号:山东省烟台市芝罘区人民法院(2006)芝民二初字第579号;二审案号:山东省烟台市中级人民法院(2006)烟民二终字第124号。案情详细内容见后文。

某股权的决议未经姜某同意对姜某不具有拘束力,其强调意思自治与合意的契约思想可见一斑。但是却又对股东一致赞成通过的章程规定视而不见,对姜某当初同意章程关于强制处分股权规定的意思表示不予考虑,认为一致通过的章程中关于股东股权强制处分的规定无效。从而支持了姜某主张的"公司依据其曾经同意的章程"对其股权强制处分决议无效的诉讼请求。遵循合同理论,强调股东意思自治,却又认定一致通过的章程无效,实在让人费解。

例 2:然而,同一法院,类似的案件事实,另一位股东吕某却不那么幸运。在吕某诉某集团公司股东会决议无效案[①]中,一审烟台市芝罘区法院和二审烟台市中级人民法院均认为,公司章程就是其内部契约,强调了公司章程的契约性,认为章程的制定和修改应当能够体现公司股东的意思表示,可是却又置股东吕某对章程修改决议的反对意见于不顾,驳回了吕某的请求。因为,二审法院同时还认为:"单一股东为了实现自身利益的最大化必然对于公司决策有支持有反对,倘若任由单一股东对于公司决策进行利益选择,从而排除公司决策对其的约束力,必然有违于公司作为团体法人的稳定和效率,也不利于与公司发生交易关系的善意第三人利益的保护。"二审法院在认定公司章程就是公司内部契约的同时,似乎又在强调公司的组织性,认为公司议事活动应当遵循多数决议规则。对这种将公司章程视作契约,却又不遵循契约的原则和规则的判决与说理,实在让人无法理解其到底遵循什么样的判决逻辑和思路。

例 3:和吕某相比,江苏省盐城市的股东周某似乎是幸运的。

---

① 一审案号:山东省烟台市芝罘区人民法院(2006)芝民二初字第 1176 号;二审案号:山东省烟台市中级人民法院(2007)烟民二终字第 183 号。案情详细内容见后文。

2006 年发生的周某诉大丰市丰鹿建材有限公司股东权纠纷案[①]中，盐城市中级法院认为，股东权的自由转让是股东固有的一项权利，股东权一经设立，除非经合法转让，或由国家强制力予以剥夺，或公司经清算程序予以分配，否则不能被变动。而且，丰鹿公司先与周某解除合同，然后修改章程，再依据章程作出股东会决议强行转让周某股权的行为违反了诚实信用原则和公序良俗原则，是对股东权的滥用。所以盐城市中级人民法院认为，依据公司资本多数决议规则通过的、限制股东权自由转让的章程条款，对异议股东不具有拘束力，从而认定公司的股东会决议和修订的限制股东权自由转让的章程条款无效。盐城中级人民法院的判决表明，在没有股东同意的条件下，股东会决议根本无权强行限制和处分异议股东的股权，公司章程被视为股东之间的契约，没有股东之间的合意，对章程的修改无效。

前述案例中，股东之间的关系被认为是一种合同关系，公司章程被视作契约，公司股东会决议活动中强调股东的意思自治，表明公司合同理论对我国司法实务界的影响和渗透已非同一般，公司合同理论似乎已成为法院裁判此类案件的重要理论依据。尽管公司合同理论对司法实务界影响深刻，但是可以看出，司法实务界对公司合同理论的理解和运用显然并不统一，即便是同一法院类似案件的判决也存在前后不一的对立情形。且不说判决的正确与否，仅就说理而言，同一案件中也是前后逻辑矛盾，难以自圆其说。例三中，盐城中级人民法院态度似乎最为鲜明和确定，未经股东同意，即使是依据资本多数决议规则作出的决议对异议股东也不具有拘束力，但是却留给了我们一个无法解释的疑问，在公司其他八

---

① 吴晓锋：《江苏大丰丰鹿建材公司转让股权案小股东二审胜诉》，载《法制日报》2007 年 5 月 27 日。案情详细内容见后文。

位股东通过股东会决议一致要求其依据章程转让股权的前提下，其他八位股东和周某之间的信任基础显然已不复存在，情感基础也已消失，如果异议股东周某执意不愿转让其股权，则有限公司的人合性在后续经营中如何维持？缺乏人合性基础的有限公司又如何能够高效的决策和运营？此时的公司股东进出机制如何保证？

这种相互矛盾的判决和含混的说理破坏了司法的统一性，严重损害了司法的权威性，是对司法正义的玷污。同时，变动不居的判决让人无所适从，影响了公司的正常管理活动以及公司的运行秩序，妨碍了社会经济的正常发展。痛定思痛，我们应当反思究竟是什么原因导致了司法实务中类似案例判决的相互对立，以及判决说理的前后矛盾和逻辑的混乱。这究竟是公司合同理论本身的问题，还是公司合同理论的理解和运用的问题，抑或是公司合同理论与公司议事活动本身的特性存在冲突？

二、文献梳理

公司合同理论①作为公司法律经济学的重要分支，源于经济学中的企业契约理论。通说认为，1937 年科斯（R. H. Coase）的《企业的性质》一文为公司合同理论的奠基之作，尽管其被湮没在繁多的经济学文献之中达三四十年之久才为人们所关注。公司合同理论的思想发祥于科斯，并得到阿尔钦（Armen A. Alchian）、德姆塞茨（Harold Demsetz）、詹森（Micheal C. Jensen）和麦克林（William H. Meckling）等学者的发扬光大，继而被伊斯特布鲁克（Frank Easterbrook）、费希尔（Daniel Fischel）和波斯纳（R. Posner）等学者引入公司法学研究之中。

---

① 公司合同理论，有的学者称为公司契约理论，经济学界多称为企业契约理论，本书对这一理论的提法不作词义细微差别之探讨，文中出现的公司契约理论、公司合同理论与企业契约理论均作相同含义理解。

公司合同理论认为,公司乃“一系列合约的联结”(nexus of contracts),作为法律拟制的虚拟物,公司只不过是这一系列合约的联结点;公司合同理论注重合约各方的合意,认为公司不过是参与各方意思自治的产物,强调对自由、平等的尊重;同时公司合同理论坚持私权自治的观点,认为公司的活动应当由市场法则去调整,政府不应当过于管制。公司合同理论的核心精神乃在于公司是一系列合同的联结。

20 世纪 80 年代以后,随着法律经济学研究的兴起,法律经济学者开始运用公司合同理论解释公司中的一些问题。尤其是 1988 年 12 月 9 日至 10 日在美国哥伦比亚大学法学院法律经济学研究中心举行的主题为“公司法中的合同自由”(contractual freedom in corporate law)的研讨会,更是掀起了公司法与公司合同理论研究的高潮。自 20 世纪 90 年代,公司合同理论开始进入我国公司法学者的研究视野,并被引入我国。

公司合同理论在我国的传播为我国公司法的修订由浓厚的管制色彩向任意性特点转变带来了积极的影响。我国 1994 年 7 月 1 日生效施行的《中华人民共和国公司法》(以下简称《公司法》)显示了极强的国家管制性色彩,公司参与者缺乏应有的自主、自治和自由。其强制性彰显了时代的需求,目的在于解决国有企业的问题,实现社会的安定。因此,公司法自始就承载着维护社会稳定的政治任务。任何对稳定的追求,在未能成为一种自觉行动之前都必须依靠强制来实现。[①] 真理总是具有一定的相对性,其时,对公司法特征的描述多以公司法是以强制性规则为主、任意性规则为

① 蒋大兴、金剑锋:《论公司法的私法品格——检视司法的立场》,载《南京大学学报》(哲社版)2005 年第 1 期。

辅的法律部门的论调[①],但也是适合我国当时经济发展的特定阶段性特征的。大概自 1999 年以来,以张开平先生为先导开始反思这种判断的正确性。[②] 随后,围绕着公司法的强制性和任意性,公司法的自治性与司法干预的界限等关于公司法性质的探讨如雨后春笋般涌现出来。其中一些学者运用公司合同理论对公司法性质的阐释尤为引人注目。[③] 随着国际经济的一体化、市场经济的发

① 例如,江平教授主编的《新编公司法教程》指出:“公司法的规范既有强制性的,也有任意性的,但以强制性规范为主。”参见江平主编:《新编公司法教程》(第 2 版),法律出版社 2003 年版,第 3 页;其他的论调如,“国家基于社会利益的考虑为克服市场缺陷和痼疾而实行的宏观调控,使公司法中存在着体现国家干预的强制性规范。显然,公司章程作为自治性规范,不能与公司法的这些强制性规定相抵触”。参见吴弘、李霖:《我国公司章程的实践问题与法理分析》,载顾功耘主编:《市场秩序与公司法之完善》,人民法院出版社 2000 年版,第 230 页;“就公司法来说,同样基于交易安全的需要,大多数公司法规则也属于强制性规则。”参见叶林:《中国公司法》,中国审计出版社 1997 年版,第 49 页;“公司法更多地体现了国家对社会生活的干预,从而使得公司法在总体上呈现为强制法的特征。”参见王新、秦芳华:《公司法》,人民法院出版社 2000 年版,第 6 页;“公司法主要是强制性规范,兼具任意性规范。”参见徐燕:《公司法原理》,法律出版社 1997 年版,第 6 页。

② 张开平:《公司的权利解构》,中国社会科学出版社 1999 年版,第 2 ~ 3 页。

③ 这方面的研究成果和文献主要包括,汤欣:《论公司法与合同自由》,载梁慧星主编:《民商法论丛》(第 16 卷),法律出版社 2000 年版,第 270 ~ 341 页;汤欣:《公司法的性格:强行法抑或任意法》,载《中国法学》2001 年第 1 期,第 109 ~ 125 页;汤欣:《公司治理与上市公司收购》,中国人民大学出版社 2001 年版,第 17 页以下;蒋大兴:《公司法的展开与评判》,法律出版社 2001 年版,第 279 页以下;罗培新:《公司法的合同路径与公司法规则的正当性》,载《法学研究》2004 年第 2 期,第 71 ~ 83 页;罗培新:《公司法的合同解释》,北京大学出版社 2004 年版;罗培新:《公司法学研究的法律经济学含义——以公司表决权规则为中心》,载《法学研究》2006 年第 5 期,第 44 ~ 57 页;高岩:《浅析股东表决权的经济结构——从公司合同理论谈起》,载《金融法苑》2005 年总第 73 辑,第 40 ~ 58 页;罗培新:《从政府管制走向市场导向——公司法修改的合同路径分析》,载《金融法苑》2003 年第 5 期,第 2 ~ 34 页;罗培新:《董事会公司法规则之完善——合同路径下的公司法修改之二》,载《金融法苑》2003 年第 5 期,第 51 ~ 71 页;罗培新:《公司法强制性与任意性边界之厘定:一个法理分析框架》,载《中国法学》2007 年第 4 期,第 69 ~ 84 页;罗培新:《填补公司合同“缝隙”——司法介入公司运作的一个分析框架》,载《北京大学学报》(哲学社会科学版)2007 年第 1 期,第 124 ~ 134 页;徐菁:《公司法的

展和企业法人制度的完善，尤其是我国加入世贸组织之后，1994年制定的管制性色彩浓厚的公司法显然已经不适应时代的要求，加之公司合同理论所倡导的公司自治思想的影响，我国2005年对公司法的修订淡化了其管制性色彩，开始突出公司参与者自主、自治、自由的思想。

在公司法理论研究方面，我国一些学者将公司合同理论与法律经济学的研究方法相结合，使我国公司法学者的研究视野得以拓宽和延展，并在公司法合同理论研究方面取得了一定的成就。如我国有的学者将公司合同理论作为理解公司法的一种视角，运用公司合同理论对公司法进行了解释，认为公司法的作用在于：公司法具有公司合同的模本作用、合同的漏洞补充作用以及保障实现非效率目标的作用，[①]给人耳目一新的感觉；有的学者运用公司合同理论研究了公司自治与司法干预的问题，并指出有限责任公司和股份有限公司应当区别对待给予不同的自治权力，[②]对于公司自治与司法干预问题做了较为深刻的研究；还有的学者运用公司合同理论对股东权利进行阐释，[③]以说明股东权利的契约性，并试图找寻公司法任意性规则和自治性规则的合理界限。我国学者目

边界》，对外经济贸易大学出版社2006年版；蔡立东：《公司自治论》，北京大学出版社2006年版；董慧凝：《公司章程自由及其法律限制》，法律出版社2007年版；邓辉：《论公司法中的国家强制》，中国政法大学出版社2004年版；贺少锋：《公司法强制性规范研究》，厦门大学出版社2010年版；贺少锋：《公司自治与国家强制的对立与融合——司法裁判角度的解读》，载《河北法学》2007年第6期，第184~186、200页。

① 罗培新：《公司法的合同解释》，北京大学出版社2004年版，内容摘要部分第7~8页。

② 汤欣：《公司法的性格：强行法抑或任意法》，载《中国法学》2001年第1期，第109~125页。

③ 侯东德：《股东权的契约解释》，西南政法大学2008年博士学位论文。

前对公司合同理论的研究多以公司合同理论作为分析和解读公司法的工具,强调契约自由和公司自治的重要意义,并试图在公司法的强制性与任意性之间寻找合理的界限。这些研究虽有一定新意,但却不具有实质意义。

正如罗培新教授对美国哥伦比亚大学法学院举办的"公司法中的合同自由"研讨会的评价,这是一场没有胜方的论战。[①] 事实上,这场关于"公司法中合同自由的界限"的针锋相对的论战是不可能分出胜负的。无论资本主义国家还是社会主义国家、无论发达国家还是发展中国家,公司作为一国经济发展的基本单位,在如今这个公司统治世界的社会,公司的发展决定着一国经济的起落,没有哪个国家会不根据经济发展中出现的问题调整对公司的立法政策。正如全球虽有资本主义经济制度与社会主义经济制度的区别,但是实行不同经济制度的国家却很难界定何为管制型经济何为自由型经济,郎咸平就曾在清华大学发表题为"中国式资本主义,美国式社会主义"的演讲。[②] 在 2007 年美国次贷危机引发的全球金融危机中,美国政府干预经济活动的措施更是推陈出新,甚至不惜拿出纳税人的钱财来救助花旗银行、通用汽车等大型公司,有的干脆直接购买股份,以至于美国主流媒体也惊呼"美国式社会主义"就在眼前。[③] 法国总统萨科齐在世界经济论坛 2010 年年会(冬季达沃斯)上更是强调了政府干预在应对本次全球金融危机中的重大意义。[④] 2010 年 7 月 15 日,美国国会参议院更是以 60

---

① 罗培新:《公司法的合同解释》,北京大学出版社 2004 年版,第 2 ~ 3 页。

② 郎咸平:《中国式资本主义,美国式社会主义》,2005 年 12 月 21 日郎咸平教授在清华大学的演讲。

③ 王冲:《美国式社会主义的启示》,载《中国青年报》2009 年 6 月 25 日。

④ 萨科齐:《被救助金融机构高管高额奖金不能容忍》,源自:http://finance.qq.com/a/20100128/000154.htm,最后访问时间:2010 年 8 月 15 日。

票赞成、39 票反对的结果通过了被认为是“大萧条”以来最严厉的金融改革法案,该法案将成为与“格拉斯—斯蒂格尔法案”(《1933 年银行法案》)比肩的又一块金融监管基石。[1] 而在此前,为挽救“9·11 事件”以及美国安然公司财务丑闻所导致的众多大型公司陷入困境、股价暴跌并造成大批投资者尤其是机构投资者、公司内部持股员工损失惨重的局面,美国政府制定并公布了《萨班斯—奥克利斯法案》(《公司会计改革法》),采取加强公司监管的立法政策方向。

因此,将公司法规范性质标签化的研究思路难免陷入僵化境地。我国公司法学者将公司合同理论引入我国并倡导公司自治的精神,对于我国之前管制性色彩过于浓厚的公司立法思维的转变是一大贡献,但是如果延续“公司法中合同自由的界限”之探讨,或者非要将公司法的性质界定为任意法或强行法,则实在是误入歧途,不得要领,只能是徒增文献资料而已。公司法是一个与社会发展、经济发展以及一段时期的经济动态紧密相关的法律部门,即便是在国际经济一体化不断加强的情况下,公司法仍无法脱离一国的实际经济状况特点。对公司法规范的强制性或任意性的强调是需要根据经济环境的变化不断调整的。因此,从静态的角度去探讨公司法中合同自由的界限没有任何实质意义,反倒忽略了公司合同理论所带来的一些根本性问题。

三、研究思路和目标

我国公司法理论界仅对公司合同理论作顺从性的解读和倡

---

① 资料来源:新华网,http://www. xinhuanet. com/politics/2010shizheng. htm,最后访问时间:2010 年 7 月 16 日。

导,大多停留于简单引介、宽泛解说的层面,并未涉及合同法上合意原则与公司民主原则之间产生的冲突问题的实质,忽视了公司合同理论与公司决议规则之间的冲突,并导致审判实务中的无所适从。相同案件事实判决结果完全相反,即便是歪打正着作出了正确的判决,但是判决的说理却存在严重的问题。公司合同理论传播中出现的这一严重问题却鲜有学者关注。①

作为公司法规则任意性取向的论证依据,公司合同理论依据契约自由原则所倡导的公司参与方意思自治本身没有问题。但是,如果将公司合同理论任意解读,泛滥适用,甚至是公司机关议事规则也要以合同法上的合意为基础,进而得出公司原始章程因体现股东合意而对全体股东具有拘束力,而章程修正案因合同法上的合意原则对异议股东不生效力的荒谬结论,并从根本上否定公司作为一种商事组织存在和运作的核心机制——(人数或者资本)多数决议规则的制度选择,则必然引起公司法理论和实务的混乱。

公司合同理论(公司契约理论、企业契约理论)原本属于经济学领域的概念,是经济学中用以分析企业的本质、功能并解释企业替代市场出现的原因的一种经济学说。经济学领域中的合同含义非常宽泛,他们认为公司只不过是法律拟制的虚拟物,是一组合同的联结体,公司这种形式甚至掩盖了交易的本质。而在公司法学界,公司早已被公认为法律拟制的实体,是法律关系的主体之一。

① 根据现有文献资料,对这一问题予以关注的学者仅有吴建斌教授。参见吴建斌、赵屹:《公司设限股权转让效力新解》,载《南京大学法律评论》2009 年春季卷,第 105 ~ 127 页;吴建斌:《公司章程行为的认定及其实际运用》,载《南京大学法律评论》2002 年秋季卷,第 79 ~ 85 页;吴建斌:《合意原则何以对决多数决——公司合同理论本土化迷思解析》,载《法学》2011 年第 2 期,第 55 ~ 65 页。

由于学科的区别,经济学界和公司法学界研究公司问题的视角不同,关注的焦点也有差异。公司合同理论发端于经济学领域,公司法学以公司合同理论为指导分析公司法中的问题,开阔了视野、增强了研究的能力,但是这种理论的移植不能忽视公司法的某些本质特征,否则将会带来理论的混乱与司法实践中的无所适从。因此,有必要从公司决议规则的角度和司法实践中出现的问题出发去研究公司合同理论,指出公司合同理论与公司多数决议规则的冲突,发现公司合同理论在公司法律制度中适用的局限性,以达到正本清源,正确指导司法实践的目的。

笔者正是基于对这一问题的思考,对公司合同理论的渊源、流变以及在我国的传播进行了考察,以期发现我国学者对公司合同理论理解的偏差和传播这一理论过程中的讹误,研究司法实践中一些相关判决错误的根源,正确认识公司决议规则本质,坚持公司决议规则,祛除公司合同理论的不当理解带来的理论干扰和司法混乱。

四、研究方法

(一)案例分析方法

笔者的写作灵感正是来源于对案例的分析和研判。司法裁判中暴露出来的问题是本书重点研究和思考的对象,并由此及至理论的探讨和思考,追根溯源,以求发现问题的本质和解决问题的途径。为便于对司法判决中存在的问题本质的发现,本书通过专章对我国司法实践中发生的相关典型案例进行了集中探讨、分析和解读。

(二)价值分析方法

公司法律制度的重要功能之一在于利益的均衡和权利的制

衡,而不同法律制度的功能如何,很难像自然科学那样通过定量的分析和研究得到唯一的真理和答案,价值分析和判断是评价法律制度的重要途径,也是法学研究的重要方法。法学中的价值分析方法使法学具有了批判的性质,成为法律发展的动力。本书在对公司议事活动规则的方式探讨时,运用价值分析的方法对合意原则和多数决议规则进行了分析和研究。

（三）经济分析方法

法学与经济学的联姻使得公司法的研究更加深入、透彻和明晰。公司作为社会经济的细胞,本身乃是为追求经济利益而生,效率无疑是其生命的源泉。经济分析的方法将为公司法律制度的优劣比较和取舍提供明确的依据,本书虽无经济学上的模型塑造和数学计算,却也尝试着运用经济学的思想和经济分析的逻辑对相关问题进行了研究和分析。

（四）历史考察方法

美国著名大法官卡多佐曾说:“历史在照亮昔日的同时也照亮了今天,而在照亮了今天之际,又照亮了未来。”①追根溯源,有助于我们全面发现问题和理解问题,有助于我们知其然,也知其所以然。本书通过历史考察的方法对公司合同理论的渊源和发展过程,以及其在我国承继过程中发生的异变过程进行了研究,力图全面呈现公司合同理论的演变轨迹,以及在我国发生异变的根本原因。

（五）法解释学方法

法学研究离不开对法律规范的分析和解释,离不开对法学概

---

① ［美］本杰明·卡多佐:《司法过程的性质》,苏力译,商务印书馆 1987 年版,第 44 页。

念的界定和剖析。法解释学的方法仍然是本书运用的重要研究方法之一。

五、主要创新点

第一,注重从实证的角度审视公司合同理论。本书虽未对公司合同理论进行直接的实证研究,但是间接地通过国外学者的实证研究理性地审视了公司合同理论,而国内尚未有学者关注到这些新近的实证研究文献。汉斯曼(Henry Hansman),柯瑞(Michael Klausner),丹尼斯(Robert Daines)等人的实证研究表明,尽管公司合同理论者为公司参与者们选出公司法的权利而竭力呐喊,然而,实践中的公司参与者们似乎对这一权利非常冷漠,公司参与者们在章程制定过程中往往不加选择地直接适用公司法中的任意性规则。

第二,强调应理性审视公司合同理论。公司合同理论起源于经济学领域,公司法学在移植这一理论时应当注意学科之间的研究目标、任务、研究方法、语境、概念等差别,反对盲目移植和不加分析、修改地移植公司合同理论;笔者认为基于公司合同理论所引发的关于公司法的强制性与任意性之争没有实质意义,这种标签化的研究方式不符合公司法的本质属性,公司法的强制性与任意性不是固定不变的,它随着外部环境的变化而变化,对于公司法的属性应当以发展的眼光和动态的视角观察之。

第三,对章程的性质做了深刻的检讨。笔者认为,无论从公司的现实运作机理来看,还是从立法规定看,抑或从公司章程的形成过程审视之,公司章程的性质都应当是公司内部的自治性规则,而绝不应是公司股东之间的契约。公司章程形式上体现为股东会决议的议案,无论是初始章程还是章程修正案,均源自股东之间依据多数决议规则进行的决议活动,初始章程只不过是作为股东的发起人之间多数决议的特殊情形——一致同意的结果,而绝不是股东之间的契约。初始章程和章程修正案的性质相同,均是多数决议规则下股东决议活动的结果,是公司内部的自治性规则,不应区别对待,否则只能造成理论上和实务中不必要的混乱。即便将公司章程视作股东之间的契约,也只是公司合同理论特定语境下的特定称谓,绝不能等同于民法学上的合同,并以合同中的合意原则判断公司章程以及股东会决议的效力。

第四,深刻探讨了公司合同理论对公司议事活动解释力的缺陷。公司合同理论无法解释股东投票行为的非契约性,无法解释意思表示欠缺时的决议效力,无法解释公司议事活动中的代理现象,无法解释决议的普遍拘束力,也无法解释公司议事活动中股东的处分行为。

第五,对决议的性质和特点进行了深刻的探讨和研究,并指出决议与合同的区别,认为股东会议事活动属于决议而不属于合同的缔结过程。针对一些学者的观点,指出决议的法律行为属性不容动摇,并提出了新的观点,认为决议的形成和决议(已经质变为社团的意思)的表示是两个独立的阶段,也可以看作两个独立的法律行为。混淆这两个阶段将会蒙蔽分析决议的视角,导致盲目主张将其剔除出法律行为体系。

第六,公司股东会议事活动应当坚持多数决议规则,摒弃合意原则。通过对公司这一商事组织的本质和运行特点、规律的分析,以及对公司合同理论的合意原则和多数决议规则的比较与分析,指出在公司股东会的议事活动中,多数决议规则既是无奈的选择也是理性的选择,多数决议规则虽不是最理想的选择却是最现实可行的选择,多数决议规则虽不完美却无可替代。

第一章 公司合同理论的渊源与流变

第一节 公司合同理论的内容

公司合同理论始于经济学领域中的企业契约理论,自被引入公司法学领域后便产生了巨大的影响。虽有中外公司法学者尝试对公司合同理论的主张和内容进行归纳和总结,但却鲜有经济学者对公司合同理论做出明确的、概念性的表述和界定。

作为反对公司合同理论主张的代表,克拉克(Robert C. Clark)教授将公司合同理论的构成归纳为三个基本方面[①]:首先,公司只不过是为了处理一系列复杂的合同关系的联结(nexus)而存在的虚拟物。将公司看作组织产物而不是市场产

① Robert C. Clark, Contracts, Elites, and Traditions in the Making of Corporate Law, Vol. 89, *Columbia Law Review*, Nov., 1989, pp. 1706 – 1707.

物的观点是错误的;将公司视作等级组织(hierarchies),并认为公司决策是根据法律作出而不是反映市场的合同安排的观点也是错误的;从某种意义上将公司视作是国家产物的观点也同样错误。其次,公司法的恰当功能只是提供一套有效的初始规范或任意规范,以调整这一系列的合同联结。公司法的大部分规范是关于治理的规范:规制董事、经理和投资者之间的权利义务关系。这些规范的目的是帮助拟定在经过无成本的、充分的协商后大部分的经理或投资者将会赞同的规则。恰当的初始规范将会节约交易费用,因此将会很少有参与者认为这些规范不适合他们。最后,除非存在负的第三方效应,管理者和投资者将可以根据协议改变所有的任意性规范。而且,大部分被认为是公司法目标的传统规范,例如反对不公平的董事和经理的自我交易规则、反对窃取公司机会的规则等,均不属于会产生第三方效应的规则。他们仅仅和经理以及投资者的利益有关。因此,私人合同将几乎超越法律规范。这意味着,对公司法而言实质上已不存在强制性功能。公司合同理论的观点可以总结为一句话:任何事情均可协商(negotiable)。

罗伯塔·罗曼诺(Romano)对公司合同理论的总结如下:公司合同理论者认为,公司乃合约各方自愿的产物,并未享有任何特权,公司的存在就是为了满足合约方各自的预期。故而应当对公司奉行私权自治原则。[①] 进言之,即便认为公司作为实体而存在,它本质上是系列合约的联结点,没有任何实际内容,空无一物,如何可能做出"妥协",进而接受国家法令的管辖?

---

① Romano, Metapolitics and Corporate Law Reform, 36 *Stan. L. Rev.*, 1984, pp. 933 – 934. 转引自罗培新:《公司法的合同解释》,北京大学出版社 2004 年版,第 33 页。

我国亦有学者尝试对公司合同理论内容进行归纳，如汤欣教授指出，公司的合同理论认为，参与公司的有关各方在塑造他们之间的合约安排时应当是完全自由或者原则上是自由的，公司法的基本职能在于提供一套非强制性的“模范条款”（standard - form provisions），为有关各方的缔约过程提供便利，而各缔约方仍有权自由地决定采纳或者不采纳此种模范条款。[①] 根据罗培新教授对公司合同理论的理解和阐述，公司合同理论是经济学界对公司性质的一种解说，该理论主张公司是“一系列合同的联结”。公司作为一种合同机制，之所以能够取代市场，是因为公司内部的科层序列很好地降低了合同各方的交易成本。根据这一理论，公司合同的基本分析单位是个人（各个合同方），股权只是公司这一合同联结体的诸多“投入”要素（包括资本、经营才能、劳动力和原材料等）之一。市场竞争的结果将达成最优的合同安排，而不需要国家法律的介入。[②] “传统公司契约理论认为，公司并非像公司拟制说或公司实在说所宣称的那样是种法人，而仅仅是公司股东之间的一种契约，是股东之间通过协商所达成的一种协议。”[③]

可以看出，公司合同理论的内容主要围绕着：公司到底是“合同束”构成的虚拟物还是法律拟制的实体物？公司参与者之间可以通过合同约定的事项范围和权限有多大？公司法的性质到底是强制性还是任意性的？其存在的价值和作用是什么？

---

① 汤欣：《论公司法与合同自由》，载梁慧星主编：《民商法论丛》（第16卷），第271～272页。

② 罗培新：《公司法的合同解释》，北京大学出版社2004年版，内容摘要部分第6页。

③ 张民安、蔡元庆主编：《公司法》，中山大学出版社2003年版，第16页。

前述学者们对公司合同理论的归纳和总结基本反映了公司合同理论的主张和内容,但尚不够清晰和精练。笔者认为公司合同理论的内容包括两部分:一是关于公司的界定,即公司是作为一系列合约的联结体[①]而存在的虚拟物,公司参与者之间的关系是合同关系,在不存在负的第三方效应的情况下,参与者之间可以就任何事项进行约定;二是对调整公司活动的公司法的界定,即公司法的功能仅仅是提供一套初始规范或任意性规范,在公司参与者订立合约时起到模板作用,同时在公司参与者的约定出现漏洞或缝隙时起到填补的作用。公司参与者的约定优于公司法的规定,公司参与者可以约定退出公司法的约束。总之,公司参与者在不影响第三方利益的情形下可以通过合同任意约定公司任何事项,而不受公司法的干预。

公司合同理论源于经济学中的契约理论,而后被引入公司法学领域。其发展和演变的过程中形成两大重镇,一是委托代理理论;二是交易费用理论。

---

① 公司是"一系列合同关系的联结"最初由詹森和麦克林提出。参见 Jensen & Meckling, *Theory of the Firm*: *Managerial Behavior*, *Agency Costs and Ownership Structure*, 3 J. Fin. Econ. ,1976,pp. 305,310. ; Fama & Jensen, *Separation of Ownership and Control*, 26 J. L. & Econ. ,1983, pp. 301,302. ; Jensen, Organization Theory and Methodology,58 *Acct. Rev.* ,1983,pp. 319,326。该概念随后在法学文献中被频频引用。参见 Fischel *The Corporate Governance Movement*, 35 *Vand. L. Rev.* ,1982,pp. 1259,1261 – 62. ; Kraakman, Corporate Liability Strategies and the Costs of Legal Controls, 93 Yale L. J. ,1984,pp. 857,862. ; Scott, Corporation Law and the American Law Institute Corporate Governance Project, 35 *Stan. L. Rev.* , 1983, pp. 927, 930. ; Wolfson, A Critique of Corporate Law, 34 *U. Miami L. Rev.* ,1980,pp. 959,962。

第二节　公司合同理论之委托代理理论

一、委托代理理论的萌芽

早在100多年前，马克思即提出公司资本所有权归"单纯的所有者，即单纯的货币资本家"，资本使用权归"单纯的经理，即别人的资本的管理人"。[①] 这说明马克思已经开始注意到了公司中所有权和经营权相分离的现象，公司经理的管理劳动作为一种职能越来越同自有资本或借入资本的所有权相分离。而亚当·斯密（Adam Smith）则更早地断言了股份公司董事管理公司事务很难做到像合伙人照管自己的钱财那样细心周到。[②] 但这仅是公司合同理论发轫之前的思想火花。公司合同理论的真正萌芽体现在蕴含了代理理论思想的经典之作——《现代公司与私有财产》之中。

伯利（Adolf A. Berle）和米恩斯（Gardiner C. Means）的不朽名著——《现代公司与私有财产》自1932年面世以来，就在公司法学界和经济学界发挥着持续的、巨大的影响。他们通过对美国股份公司股权分散的现状进行考察后，指出了公司所有权与控制权分离的现状，公司管理人员处于一种难以被股东约束的现状，并据此提出了代理成本的理论。股东和管理层之间天然存在一种利益冲

---

① 参见《马克思恩格斯全集》（第26卷），人民出版社1975年版，第493页以下。

② 原文的含义为：在钱财的处理上，股份公司的董事是为他人尽力，而私人合伙的合伙人，则纯为自己打算。所以，要想股份公司的董事们监视钱财用途，像私人合伙的合伙人那样用意周到，那是很难做到的。于是，疏忽和浪费，常为股份公司业务经营上多少难免的弊端。转引自吴建斌：《合意原则何以对决多数决——公司合同理论本土化迷思解析》，载《法学》2011年第2期。

突,股东的期望与管理层之间的差距,就构成了代理成本。[①] 而且,分散的小股东对公司管理活动非常冷漠,“理性冷漠”(rationally ignorant)往往使他们采取用脚投票的方式表达对公司管理活动的意见。因此伯利和米恩斯指出,公司董事和经理往往可以自由地没有必要完全按照股东利益最大化的方式运营公司。[②]

伯利和米恩斯的杰出贡献在于指出了股份公司所有权与控制权分离的状况,并指出了由此带来的永远无法彻底解决的难题——代理成本问题。这一贡献使他们声名鹊起,也使《现代公司与私有财产》自问世以来一直保持着较高的引用率。但是,正如韦登鲍姆(Murray Weidenbaum)与詹森所指出的,“伯利与米恩斯关于公司的不朽著作已经成为划时代的经典之一——许多人引用,却极少有人阅读”。[③] 仔细阅读该著作,我们会发现在伯利与米恩斯的公司理论中暗含契约理论的思想。

伯利与米恩斯在论述变迁中的财产时指出,“进入工厂的独立工人,由于将劳动力让渡给了雇主,而变成了工资劳动者。而向现代公司投资的财产所有者,由于将其财富委托给公司的控制者,其地位乃由独立的所有者变成了单纯的资本报酬的领受者”。[④] 这里的“让渡”与“委托”行为必然要有相应的合同为依据,通过合同,雇佣关系和代理关系得以确立。显然,伯利与米恩斯在这里将

---

① Adolf A. Berle, Studies in the Law of Corporate Finance, *California Law Review*, 1928, p. 36.

② Henry N. Butler, The Contractual Theory of the Corporation, Vol. 11 (4), *Geo. Mason U. L. Rev.*, 1989, p. 102.

③ [美]阿道夫·A. 伯利、加德纳·C. 米恩斯:《现代公司与私有财产》,甘华鸣、罗锐韧、蔡如海译,商务印书馆2005年版,导读部分第1页。

④ 同上书,第5页。

工人与工厂之间、投资者与公司控制者之间的关系视为契约关系。

起初,公司契约被认为是用来建立一套严格程度不同的参与权体系,以保护股东在公司资产中所占有的固定份额并分享公司的收益,但是在公司章程向契约完全自由的演变以及州政府在公司章程起草中不再是一个管制性因素的情况下,对公司章程明显的严格管理消失了。通过法律条文或公司契约这两种方式,公司董事会通常被授予了"侵害"(如稀释参与权)部分股东权益的权力。于是,伯利与米恩斯指出,所有这些机制的理论基础,是一种自由契约。公司股票的购买者被认为已经同意并接受有关公司法及公司章程中的所有条款,而且可能还会接受未来对公司法及公司章程的各种修正案。因此,当董事改变其资产参与权的时候,若股东提出异议,他就会面临着已经直接认可其自身处境的控告。

在经营者的地位问题上,经营者到底是公司的受托人还是股东的受托人曾一度是一个争论的话题。伯利与米恩斯赞同"董事除了在总体上充当虚构的公司实体的受托者,同时还是所有相关个人的受托者"[①]的观点。这表明,伯利与米恩斯认同在经营者与公司及股东之间的关系是一种委托代理的契约关系。

对于如何公平控制公司权力的行使,伯利与米恩斯从契约的角度如此建议和解释,"股东们可依据契约在其内部分配权利与参与权。他们可赋予其中某个人优先地位,而授予另外一个人次级地位;他们可以根据自身意愿分割或限制对资产的权利,或对收益的各种直接参与权。这是他们之间的个人协议。但在授予经营者或任何集团为公司整体利益来行使这些权力的情况下,显然的(或

① [美]阿道夫·A.伯利、加德纳·C.米恩斯:《现代公司与私有财产》,甘华鸣、罗锐韧、蔡如海译,商务印书馆2005年版,第234页。

隐含的)假设是这些权力仅仅被用于公司的整体利益。这些权力的授予,绝不会有利于某个集团而有悖于另一集团的利益,因为这样做会破坏整个公司的意图。尽管在运用权力时,个别参与权(individual participation)和各类参与权(class participation)都可能会随之发生变化,但设计这些权力本身是为了促进全体的利益,而不是为了部分人的利益而去损害另一部分人的利益”。[①] 显然,伯利与米恩斯认为,股东个人之间可以通过契约的方式在他们之间分配权利,包括参与权、处分资产权利、收益分配权利,他们也可以将这些权力授予公司的经营者。但是,这种契约的达成与履行必须是为了促进公司的整体利益和全体股东的利益。这意味着,股东之间权利义务的契约关系应当建立在公平的基础之上。

在描述股东地位变化的过程时,伯利与米恩斯指出,在现代公司的情况下,股东为了一系列不确定的期望,已经放弃了一系列明确的权利。权利由个人向控制性经营者的转移,以及与之相伴随的利益由个人向控制性经营集团的转移,已大大改变了股东的地位,以致必须对目前有关股东的概念作根本的修正。股东的地位演变可以表述为,最初,股东被视为一个准合伙人、经理和企业主,他对运用于企业的财产及由此产生的利润享有明确的权利,但现在他处于一种完全不同的地位。的确,他拥有一系列合法权利,但这些权利却在不同程度上被束缚股东的契约规定所削弱(削弱的程度要依赖体现在公司资本结构中的现代手段的完整性)。在很大程度上,其参与经营的权力已经丧失,这一权力已被授予“控制者”。这时股东仅仅变成了资本的提供者,在平等地位方面,其明

---

① [美]阿道夫·A. 伯利、加德纳·C. 米恩斯:《现代公司与私有财产》,甘华鸣、罗锐韧、蔡如海译,商务印书馆 2005 年版,第 281 页。

确性还不如债券持有者通常能得到或他们能要求的权利。只需想一下股东的地位我们就会认识到,从一种经大大修正了的意义上说,他已经与公司的债券持有人或货币借贷者没有什么两样。[①]伯利与米恩斯笔下的股东地位的变化过程实际上反映了股东与经营者和控制者之间契约上权利义务的发展变化过程。股东由于自身的精力和经营能力的限制,为了获得投入的最大回报而不得不在经营权上做出让步,尽管这种期望有时并不一定能够实现。股东对于经营者的"不轨行为"除积极的反抗之外,还有一项被动的保护措施,那就是企业可能还需要新的资本,因此企业的经营者必须要维持使新老股东愿意将资金随时注入的局面。在股东的公司内部控制权通过契约的方式被"剥夺"之后,股东被抛到公司之外的一个机构——公开市场,通过这种方式,公司的股东实际上通过契约的方式让渡了自己对财产的控制权从而获得了财产的流动性。

众多的学者只关注到了伯利与米恩斯的研究结果,即股权分散导致的所有权与控制权的分离以及由此产生的无法消除的代理成本问题,却对伯利与米恩斯研究问题的思路和理论依据缺少应有的关注。通过以上分析和梳理,可以发现,伯利与米恩斯在《现代公司与私有财产》一书中的研究,处处体现了契约理论与思想。伯利与米恩斯的研究成果——公司所有权与控制权的分离——委托代理理论(公司合同理论的重镇之一),正是建立在公司契约自由理论的基础之上的。

---

① [美]阿道夫·A.伯利、加德纳·C.米恩斯:《现代公司与私有财产》,甘华鸣、罗锐韧、蔡如海译,商务印书馆2005年版,第283~284页。

二、委托代理理论的发展

1976年,詹森和麦克林在其经典之作《企业理论:管理行为、代理成本和所有权结构》一文中首次提出了“公司是个人之间一系列合同关系的联结”的观点。他们认为,公司不过是法律的虚拟物,公司的本质是合同关系的联结。根据他们的论述,这一系列的合同包括所有者与经营者之间的代理合同,企业与原材料或服务的卖方签订的供应合同,企业与向企业提供劳动力的个人签订的雇佣合同,企业与债券持有人、银行及其他资本供应方签订的借贷合同,以及企业与企业产品的买方签订的销售合同。这些合同的形式包括文字的和口头的、显性的和隐性的、明示的和默示的各种合同。①

总结詹森和麦克林的思想脉络可以看出,代理成本理论是其分析所有权结构的基础,通过管理制度设计降低代理成本是其追求的目标,将公司看作个人之间一系列合同关系的联结则是其思想的内核,这一思想内核中蕴含公司自由、自治的理念。因为,在公司自治、自由的前提下,公司参与各方才可以通过合同约定相互之间的权利、义务,公平、公正、科学、合理、缜密的合同必然会在公司参与各方之间恰当地配置权利和义务,这样才会有效地降低代理成本,提高效率。

尽管詹森和麦克林从公司内部代理问题出发建立的所有权结构理论为后人的研究指明了方向,但是他们却未能解释两权分离的股份公司能够生存并得到迅速发展的原因。法玛(Fama)和詹

---

① Michael C. Jensen & William H. Meckling, Theory of the Firm: Managerial Behavior, Agency Costs and Ownership Structure, V. 3, No. 4, *Journal of Financial Economics*, October, 1976, pp. 305 – 360.

森于1983年发表的经典之作《所有权与控制权的分离》一文中，对委托代理问题进行了更为细致的研究和深入的探讨，并指出决策管理权和决策控制权的分离和分散将会提高企业的生存能力。[①]

法玛和詹森前述理论的前提是将企业组织视作合同（书面的合同和口头的合同）的联结。这些合同包括企业组织决策阶段分配的合同、剩余索取权利分配的合同和建立决策过程中控制代理问题机制的合同等。法玛和詹森对企业决策权力的分类概括研究是对公司委托代理理论的延伸和发展，其核心前提仍是建立在将企业视作为合同束，并通过合同授权的方式在各公司机构中分配公司控制权，这充分反映了其强调公司自治的企业契约理论思想。

在《代理问题与企业理论》一文中，法玛在承认企业是“一系列契约”的前提下更进一步提出，“企业恰恰是这样一组契约，这组契约覆盖着组合投入以创造产出的过程和将产出收益在投入之间分割的过程”。[②] 法玛认为证券所有权和控制权的分离可以被解释为经济组织的一种有效形式。管理和承受风险这两种职能被归给企业家，在将企业称为一系列契约时，这两种职能被作为分离的要素来处理。而管理这种具有“决策”特性的劳动则需要依靠协调投入活动和贯彻投入要素间达成的契约。由于市场竞争压力的存在，企业会被迫改进有效监督整个队伍及其个别成员业绩的手段，代理成本问题必然存在。

法玛将公司视为当事方合约的产物，同时假定公司合约的当

---

① Fama and Jensen, Separation of Ownership and Control, Vol. XXVI, *Journal of Law and Economics*, June, 1983, pp. 1 – 32.

② ［美］尤金·法玛：《代理问题与企业理论》，载陈郁编：《所有权、控制权与激励——代理经济学文选》，上海三联书店、上海人民出版社2006年版，第139、141页。

事方为理性、信息充分并且受个人私利驱使的人。因此,他认为公司合同与市场的一般合约没有任何区别。[①] 现代大型公司作为经济组织的一种可行的形式,它是以分散的风险承担以及证券所有权与企业控制权相分离为特征的。[②] 显然,企业作为一系列契约的联结,法玛认为证券所有权与企业控制权相分离的契约以及分散的风险承受契约无疑是其中的核心部分。

詹森认为,竞争的法则在公司合约中仍然适用,经过残酷的市场竞争,只有最优的合约安排才能够最终胜出。[③] 股东和管理层之间存在委托代理关系,管理层有义务为股东的利益恪尽职守。从规范的层面分析,主要是在不确定性和不完全监督的条件下,如何构造委托人与代理人之间的契约关系,包括补偿性激励,从而为代理人提供适当的激励,促使其按照委托人福利最大化的方式行动。契约关系是企业的本质,企业完全是一种法律假设,是一组个人契约关系的联结。[④]

一些新古典经济学家的观点更为偏激,在他们看来,公司作为一种实体只是为了描述上的方便,公司本身其实并不存在,真正存在的是合约和交易各方。进言之,在这种理论框架下,"公司"几乎不存在边界,事实上,他们对于界定交易发生在公司内部还是外

---

① Fama, Agency Problems and the Theory of the Firm, 88 *J. POL. ECON.*, 1980, pp. 288 – 289.

② [美]尤金·法玛:《代理问题与企业理论》,载陈郁编:《所有权、控制权与激励——代理经济学文选》,上海三联书店、上海人民出版社 2006 年版,第 160 页。

③ Jensen, Organization Theory and Methodology, 50 *ACCT. Rev.*, 1983, pp. 322, 327.

④ Ibid., pp. 312, 319.

部,没有任何兴趣。[①] 他们认为股权只不过是公司这一联结体的诸多"投入"要素之一,而公司法也不过是规制股份"投入"的合约规则之一。如果市场竞争可以达成最优的合同安排,则根本不需要国家法律的介入。[②]

经詹森、麦克林和法玛等经济学者的进一步发展,委托代理理论被发展到极致甚至泛化的地步。这也进一步说明了公司契约理论中的"契约"只是经济学者借用合同法中的自由主义思想来阐释自己的经济自由观点和主张的一种介质,而绝非合同法中包含权利、义务以及责任的合同。

第三节　公司合同理论之交易费用理论

一、交易费用理论的创始

科斯是第一个按照市场价格机制下交易费用的方法研究企业(以权威为特征)存在合理性的人。交易费用经济理论的要旨是企业的功能在于节省市场中的直接定价成本(或市场交易费用)。[③]

科斯发表于1937年的《企业的性质》一文被公认为新制度经济学的开山之作,科斯也被尊为新制度经济学派的创始人。作为新制度经济学运动的领袖,科斯引发的这场革命的关键是概念的

---

① Klein, Crawford & Alchian, *Vertical Integration*, *Appropriable Rents*, *and the Competitive Contracting Process*, 21 J. LAW & ECON. ,1978,pp. 297,326. 转引自罗培新:《公司法的合同解释》,北京大学出版社2004年版,第25页。

② 同上。

③ 张维迎:《企业的企业家——契约理论》,上海三联书店1995年版,第12页。

革命,即“交易费用”概念的提出并将其应用于制度的研究和分析,从而使交易费用这一概念一般化。科斯将市场和企业看作资源配置的两种不同方式。市场通过价格机制进行资源配置,各个市场主体之间通过分别签订契约的方式进行交易,市场从而达到资源配置的目的;企业则通过企业家的权威(企业科层制度)来指挥生产,实现资源在企业各个部门之间的配置。企业的出现,将部分市场上的交易转为企业内部的交易,这部分被转化的交易的调解机制也由价格机制转变为企业家的指挥。所以,“在企业之内,市场交易被取消,伴随着交易的复杂的市场结构被企业家所代替,企业家指挥生产”。① 因此,科斯认为“可以假定企业的显著特征就是作为价格机制的替代物”。②

基于价格机制运作的市场,在组织市场主体进行的每一笔交易中都需要相应的成本(如交易对象的发现、商品质量的调查、交易价格的谈判、合同的签订),如果在企业内部,则某一生产要素就不必与企业内部同他协作的一些生产要素签订一系列的契约。这时,“一系列的契约被一个契约替代了”。③ 因而,当存在企业时,尽管契约不会被取消,却大大减少了。所以,市场上一系列的交易所产生的费用将会被节省(当然,不可否认的是,尽管交易费用被节省,却可能产生相应的组织费用,有时组织费用甚至会高于市场交易费用)。

通过契约,生产要素为获得一定的报酬(可以是固定的也可以是浮动的)同意在一定限度内服从企业家的指挥,因而,生产要素

① [美]科斯:《企业、市场与法律》,盛洪、陈郁译,格致出版社、上海三联书店、上海人民出版社2009年版,第36页。

② 同上书,第37页。

③ 同上书,第39页。

得以进入企业。契约的本质仅在于其限定了企业家的权力范围。只有在限定的范围内,企业家才能指挥其他生产要素。[①] 在生产要素与企业家之间达成契约后,企业家就获得了指挥生产要素的权力,生产要素相互之间便不再需要达成像市场上商品交易那样的契约。关于这一点,张五常指出,企业与市场的不同只是一个程度的问题,是契约安排的两种不同形式。企业是在下述情况下出现的:私有要素的所有者按合约将要素使用权转让给代理者以获取收入;在此合约中要素所有者必须遵守某些外来的指挥,而不再靠频频计较其也参与其间的多种活动的市场价格来决定自己的行为。企业并非为取代"市场"而设立,而仅仅是用要素市场取代产品市场,或者说是"一种合约取代另一种合约"。市场的交易对象是产品或商品,而"企业交易"的对象则是生产要素。[②]

在总结企业取代市场对资源进行配置时,科斯总结道,"市场的运行是有成本的,通过形成一个组织,并允许某个权威(一个'企业家')来支配资源,就能节约某些市场运行成本。企业家不得不在低成本状态下行使他的职能,这是鉴于如下的事实:他可以以低于它所替代的市场交易的价格得到生产要素,因为如果他做不到这一点,通常也能够再回到公开市场"。[③] 因此,企业替代市场之后不会无限制地扩张,"企业将倾向于扩张直到在企业内部组织一笔额外交易的成本,等于通过在公开市场上完成同一笔交易的成本或在另一个企业中组织同样交易的成本为止"。[④]

---

① [美]科斯:《企业、市场与法律》,盛洪、陈郁译,格致出版社、上海三联书店、上海人民出版社 2009 年版,第 39 页。

② 张维迎:《企业的企业家——契约理论》,上海三联书店 1995 年版,第 13 页。

③ [美]科斯:《企业、市场与法律》,盛洪、陈郁译,格致出版社、上海三联书店、上海人民出版社 2009 年版,第 40 页。

④ 同上书,第 43 页。

根据科斯的观点,企业对市场的替代是以一个契约替代了一系列的契约。企业家与生产要素所有者因此建立了契约关系,企业家基于契约关系对生产要素所有者承担相应的义务,企业家也依据契约获得了调配生产要素的权威,通过配置生产要素,从而节约了价格机制调整下市场上产品交易的费用。科斯这里所谓的"契约"的运用,目的是解释企业的出现以及企业对交易费用的节约功能。市场主体之间的契约当属于法律意义上的合同,而企业这一"合同束"实际上是通过企业家的权威来运作的,并非真正的法律意义上的合同关系。

二、交易费用理论的发展

对于科斯的"企业家依靠权威来支配资源就能节约某些市场运行成本,从而降低交易费用"的观点,阿尔钦和德姆塞茨不以为然,认为这是一种幻觉。1972 年,阿尔钦和德姆塞茨在《生产、信息成本和经济组织》一文中指出,作为合同联结体的公司里,并不存在以经理为中心的层级序列。公司内部也不存在所谓的"权力""权威",更没有其他的清规戒律。从这个意义上说,公司与市场中任何两个人之间的自由协商机制没有任何区别。所谓的公司管理也不过是公司持续性合约反复不断履行的过程。① 阿尔钦和德姆塞茨写道,"古典企业的本质这里被看作一种契约结构,包括:(1)联合投入生产;(2)若干投资的所有者;(3)与所有联合投入合同都有关系的某方当事人;(4)有与这些契约无关的其他投入品所有者重新商议签订任何一种投入契约的权利;(5)拥有剩余索

---

① Armen A. Alchian & Harold Demsetz, Production, Information costs and Economic Organization, Vol. 62, No. 5, *The American Economic Review*, Dec., 1972, pp. 777 – 795.

取权;(6)有出售其核心的、契约性的剩余索取地位的权利。这个处于中心地位的主体被称作企业的所有者和雇主。没有权威控制,企业内的活动安排仅仅是为了服从于和核心主体(企业所有者)进行持续的、反复协商的契约结构。契约结构以一种提高团队生产的有效组织的手段出现"。[①] 显然,阿尔钦和德姆塞茨虽然仍将公司视作合同的联结体,但是他们却并不认可公司是以一个合同替代了一系列合同的观点。他们认为,公司内部个体之间仍然是合约关系而不是具有权威特征的管理关系,只不过这种合约是一个持续性的反复不断的履行过程。

由此可以看出,阿尔钦和德姆塞茨更愿意将企业视为市场的一种特殊形式——私有市场。在这个市场中,各个企业参与者之间的地位是平等的,不存在所谓的权威和清规戒律,各个参与者之间自由、平等地通过契约约定相互之间的权利和义务。[②] 因而,企业只不过是契约的一种结构形式。

威廉姆森(Oliver E. Williamson)在其经典之作《交易费用经济学:契约关系的规制》一文中,试图对一些交易进行概述,并指出了最经济的契约规制结构。"组织经济活动而不计交易费用显然是不合理的,因为一种组织形式较之另一种组织形式的任何优势都会因不计成本的缔约活动而消失殆尽。"[③]

威廉姆森援引美国法学家伊恩·麦克内尔(Ian Macnel)教授的研究,对契约关系做了三种区分。(1)古典契约关系:无论在法

---

① Armen A. Alchian & Harold Demsetz, Production, Information costs and Economic Organization, Vol. 62, No. 5, *The American Economic Review*, Dec., 1972, p. 794.

② Ibid., p. 795.

③ [美]奥利弗·威廉姆森:《交易费用经济学:契约关系的规制》,载陈郁编:《企业制度与市场组织——交易费用经济学文选》,上海三联书店、上海人民出版社2006年版,第22页。

律意义上还是在经济学意义上这都是一种理想化的契约关系，它意味着契约条件在缔约时就得到明确的、详细的界定，并且界定的当事人的各种权利和义务都能准确地度量；契约各方不关心契约关系的长期维持，只关心违约的惩罚和索赔；当事人的人格化身份特征并不重要，因为交易是一次性的，交易完成后各方“形同路人”。(2)新古典契约关系：这是一种长期契约关系，它意味着当事人关心契约关系的持续，并且认识到契约的不完全和日后调整的必要；如果发生纠纷，当事人首先谋求内部协商解决，如果解决不了再诉诸法律。所以，它强调建立一种包括第三方裁决在内的规制结构。如麦克内尔所说，新古典“长期契约有两个共同特征，一是契约筹划时即留有余地；二是无论是留有余地还是力求严格筹划，契约筹划者所使用的程序和技术本身可变范围就很大，导致契约具有灵活性”。(3)关系性缔约活动：由于许多契约内容已脱离古典和新古典契约关系，如公司法和集体劳资谈判中的一些内容，于是就出现威廉姆森所说的这种缔约关系。它强调专业化合作及其长期关系的维持，因此契约当事人都愿意建立一种规制结构来对契约关系进行适应性调整。这种缔约活动与新古典契约关系的区别是：尽管两者都强调契约关系的长期维持和适应调整，但新古典契约的调整始终以初始契约条件为参照物；而在威廉姆森所说的关系性缔约活动中，相应的规制结构一旦形成就会作自我演变式的发展，调整并不参照初始的契约条件，即使参照也不一定非坚持不可，而是根据现实需要作适应性调整，并且一般不需要第三方加入。根据威廉姆森《交易费用经济学：契约关系的规制》一文的归纳总结：如果是通用性资产，无论交易频率的大小，相匹配的肯定是市场规制结构，这时发生的是古典契约关系。如果交易频率较低，只发生数次，资产是混合性的或是专用性的，相匹配的应是当事人双方再加上第三方参与的三方规制结构,这时发生的是新古典契约关系。如果交易频率较高,交易经常重复发生,且资产是非通用性的,这时发生的是关系性缔约活动。其中,如果资产是混合性的话,相匹配的是由当事人双方规制的结构;如果资产是专用性的话,相匹配的是由一方当事人统一规制的结构。[①] 问题的关键在于:不同的交易在哪种合约安排下会节约交易成本,即交易方式和合约安排相匹配的问题。[②]

在《经济组织的逻辑》一文中,威廉姆森指出,当假定行为主体是有限理性的话,对契约而言,人们就会发现,包揽无遗的缔约活动几乎是不可能的。对经济组织而言,能进行适应性调整以作出连续性决策的组织模式必将有利于交换。[③] 由于主体的有限理性和行为的机会主义倾向,以及交易的复杂性、持续性和反复性,将会出现许多不同的契约规制结构。

本杰明·克莱因(Ben jamin Klein)等人认为,长期契约安排作为一种一体化的选择,也能适应于市场缔约过程,并将纵向一体化选择的长期契约分为两种形式:"(1)由政府或者其他外部机构通过法律实施的明确的契约保证;(2)由市场机制实施的默认的契约保证。"[④]这种分类可以简称为明确契约和默认契约。

---

① 参见陈郁编:《企业制度与市场组织——交易费用经济学文选》,上海三联书店、上海人民出版社 2006 年版,载《编者的话》部分第 6 ~ 8 页。

② Oliver E. Williamson, Transaction Cost Economics: The Governance of Contractual Relations, Vol. 22, No. 2, *Journal of Law and Economics*, 1979, pp. 233 - 261.

③ [美]奥利弗·威廉姆森:《经济组织的逻辑》,载陈郁编:《企业制度与市场组织——交易费用经济学文选》,上海三联书店、上海人民出版社 2006 年版,第 61 ~ 102 页。

④ [美]本杰明·克莱因、罗伯特·克劳福德、阿尔曼·阿尔奇安:《纵向一体化、可占用性租金与竞争性缔约过程》,载陈郁编:《企业制度与市场组织——交易费用经济学文选》,上海三联书店、上海人民出版社 2006 年版,第 110 页。

明确契约虽然可以解决机会主义问题,但是缔约活动成本过于高昂;默认契约成本虽然较低,却无法克服机会主义问题,一旦出现机会主义行为就只能取消未来的交易。契约自由是与效率这一经济学范式相一致的,所谓的"不公平"契约是市场机制作用的结果,即交易费用决定的结果,就契约本身而言无所谓"公平"与"不公平"之分。只要交易费用不为零,"我们真正需要说明的是市场决定的契约关系的各种类型,而不是区分对纵向一体化和市场交换的简单选择"。[①] "在一个竞争性环境中存在着独立去解决一个重要而普遍的问题的努力和尝试"。[②] 这就是市场的力量。因此,不需要政府或法律去干预那些所谓的"不公平"契约。克莱因在对市场力量的强调中,彰显了其契约绝对自由的思想。

无论是阿尔钦和德姆塞茨所说的公司内部的"持续性的反复不断的合约",还是威廉姆森所言的新古典契约和长期契约,以及克莱因等人所谓的契约和默认契约,都并非法学中严格的以权利义务为内容并以责任的承担作为约束的合同。正如克莱因所言,"契约自由是与效率这一经济学范式相一致的",契约是经济学家为追求经济效率而借用的法学中的概念。

---

① [美]本杰明·克莱因:《"不公平"契约安排的交易费用决定》,载陈郁编:《企业制度与市场组织——交易费用经济学文选》,上海三联书店、上海人民出版社2006年版,第146~159页。

② 同上。

第四节　“公司法中的合同自由”论战

在美国,公司法长期以来一直被认为是强行法,但是公司法的强制性特征自1980年以后开始受到挑战。一部分公司法学者开始主张公司应当被赋予最大限度的自由以选择退出公司法的规制。① 于是,公司法应当是强行法还是任意法的问题,引起了美国公司法学界的激烈讨论。

经济学的使命乃在于如何使有限的资源发挥最大的社会经济效用,作为企业契约理论的两大重镇——代理经济学和交易费用经济学,均运用企业契约理论探讨了如何降低成本、费用,提高效用。如果说此前对于公司合同理论的探讨仅限于经济学界,那么,1988年12月9日至10日,美国哥伦比亚大学法学院法律经济学研究中心举行的主题为“公司法中的合同自由”(contractual freedom in corporate law)的研讨会则意味着公司合同理论开始进入公司法学者的视野。随后,与会学者和其他一些学者纷纷撰文

---

① See, e. g. , R. Posner, *Economic Analysis of Law*, 3d ed. , 1986, p. 372. ; Carlton & Fischel, The Regulation of Insider Trading, 35 *Stan. L. Rev.* , 1983, p. 857. ; Easterbrook & Fischel, *Voting in Corporate Law*, 26 J. L. & Econ. , 1983, p. 395. ; Easterbrook & Fischel, *Corporate Control Transactions*, 91 Yale L. J. , 1982, p. 698. ; Fischel, The Corporate Governance Movement, 35 *Vand. L. Rev.* , 1982, p. 1259. ; Macey, From Fairness to Contract: The New Direction of the Rules Against Insider Trading, 13 *Hofstra L. Rev.* , 1984, p. 9. ; Winter, State Law, Shareholder Protection, and the Theory of the Corporation, 6 *J. Legal Stud.* , 1977, p. 251.

就"公司法中合同自由的界限"这一论题展开论战。[①]

引起论战的起因在于特拉华州最高法院对 *Smith* v. *Van Gorkom*[②] 一案的判决,该案中,特拉华州最高法院对董事信义义务的解释过于严苛,引发公司董事层的不满和批评。为了缓解来自公司董事层的不满,特拉华州立法机关颁布了一项旨在减轻董事义务的法令[③],该法令授权公司可以通过修改公司章程的方式,对董事违反注意义务的金钱损害赔偿责任予以限制或取消。该法

---

① 这场论战的文章主要包括:Lewis A. Kornhauser, The Nexus of Contracts Approach to Corporations: a Comment on Easterbrook and Fischel, Vol. 89, *Columbia Law Review*, Nov. ,1989, pp. 1449 - 1460; Ralph K. Winter, The "Race for the Top" Revisited: a Comment on Eisenberg, Vol. 89, *Columbia Law Review*, Nov. ,1989, pp. 1526 - 1530; Melvin Aron Eisenberg, The Structure of Corporation Law, Vol. 89, *Columbia Law Review*, Nov. ,1989, pp. 1461 - 526; Fred S. McChesney, Economics, Law, and Science in the Corporate Field: a Critique of Eisenberg, Vol. 89, *Columbia Law Review*, Nov. ,1989, pp. 1530 - 1549; Jeffrey N. Gordon, The Mandatory Structure of Corporate Law, Vol. 89, *Columbia Law Review*, Nov. , 1989, pp. 1549 - 1599; Robert Romano, Answering the Wrong Question: the Tenuous Case for Mandatory Corporate Laws, Vol. 89, *Columbia Law Review*, Nov. , 1989, pp. 1599 - 1618; John C. Coffee, Jr. , The Mandatory/Enabling Balance in Corporate Law: an Essay on the Judicial Role, Vol. 89, *Columbia Law Review*, Nov. ,1989, pp. 1449 - 1460; Jonathan R. Macey, Courts and Corporations: a Comment on Coffee, Vol. 89, *Columbia Law Review*, Nov. ,1989, pp. 1692 - 1703; Robert C. Clark, Contracts, Elites, and Traditions in the Making of Corporate Law, Vol. 89, *Columbia Law Review*, Nov. ,1989, pp. 1703 - 1748; Anthony T. Kronman, A Comment on Dean Clark, Vol. 89, *Columbia Law Review*, Nov. ,1989, pp. 1748 - 1757; Oliver Hart, An Economist's Perspective on the Theory of the Firm, Vol. 89, *Columbia Law Review*, Nov. ,1989, pp. 1757 - 1775; Henry N. Butler, The Contractual Theory of the Corporation, Vol. 11 (4), *Geo. Mason U. L. Rev.* ,1989, pp. 99 - 123; Lucian Arye Bebchuk, Limiting Contractual Freedom in Corporate Law: the Desirable Constraints on Charter Amendments, Vol. 102, No. 8, *Harvard Law Review*, Jun. ,1989, pp. 1820 - 1860; Frank H. Easterbrook and Daniel R. Fischel, The Corporate Contract, 89 *Columbia Law Review*, Nov. , 1989, pp. 1416 - 1448。

② Smith v. Van Gorkom, 488 A. 2d 858 (Del. 1985).

③ 65 Del. Laws 289 (1986) [codified principally at Del. Code Ann. Tit. 8, §102 (b) (7)].

令随即引起了减轻董事责任的风潮,也引起了公司法学者们的思考和探讨,即公司董事的法律责任都可以通过章程的规定而免除,那么公司法内的意思自治与合同自由是否还存在界限?如果没有界限,公司法与合同法和侵权法是否还有区别,公司法是否还有单独存在的必要?

这一问题所引发的论战表面上看是公司法中的合同自由边界的探讨,实际上是经济学研究方法和法学研究方法的本质不同所产生的碰撞。公司合同理论起源于经济学领域,经济学家主要是运用该理论探讨如何降低公司等组织的成本,以提高公司效益,当该理论由经济学领域进入公司法学领域则必然会和公司法中固有的理念、规则发生碰撞和冲突。有学者称其为"'帝国主义'般的经济学'侵入'传统的公司法领地所引发的、几乎是规律性的公司法学者的'防守和反击',以及法律经济学者在传统公司法学者毫不相让的诘问下的窘迫和反思"①。由 *Smith* v. *Van Gorkom* 案引发的公司法中合同自由的边界之探讨只不过是这种冲突的一个侧面而已。

一、公司法的属性:强制性抑或任意性

以伊斯特布鲁克和费希尔为代表的公司合同理论者认为,公司是一系列合同的联结,公司和公司法本质上具有合同属性,公司法应当是授权性的(enabling)和补充性的(suppletory)或任意性的(default)。

伊斯特布鲁克和费希尔运用法律经济学的研究方法和公司合同理论对公司制度进行了分析,他们将公司比作国会,认为公司是

① 罗培新:《公司法的合同解释》,北京大学出版社 2004 年版,第 3 页。

由包括生产者、管理者、权益投资者、债权投资者、担保债权人以及侵权损害赔偿求偿权人等众多角色构成的。这些人员的角色设置通常根据的是合同和成文法,而非根据公司法和公司作为一个法人的法律地位。将公司当作法人的说法往往会掩盖其交易的本质。公司是“合同束”的观点说明,公司是一项意思自治的风险事业,必须审视自然人同意参与公司所依据的条款。反过来说,公司中诸多意思自治的成员之间所形成的复杂关系是可以变更的,他们之间的关系往往是契约性的,所以公司被称作“合同束”。[①] “企业就是一系列的合同,企业内部的合同与企业之间的合同没有区别……换句话说,一种经济组织只不过是一种特殊的标准形式的合同。”[②]

基于公司契约理论所主张的公司乃一系列复杂的明示和默示的合同所组成的联结,一些公司法学者认为,公司法应当授权公司参与者针对经济发展中的众多风险和机会去选择最优的安排。他们认为,公司是“合同束”的特征表明,公司参与方应当完全自由地做出自己的合同安排。公司法的根本功能应当是提供一套非强制性的标准条款,以便于个体的合同缔结活动,对于这些标准条款,公司参与者可以通过章程规定选择自由退出。[③] 可见,公司合同理论将公司视作私人合同的产物,国家的角色仅限于执行这些合同。[④]

---

① [美]弗兰克·伊斯特布鲁克、丹尼尔·费希尔:《公司法的经济结构》,张建伟、罗培新译,北京大学出版社 2005 年版,第 14、16 页。

② Oliver Hart, An Economist's Perspective on the Theory of the Firm, Vol. 89, *Columbia Law Review*, Nov., 1989, p. 1765.

③ Lucian Arye Bebchuk, The Debate on Contractual Freedom in Corporate Law, Vol. 89, *Columbia Law Review*, Nov., 1989, p. 1397.

④ Henry N. Butler, The Contractual Theory of the Corporation, Vol. 11 (4), *Geo. Mason U. L. Rev.*, 1989, p. 100.

公司合同理论者之所以主张公司参与者之间的关系完全依靠契约调整，而不担心各方的缔约能力差别所造成的不公平现象的出现，是因为在公司合同理论者那里，市场被假定为理想化的市场，价格机制能够正常发挥其调控作用和信息传递作用。在完全市场化的理想条件下，竞争充分、优胜劣汰、信息透明，公司管理者不得不为投资者的利益尽心尽力。“尽管管理者有时也会千方百计地通过鱼肉投资者，从而为自己牟利，但最终他们会发现，就好像有一只看不见的手在操纵似的——一种市场动力学的原理正在驱使他们，时时刻刻将投资者的利益铭记在心。”[①]针对伊斯特布鲁克和费希尔提出的缔结理想的合同所需要的“信息充分”与“无需费用”的条件，科恩豪瑟（Kornhauser）认为，这些条件难以充分反映公司参与者在构建他们的关系时所面对的困难。理想合同的背景条件应当更能反映缔结合同时各方的具体情况，如他们事先想干什么？他们事先知道什么？限制他们起草“理想”合同条款能力的外界因素是什么？[②]

公司合同理论者尤其强调价格机制的调控作用，认为价格机制可以修正公司参与者在缺乏协商的情况下达成的条款。公司交易是一个反复的过程，而不是一锤子买卖，因此市场会发挥作用调整公司参与者的行为，使其最大化自己的利益。但是，现实中的市场毕竟和理想的市场化程度存有差距，市场的调控能力有限，而且市场的反应也比较滞后。因此，市场对于管理者的制约作用到底

---

① ［美］弗兰克·伊斯特布鲁克、丹尼尔·费希尔：《公司法的经济结构》，张建伟、罗培新译，北京大学出版社2005年版，第5页。

② Lewis A. Kornhauser, The Nexus of Contracts Approach to Corporations: a Comment on Easterbrook and Fischel, Vol. 89, *Columbia Law Review*, Nov., 1989, p. 1452.

如何？这也成为公司合同理论反对者质疑公司合同理论的地方。但伊斯特布鲁克和费希尔认为，现实存在的价格机制的失灵和不准确并不能成为否定价格机制的理由。因为，市场是否百分之百高效和是否完美无缺并不重要——除非有其他社会制度在评估公司治理机制的可能效应上表现得更好。而“资本市场绩效方面的缺陷仍比围绕监管者管制所带来的麻烦要小得多”。[①]

总之，公司合同理论的支持者认为，公司合同理论提供了研究公司和公司法任务的新视角，公司绝不是国家的监管对象，它应当是所有者与其他公司参与者之间的合同产物。市场力量作用下达成的合同降低了所有权与控制权分离带来的代理成本。市场力量会促使经理人员将股东们的利益放在心上来进行管理活动，这是可以期待的。公司显然已经通过市场检验，事实证明公司是商事组织中最具优势的一种。但同时他们也承认，市场与合同在降低代理成本的同时也会产生相应的费用。例如，市场对公司的控制以及其他市场机制的运行将会产生对代理人的监督成本。[②] 但“对于企业的日常运作和投资者的福利来说，让公司自由选择，将远比由法律开出药方要有意义得多”。[③]

公司合同理论产生于经济学领域并扩张至法学领域，开辟了研究公司和公司法问题的新视角是毫无疑问的。但是，问题的关键在于如何证明代理成本一定大于前述的监督成本。完全依靠市场来调整代理人的行为所降低的成本和产生的新的成本孰高孰

---

① [美]弗兰克·伊斯特布鲁克、丹尼尔·费希尔：《公司法的经济结构》，张建伟、罗培新译，北京大学出版社 2005 年版，第 22 页。

② Henry N. Butler, The Contractual Theory of the Corporation, Vol. 11 (4), *Geo. Mason U. L. Rev.*, 1989, p. 122.

③ Ibid., p. 4.

低？这恐怕是一个难以测量的问题。

公司合同理论者提出，公司是公司参与者之间的契约，公司乃是由这一系列的“合同束”构成的，因而，公司法应当是任意性规范，公司参与者可以通过合同选择退出公司法。针对这种观点，以爱森博格（Melvin Aron Eisenberg）为代表的传统公司法学者认为公司法应当是强制性的，并对公司合同理论者的观点进行了批判和反驳。

爱森博格认为，对于闭锁公司而言，根据公司参与者讨价还价的力量对比情况，结构性规则和分配性规则应当以授权型和补充型为主、以强制型为辅，信义性规则应当以强制型为主、以授权型和补充型[①]为辅。[②] 这主要是因为，法律相信每一个人都是自己最佳利益的判断者，在闭锁公司中，由于股东人数较少，且很多股东

---

① 爱森博格在其《公司法的结构》一文中，根据调整公司事务规则的表现形式，将公司法规则分为三种基本类型：赋权型规则（enabling rules），公司参与者以特定的方式采纳，法律便赋予其效力的规则；补充型或任意型规则（suppletory or default rules），如果公司参与者没有以明确方式采纳其他规则规范特定问题，这类规则即规范特定问题；强制型规则（mandatory rules），规范特定问题的、公司参与者无权变更的规则。同时，爱森博格根据公司法规则的调整对象，将公司法规则区分为：结构性规则（structural rules），规范各种公司机关和代理人之间决策权力的分配以及决策权力行使条件的规则，对公司机关和代理人控制权配置的规则，以及规范公司机关和代理人活动的信息流通情况的规范；分配性规则（distributional rules），规范股东财产（包括盈余）分配的规则；信义性规则（fiduciary rules），规范经理人和控制股东义务的规则。这三种类型的规则爱森博格将其统称为构成性规则（constitutive rules），既包括法律决定的规则也包括私人行为决定的规则。See Melvin Aron Eisenberg, The Structure of Corporation Law, Vol. 89, *Columbia Law Review*, Nov., 1989, pp. 1461 – 1462. 对于 constitutive rules 一词，有的学者将其翻译为宪章性规则，参见张开平译：《公司法的结构》，载王保树主编：《商事法论集》（第3卷），法律出版社1999年版，第390～442页；也有的学者将其翻译为制定性规则，参见罗培新：《公司法的合同解释》，北京大学出版社2004年版，第113页。不过，从公司法规则的分类角度考虑，笔者认为翻译为构成性规则更加切合题意。

② Melvin Aron Eisenberg, The Structure of Corporation Law, Vol. 89, *Columbia Law Review*, Nov., 1989, pp. 1463 – 1470.

常常就是管理人员,因此,闭锁公司的股东能够获得充分的信息,做出符合自己最佳利益的判断和决定,所以,结构性规则和分配性规则应当以授权型和补充型为主。但是,由于公司作为一种组织长期存在,使得闭锁公司股东之间的关系具有长期契约的特点。在缔结长期契约的当时人们难以判断很久以后的将来的情势变化,因此难以保证自己的决策在将来还能符合自己的最佳判断,加之人们容易犯低估风险的系统性错误,这使得股东们的决策往往会偏离其合理预期。机会主义股东一旦获得控制闭锁公司某些方面事务的权力,通常会寻求利用那些通过契约原则指定的结构性和分配性规则谋求私利,尽管这些规则在制定之初是所有股东的真实意思表示,看起来既公正又完善。所以,仅靠股东事前的约定来制约事后的机会主义行为几乎是不可能的。因此,爱森博格认为,对结构性规则和分配性规则必要时应当辅以强制性的司法干预,以纠正机会主义造成的不公。

而对于公众公司,爱森博格则认为,对于哪些法律规则应当是授权型的或者补充型的,哪些应当是强制型的,决定性原则取决于私人秩序安排的力量及其限制,而非取决于合约与合同。公众公司中私人秩序安排的力量和限制很大程度上又取决于公司高级管理层潜在的自利行为的影响,这种自利行为的影响程度主要由市场力量所控制,而非合约和合同所能左右。由于所有权与经营权分离的客观事实,导致公众公司股东和高级管理层之间存在利益分歧,爱森博格将其称为职位利益冲突(positional conflicts)。为了约束这种利益分歧可能导致的公司高级管理层的偷懒行为、谋取不当私利行为等不道德行为的发生,公众公司的核心性信义规则(约束公司高级管理层和控制股东的行为规则)应当是强制型的。但是,那些规范公司高级管理层以下的公司管理人员活动的行为规则大体上应当是赋权型的或补充型的。因为公众公司高级管理层出于自身利益的考虑，有动力也有权力对涉及其下级管理人员的职责、协调、监督和监控的规则作出有效的安排，从而阻止这些低层管理人员损害股东利益。在爱森博格看来，如果说把公司法或公司当作一个合同，还只是犯了描述性错误的话，那么认为消除使公众公司取得辉煌成就的法律限制后，公众公司仍能继续走向成功的观点，则犯了系统性错误。①

杰弗里·N. 戈登（Jeffrey N. Gordon）同样反对公司合同理论所主张的公司应当彻底自治、公司参与者可以通过契约自由选择退出公司法的观点。在戈登看来，规范契约理论（normative contractarianism）中的自愿原则（content principle）显然存有争议。该原则假定公司法的唯一目标应当是私有财富最大化，也就是假定参与者将会通过最大化他们共同财富的方式构建相互关系。但是，在缺少强制的情形下，这种假定只能是同义反复，意义不大。而且，理想的私有财富最大化也只是实现社会财富最大化的一个步骤。从公司法的产生和发展历史来看，私有财富的最大化并不是公司法的唯一目标，公司法中完全的契约自由必然会实现私有财富最大化的假设也是错误的。一些强制性规则的存在反而会更有利于订立完善的合同，换句话说，即使从合同观点的本质来看，选择性和强制性相结合的公司法规则体系才是最优的。戈登从保护投资者、不确定性、公共利益、变革、机会主义等几个方面论述了自己的观点。②

---

① Melvin Aron Eisenberg, The Structure of Corporation Law, Vol. 89, *Columbia Law Review*, Nov., 1989, p. 1524.

② Jeffrey N. Gordon, The Mandatory Structure of Corporate Law, Vol. 89, *Columbia Law Review*, Nov., 1989, pp. 1549 – 1599.

在罗曼诺看来,“公司法中的合同自由”专题研讨会的核心议题——公司法是否应当是强制性的,以及有多少州的公司法是强制性的,并不是理解美国公司法的关键,重要的是公司法的高度功能性和适用性。在实务中,公司法规则被标注为强制性,对正常理解公司法条款也没有任何影响。强制性规则会被很容易地、合法地规避,或者说他们施加的是没有约束力的限制,因为没有违反他们的强烈需求。[①] 罗曼诺认为,更为重要的问题不是能否在公司法中发现强制性规则,从而断言公司法是不是授权性的或者合同性的,而是:(1)公司法规则可否最大化股票价格;(2)公司法规则由强制性向授权性的转变如此迟滞,这段不稳定的时期会否增加投资者的成本;(3)改变某一规则是否会产生次优问题。由于专题讨论会集中于公司法是否强制法的讨论,因而回避了这些核心问题。[②] 所以罗曼诺认为,戈登讨论的问题本身就没有切中要害,不得要领,但他还是对 Gordon 的一些观点进行了驳斥。他认为,戈登的章程变革假定本质上只是提供了一种事后解释而不是前瞻性的研究;公共利益的假定也不过是无力的预言,因为支持公司法仅仅由强制性规则构成的理由将终结于法庭,这就像所有的合同条款一样,无论写得多么清楚,还是要由法院裁定其效力;罗曼诺还通过详细的论证阐述了戈登对机会主义假定的预测同样不够精确。罗曼诺认为,公司法强制性规则存在的理由应当是外部性的存在。但他随即又质疑,即便是存在明显的外部性,在倡导强制性的国家公司法之前必须要解决的问题是政府行为的结果到底优于还是劣于市场自身的调控。而且,如果探讨强制性公司法,必须是

---

① Robert Romano, Answering the Wrong Question: the Tenuous Case for Mandatory Corporate Laws, Vol. 89, *Columbia Law Review*, Nov. ,1989, p. 1600.

② Ibid. ,p. 1603.

从国家的层面出发而不是从州的层面出发来探讨。[①]

尽管约翰·C. 科菲(John C. Coffee)不像爱森博格和布鲁丹尼(Victor Brudney)那样强烈地坚持公司法的强制性,但总的来讲其还是倾向于公司法的强制性品格的。只不过科菲所主张的公司法的强制性的实现方式不同,其主张的强制性不是表现在公司法的规则上,而是由法院通过事后的纠纷解决机制来解决公司合同的不完善所带来的争点和不确定性。关键的问题是法院应当遵循什么样的标准去履行其漏洞填补(gap - filling)职责。科菲认为,法院应当通过探寻私人信息披露的事前激励措施来履行其事后职责,以实现对机会主义的监督目的。[②] 这意味着司法权力对私人秩序的干预,司法对于公司参与人之间所作出的安排有权利进行事后的审查。

乔纳森·R. 梅西(Jonathan R. Macey)完全赞同科菲教授的观点,认为司法在公司治理活动中扮演着重要的角色。但他同时认为司法的职责应当是使公司参与者之间订立的理想契约生效。因为,为了最大化股东的财富,能动的、没有利害关系的公司法专家型法官可以通过解释这些合同的方式,根据标准的公司合同来填补缺失的条款,并使这些合同发生法律效力,实现参与者的预期。[③]

可以看出,由于公司合同理论被引入公司法学领域而引发的关于公司法的强制性和任意性之争,传统公司法学者与公司合同

---

① Robert Romano, Answering the Wrong Question: the Tenuous Case for Mandatory Corporate Laws, Vol. 89, *Columbia Law Review*, Nov., 1989, pp. 1616 - 1618.

② John C. Coffee, Jr., The Mandatory/Enabling Balance in Corporate Law: an Essay on the Judicial Role, Vol. 89, *Columbia Law Review*, Nov., 1989, pp. 1449 - 1460.

③ Jonathan R. Macey, Courts and Corporations: a Comment on Coffee, Vol. 89, *Columbia Law Review*, Nov., 1989, pp. 1702 - 1703.

理论者谁也无法说服谁。因此,公司法应当兼有强制性和任意性,公司是一个自律组织,却又需要强制性监管。“不公平的结果需要政府的反应。”①“政府干预可能会纠正市场力量所具有的侵蚀作用,因此,当市场侵蚀作用严重威胁到关键的社会理想时,有人支持立法者采取必要的行动来加以遏制。”②如科菲所言,“如果在一个缺乏强有力的强制性法律规范的环境下,市场仍能崛起,那么该市场机能一定不是最优的,而且市场也不会在缺乏强制性法律的前提下谋求潜在的发展以致激化引发市场崩溃的风险”。③ 所以科菲认为,自律是有一定限度的,特别当自律组织发展壮大,形成一种既有别于上市公司,又独立于中介、投资者的独立利益集团时,期望通过具有切身利益的组织发挥完全的管制作用是不现实的。因此客观地说,合同理论提出的对传统公司法的反对意见与其说具有说服力,还不如说具有启发性。④

二、公司法存在的价值和理由

公司合同理论者在坚持公司乃一系列合同的联结即公司是“合同束”的基础上,指出公司法存在的价值和理由乃在于提供一套标准合同文本,从而节约公司参与方的缔约成本;公司法对当事

---

① [加]布莱恩·R. 柴芬斯:《公司法:理论、结构和运作》,林华伟、魏旻译,法律出版社2001年版,第153页。

② Jeffrey N. Gordon, Corporate, Market and Courts, 91 *Columbia Law Review*, 1991, p. 1931, pp. 1971 - 1975. 转引自徐菁:《公司法的边界》,对外经济贸易大学出版社2006年版,第6~7页。

③ John C. Coffee, Jr., *The Rise of Dispersed Ownership: The Roles of Law and the State in the Separation of Ownership and Control*, Vol. 111, No. 1, The Yale Law Journal, 2001, pp. 1 - 82.

④ Robert C. Clark, Contracts, Elites, and Traditions in the Making of Corporate Law, Vol. 89, *Columbia Law Review*, Nov., 1989, p. 1711.

人谈判所无法覆盖和虑及的事项,可以作为一种漏洞补充机制而存在。对于公司参与者如何设立公司一般取决于合同法和实证法,而不取决于公司法或者作为实体的公司成文法。伊斯特布鲁克和费希尔把公司看成一个实际上掩盖了交易本质的实体,认为即使需要公司法,需要的也是授权性的公司法。[①] 也就是说,公司法应该授权合同各方根据市场风险和机会组合来选择最佳的合同安排,实现自身的利益。

伊斯特布鲁克与费希尔将公司法看作一种标准合同文本,因为它提供了被大多数企业人员所选择的条款。公司法是一套现成的法律条款,它可以节省公司参与者们签订合同时所要花费的成本,其中的众多条款诸如投票规则以及形成法定人数的规定等,是几乎所有人都愿意采用的规则。公司法准则以及现有的司法裁决,可以免费为每一家公司提供这些条款,从而使每个公司都能集中精力办理自己的事情。但公司法并未因此取代公司参与方事实上的谈判,它不过是作了某些补充而已,除非出现第三方效应或加入后续条款的情况。公司法所要解决并提供的是这样一种规定——这种规定如果得到统一的适用的话,就会从整体上使公司所作努力的价值得到最大化实现,法律只不过是对各种合同进行完善而已。因此,没有理由把公司法看作施加一些强行性条款,从而使现实的谈判无效,或者使企业家们的共同财富减少的法律规则。公司法所起的作用,就是提供了一个普遍适用的基本性条款,这些条款只能由合同来加以变更。[②]

---

① Frank H. Easterbrook, Daniel R. Fischel, The Corporate Contract, Vol. 89, No. 7, *Columbia Law Review*, Nov., 1989, pp. 1416 - 1448.

② [美]弗兰克·伊斯特布鲁克、丹尼尔·费希尔:《公司法的经济结构》,张建伟、罗培新译,北京大学出版社2005年版,第17、38~40页。

波斯纳也认为,契约法的功能之一就是通过提供标准契约条款(如果没有它们,当事人就不得不采用明示条款)而使交易成本得以节约。到目前为止,我们已经清楚地知道这一功能也应用于公司法。因此,公司法是作为一种标准契约存在的。[①] 见布查克(Lucian Arye Bebchuk)教授也认为,公司法的根本功能应当是提供一套非强制性的标准条款以便于个体的合同缔结活动,对于这些标准条款,公司参与者可以通过章程规定自由选择退出。[②]

伊斯特布鲁克与费希尔同时认为,公司法是一种合同漏洞补充规则。合同不可能涵盖每一项内容,让法庭去填补合同中出现的不可避免地合同漏洞是非常必要的。所有认可充分缔约的法律体系都必须处理那些漏洞和模糊的地方。漏洞补充规则要求法院去复制那些在给合同各方都带来联合利益的前提下,他们所愿意选择的条款。如果投资者想使其预期价值得到最大化实现,就要遵循以下规律:那些不利于人们从有利可图的交易中竞争性获利的规则,在实践中是不大可能存活下来的;而那些可以填补现存的合同漏洞而且没有考虑利益分配问题的公司规则则会安然无恙。[③] 公司法的合同漏洞补充机制使得公司参与者没有必要为了穷尽所有可能发生的情形而绞尽脑汁、费尽心思,耗费大量的人力物力,更何况特殊情形发生的概率很低。公司法的存在以及法院的裁判可以使公司参与者的分歧在事后达成一致,从而节约成本、提高效率。

---

① [美]理查德·A. 波斯纳:《法律的经济分析》,蒋兆康、林毅夫译,中国大百科全书出版社 1997 年版,第 516 ~ 519 页。

② Lucian Arye Bebchuk, The Debate on Contractual Freedom in Corporate Law, Vol. 89, *Columbia Law Review*, Nov., 1989, p. 1397.

③ [美]弗兰克·伊斯特布鲁克、丹尼尔·费希尔:《公司法的经济结构》,张建伟、罗培新译,北京大学出版社 2005 年版,第 24、32 页。

克拉克教授更愿意将公司法看作一项监管制度,这一制度是因公司内在的三项本质特点而存在的:有限责任,当股东对第三方负有外部成本时,尤其是对侵权受害人,有限责任可以使股东免除个人责任;股票的自由流通,为证券欺诈创造了条件和机会;集权式的管理制度,使得代理成本难以避免。① 克拉克教授根据法律规则产生方式的不同,将法律规则分为合同性的规则(contractual rules)、精英规则(elite rules)和传统规则(traditional rules)②。根据克拉克教授的观点,人们遵守精英规则和传统规则有时要优于遵守他们自己制定的规则,而且他们毫无选择地遵守这两种规则有时会更有利于他们。很明显,由于精英规则和传统规则的制定是基于其所掌握的充分的信息,因此,精英规则和传统规则有时具有自制规则即合同性规则所不具有的优点。当然,精英规则和自制规则的制定者很难像当事人自己那样对待自己的利益,因此,这两种规则将会产生自制规则所不具有的代理成本问题。③ 在权衡这两种非合同性规则的成本和收益时,克拉克教授认为,它们在促进当事人福祉方面很大程度上似乎要优于当事人自己制定的规则。克罗曼(Anthony Kronman)教授认为,克拉克教授的观点是

---

① Robert C. Clark, *Corporate Law*, Toronto: Little, Brown and Company, 1986, pp. 2 – 4.

② 合同性规则是由合同当事人自己制定的、自愿遵守的规则,合同性规则的制定是当事人自治权的重要体现,是自治的当事人自己为自己制定法律;精英规则是由专家、领导或有权威的人(例如立法者、法官等,根据克拉克的意思,这些人是指当代的或者说活着的精英)等制定的法律规则,精英规则的制定是他治的重要体现,被调整对象必须要遵守他人制定的法律;传统规则是指传统形成的规则,由前辈的规则制定者所制定。See Robert C. Clark, Contracts, Elites, and Traditions in the Making of Corporate Law, Vol. 89, *Columbia Law Review*, Nov., 1989, pp. 1713 – 1714.

③ Robert C. Clark, Contracts, Elites, and Traditions in the Making of Corporate Law, Vol. 89, *Columbia Law Review*, Nov., 1989, pp. 1718 – 1720, 1730 – 1732.

建立在经验主义基础上的，而且其观点并不构成对公司合同理论的根本性挑战，因为公司合同理论的思路和克拉克教授的论证思路一样，都是将当事人的福祉作为评价规则的重要标准。[①] 对于精英规则和传统规则比合同性规则更有利于当事人福祉的观点，克拉克教授并没有提供明确的依据和实证的数据支持。

公司合同理论者反对事前的公司监管制度。在反对事前行政管制的基础上，为了能够限制管理者的不端行为，让他们为投资者的利益服务，公司合同理论者强调事后的惩罚机制。“最理想的控制方式还在于依靠一种事后的惩罚措施，也就是说，让人们先按照其意愿行事，等到出错时再施以惩罚。”[②]因为，相对于事前的强制调控和监督，公司合同理论者认为事后的惩罚措施代价相对较小，可以节约成本支出。“即使风险很小，一个监管体系(要求在每一个案中事前进行实质性审核批准)也常常会使监控成本居高不下。”[③]当然，公司合同理论者也承认其他方法所起到的约束作用，例如，由于害怕失去高额的薪水和高档的办公环境，经理们不得不为了投资人的利益而努力工作。

三、没有胜方的论争

无论批判者还是倡导者都不得不承认，公司合同理论革命在过去十年里席卷了公司法学领域。尽管这一革命毫无疑问地转变了学者们对法律的理解以及法律本身，但是转变的本质和意义依

---

① Anthony T. Kronman, A Comment on Dean Clark, Vol. 89, *Columbia Law Review*, Nov. , 1989, p. 1753.

② [美]弗兰克·伊斯特布鲁克、丹尼尔·费希尔:《公司法的经济结构》，张建伟、罗培新译，北京大学出版社 2005 年版，第 6 页。

③ 同上书，第 8 页。

然不清楚。因为从某种意义上来说,公司合同理论带来的变革仅仅是用另外一种法律比喻——合同的联结,取代了原来的法律比喻——信托(trust)。不幸的是,信托与合同的法律要素都不适合公司,每种比喻都以不同的方式避开了法律必须应对的难题。伊斯特布鲁克与费希尔在其公司合同理论中所提出的信息充分(full information)与无缔约费用(costless contracting)概念过于理想,不符合实际情况,没有反映公司参与者们在构建他们关系时遇到的困难。而且,所谓共同财富的最大化也很难界定。公司合同理论尽管可以让我们更准确地理解公司交易中信托的任务,但是公司合同理论也让公司参与者在组建公司的过程中,以及法院在解释公司运行条款时面对难以克服的问题。信托让公司参与者更安全、更经济地订立合同,但只有强制的信托可以做到。规定公司参与者可以自由变更条款,但并没有提供对方充分的背景信息。同样的,公司参与者们自己也无法解决在起草多重合同中固有的协调问题。他们需要一系列可以依靠的条款,原始的强制性规范恰恰可以满足公司合同缔结中的这种需要。[①]

公司合同理论开拓了公司法学者的视野,创新了思维和方法,为公司法学研究领域带来了新气象。公司合同理论赢得了一些学者的赞同和支持,但是对于公司参与方不受限制的退出公司法的自由却让人难以接受。例如,有的学者认为,合同观点提供了有益的和清晰的分析架构,但同时又表示,公司法律应当扮演强行法的

① Lewis A. Kornhauser, The Nexus of Contracts Approach to Corporations: a Comment on Easterbrook and Fischel, Vol. 89, *Columbia Law Review*, Nov. , 1989, p. 1449.

角色。[①] 尤其是现实的案例,更加使传统公司法学者难以放弃公司法的强制性观点。在没有强制性法律规范的前提下,期权在使代理人一夜暴富的同时,并没有给股东带来什么利益,甚至让股东付出了更高的代价。在接连爆发管理层薪酬丑闻后,纽约证券交易所前董事会主席兼首席执行官格罗索(Richard Grasso)因为薪酬丑闻于2003年9月17日被迫辞职。根据其薪酬计划,格罗索到2007年退休之际,他将获得1.88亿美元左右的收入,而其领导的纽约股票交易所2002年度的盈利仅为2810万美元,格罗索的总薪酬超过纽约交易所过去3年盈利的总和。因此,格罗索被《商业周刊》评选为2003年度最差经理人。[②] 难怪有学者惊叹,"如果我们让来自外星球的客人仅仅通过观察个人的行为而不是按照法律和经济学教科书来猜一猜谁是公司的所有者,毫无疑问,他会把公司的高级管理人员当作公司的所有者"。[③]

所以,有学者提出从更一般的意义来讲,市场并不会自动地纠正代理成本问题。因此,必须有高水平的监管制度加以补充。[④] 但是伊斯特布鲁克和费希尔认为,只有能够证明公司选择的合同条款既昂贵又违反投资者的利益,证明法律规定强制性条款的正当性才有可能。然而,只有当选择的条款能够确定增加公司参与各方的共同财富时,也就是说,公司参与各方选择合同条款时获得

---

① Lucian Arye Bebchuk, The Debate on Contractual Freedom in Corporate Law, Vol. 89, *Columbia Law Review*, Nov., 1989, p. 1409.

② Business Week, Jan. 12th 2004. 转引自徐菁:《公司法的边界》,对外经济贸易大学出版社2006年版,第49页。

③ [英]约翰·凯、奥伯利·希尔伯斯通:《关于利益相关者的争论——公司的治理结构》,载《经济社会体制比较》1996年第3期,第41~47页。

④ [美]约翰·C. 科菲:《为转型经济创造一个公司监控者——捷克和波兰的不成熟的经验》,载《比较》第3期,第80页。

了充分的信息以及缔结合同无须费用时,才有意义。[①] 显然,如果以社会福利最大化为标准来衡量公司合同理论的主张与传统公司法观点的优劣,实在是一个难以比较的选择。

在 *Photo Production* v. *Securicor* (1980)的判决中,威尔伯弗茨(Wilberforce)如此写道,"总体而言,如果商事活动当事人各方的协商能力没有不公平的差异,那我们应该有一切理由给当事人足够的自由去按他们认为合适的方法进行风险的分配,我们应该尊重他们的选择。这也即是英国议会的态度"。而在 1977 年的《非公平合同条款法》(Unfair Contract Terms Act)的立法报告(First Report on Exemption Clauses in Contracts)中,英国议会法律委员会把立法的必要性表述如下:"有充分理由禁止'以合约形式退出法律规定'(contracting out)。因为它使得组织良好的商事企业可以经常把不公平的合同条款强加给消费者,从而剥夺了本由法律赋予他们的权利。一般来说,消费者甚至不清楚他们自己的处境,而且即使他们对此有所了解,也会觉得非常困难以至于不可能避免屈从于这些条款,因为他们缺乏足够的谈判能力。"[②]众多限制缔约能力的因素可能是法律强制介入当事人缔约活动的主要理由,市场永远无法形成理论中的理想状态成为强制性公司法规则存在的重要价值和理由。

可以看出,无论是传统的公司法理论还是公司合同理论,谁都无法说服对方。它们对于公司法的意义,与其说是提出了自己有待进一步完善的主张,还不如说是一针见血地指出了竞争对手的

---

① Frank H. Easterbrook and Daniel R. Fischel, The Corporate Contract, Vol. 89, *Columbia Law Review*, Nov. ,1989, p. 1433.

② 转引自杨良宜:《国际商务游戏规则——英国合约法》,中国政法大学出版社 1998 年版,第 768 ~770 页。

不足。[①] 在学者们对公司法理论的争论中，最常见的对方法论的批评，就是一方指责另一方论证的武断，但当仔细分析提出方法论存在弊病一方的研究方法时，武断的推理论证同样跃然纸上。[②] 这不得不使我们去思考，公司合同理论引入公司法的意义何在？这种争论到底有无现实的意义？在不分胜负的公司法的强制性、任意性理论之争结束后，已经有学者开始从实证的角度研究这一问题。

第五节　公司合同理论的实证研究

20 世纪 80 年代后期的那场"公司法中的合同自由"论战似乎谁也没有战胜对方，公司法到底应当是强行法还是任意法，至今尚无定论。经过一番论战之后，在无法说服对方的情况下，双方对此问题的争论似乎冷却下来。经过近二十年后，国外有些学者开始重新反思这一问题，重新审视了公司合同理论的观点，并从实证的角度考察了公司合同理论在实务中的运用情况，试图推陈出新，从

---

① 徐菁：《公司法的边界》，对外经济贸易大学出版社 2006 年版，第 100 页。

② 例如，*Fischel* 认为对特拉华州的批评是意气用事的，缺乏理论与实证的支撑。但 *Fischel* 的反驳同样是希望借助几个有利于自己的判例就能使其提出的观点完全立足。See Daniel R. Fischel, The "Race to the Bottom" Revised: "Reflections on Recent Developments in Delaware's Corporation Law", 76 *Northwestern University Law Review*, Feb., 1982, pp. 913 - 945. 又如，Romano 在评论 Gordon 的"The Mandatory Structure of Corporate Law"一文时，常常批评 Gordon 用武断的，不准确的，事后解释的论证方法，但在证明自己观点时 Romano 毫不犹豫地拿起了他喝令 Gordon 放下的武器。See Robert Romano, "Answering the Wrong Questions: The Tenuous Case for Mandatory Corporate Law", Vol. 89, *Columbia Law Review*, Nov. 1989, pp. 1599 - 1617. 类似的例子在公司法理论分析中可谓比比皆是。转引自徐菁：《公司法的边界》，对外经济贸易大学出版社 2006 年版，第 101 页。

新的视角对这一问题进行考察和研究。

伊斯特布鲁克和费希尔主张公司法应当是授权性的和补充性的或任意性的,公司合同理论的关键创新之处在于将公众公司的管理者和所有者之间的关系概念化为一种合同——公司合同,作为原子化的市场调控行为的结果,在这种合同下合作财富将会被最大化。[①] 这种公司合同理论的视角确实是运用法律经济学对公司法进行分析和研究的有益起点,但是,这种主张对公司参与者意义何在?公司参与者会不会充分利用法律的授权和近乎不受限制的自由去起草公司章程,抛弃国家法律规定的任意性规则?或者从经济学的角度来说,公司参与者抛弃任意性规则自由起草公司章程与直接采用任意性规则起草公司章程哪个成本更低?而实务中,公司参与者对于公司法中的任意性规则的态度又是如何的呢?

汉斯曼经过研究后发现,根据现有法律,虽然公司章程起草者已经拥有极大的自由,但是他们却很少行使这一自由。[②] 这也许出乎公司合同理论者的预料,尽管他们极力倡导公司法应当是任意性规范,公司法规则应当是授权性的和任意性的,但是实务中却受到了公司参与者的冷漠。所以,柯瑞指出,公司合同理论很大程度上建立在完全市场假设(perfect market assumption)之上,缺乏实证的支持。[③] 公众公司很少抛弃国家公司法律规定的任意性规则,使用它们近乎不受限制的自由去起草公司章程。对这种现象的传统解释难以令人信服。较为合理的解释在于,在公众公司长

---

① Frank H. Easterbrook & Daniel R. Fischel, *The Economic Structure of Corporate Law*, Harvard University Press, 1991, pp. 1 – 39.

② Henry Hansman, Corporation and Contract, V8 N1, *American Law and Economics Review*, 2006, p. 4.

③ Michael Klausner, The Contractarian Theory of Corporate Law: a Generation Later, The Journal of Corporation Law, spring, 2006, p. 781.

期存在的过程中环境不断变化，由于缺少可行的修正机制，因而很难保证章程条款得到有效率的修改。采用法律任意性规则，公司将章程修正的过程委托给了国家，这将更为有效。[①]汉斯曼认为，传统的关于公司合同的认识至少淡化了两个方面，一是今天的商事公司面对的合同自由的程度；二是这种自由很少被行使，尤其是对公众贸易公司，或者说这是公司法任意性规则产生的巨大影响结果。更重要的是，对于公司法任意性规则带来的强大影响，汉斯曼认为有比传统观点更好的解释。这种解释的本质在于，采用法律的任意性规则而不是明示的合同，参与者考虑到了在将来公司长期存在的时期内需要对他们的关系进行不断的调整。公司法规则本质上是可以被第三方——国家反复修订以使它们适应不断变化的环境的合同条款。这一理论比其他理论提供了公司参与者之所以遵从法律任意性规则的强有力的解释。这表明，任意性规则和强制性规则具有相当的影响力。[②] 因此，根据汉斯曼的研究，法律对于合同的主要优势是法律规则比较容易修订，而且法律规则由第三方——国家根据环境变化的需要不断予以修订，这会节约公司参与者因章程修订而产生的成本。

就公司章程条款而言，柯瑞通过对 300 多家公众公司章程的条款进行研究后发现，除了对收购行为的防范可以显示出各个公司不同的安排外，其他事项则没有太大差别，公司章程几乎千人一面。公司章程的起草过程中很少有深思熟虑的合同行为，唯一认真考虑的决定是在敌意收购时是否保护管理行为，这主要通过交错的董事会(staggered board)解决，要么用书面同意的方式限制股

---

① Henry Hansman, Corporation and Contract, V8 N1, *American Law and Economics Review*, 2006, p. 1.

② Ibid., p. 2.

东投票权、限制股东召集特别会议权利的途径实现，要么用发行双重股票的方式实现。除此之外，公司章程只是不起眼的文件而已，所谓合同性的治理安排不过是由法律规定的规则组成。公司合同理论者对强行法的关注证明没有考虑这一点，任意性规则几乎毫无例外地被一致适用。[①] 这充分说明，实践中公司参与各方更乐于直接默认适用公司法的任意性规则，而不愿事事都重新协商安排；这也说明公司法的任意性规则能够为公司参与者所接受，说明公司法任意性规则的合理性和经济性。

即便是不同的公众公司章程，有的规定了收购防御条款，有的没有规定收购防御条款，而且规定的收购防御条款略有差别。然而，这种差别并不是公司合同理论者所设想的是为了实现所谓的参与各方的利益最大化。根据柯瑞和丹尼斯的研究，这种收购防御措施规定的差异是各个公司为了巩固其管理的需要，而根本没有考虑参与各方的私人利益问题。而且，即便是各个采用收购防御措施的公司章程之间存在差别，这种差别本身并不能体现个性化，因为所有公司采用的收购防御措施无一例外的都是由州法律规定的默认规则。[②] 因此，如果说公司章程之间就收购防御性措施的规定存在差异，倒不如说是关于收购防御性措施的法律默认性规则之间存在差异。

可见，后来的学者更加注重从实证的角度研究公司合同理论。公司合同理论的预设和实践中现实状况的巨大反差使得学者们开始思考公司合同理论存在的现实意义。施瓦茨在分析美国新政时期的公司法时就认识到，“20 世纪前半期，公司法的目标是适合现

---

① Michael Klausner, *The Contractarian Theory of Corporate Law: a Generation Later*, The Journal of Corporation Law, spring, 2006, pp. 789 – 790.

② Ibid., p. 791.

实的或假设的经济发展的。当大萧条表明不受控制的发展本身是令人迷惑不解的东西的时候,公司法向社会那样,开始重新认识公司权力的地位。这种认识的首要基础是,人们认识到在法律理论中的公司和经济现实中的公司之间存在着极大的差距"。[①] 公司合同理论是建立在完善市场假设的基础之上的,并且宣称其创立的基础是科斯的《企业的性质》一文,但是,其实际上是基于零交易费用的"科斯世界"而建立的。公司合同理论唯一承认的交易费用是起草章程的成本,公司合同理论建立在完善的市场假设的基础之上。但是,科斯自己反复说过,其零交易费用的假设是为了把经济分析引向对实际交易费用及其影响的研究,而不是仅仅为了研究一个有启发意义的没有交易费用的想象中的科斯世界。[②] 所以,从这一点看,公司合同理论尽管是经济分析方法应用于公司法的良好开端,但是由于缺乏实证的支撑而备受诟病。尽管公司合同理论者为公司参与者们选出公司法的权利而竭力呐喊,然而,实践中的公司参与者们似乎对这一权利非常冷漠,公司参与者们在章程制定过程中往往不加选择地直接适用公司法中的任意性规则。

本章小结

公司合同理论的渊源包括委托代理理论和交易费用理论。委

① [美]伯纳德·施瓦茨:《美国法律史》,王军译,中国政法大学出版社 1990 年版,第 222 页。

② Michael Klausner, The Contractarian Theory of Corporate Law: a Generation Later, *The Journal of Corporation Law*, spring, 2006, p. 796.

托代理理论的奠基者伯利与米恩斯基于公司契约自由理论提出了公司所有权与控制权的分离;交易费用理论的奠基者科斯指出,企业对市场的替代是以一个契约替代了一系列的契约,从而节约了价格机制调整下市场上产品交易的费用。后来的经济学者们进一步指出,公司不过是“一系列合约的联结”,契约关系是企业的本质,企业完全是一种法律假设,是一组个人契约关系的联结。经济学中的公司合同理论将公司视作“一系列合约的联结”,其目的在于强调企业自主经营对于经济效率提高的重要性,乃是为了摆脱国家对企业的过度管制而提出的,它是自由主义思想和精神在经济学中的体现。因此,根据公司合同理论,股东之间的关系为契约关系,章程被视作股东之间的契约,这也是章程契约论的渊源。但是,章程契约论的本意绝非将章程视作法律上以权利义务为内容的合同法律关系,而是希望将合同法中的缔约自由精神和当事人意思自治的理念援引至经济学中。

持公司合同理论的公司法学者认为,基于公司的契约性,公司参与者们完全可以自由协商决定公司的事务,完善的市场机制自然会调整公司参与者的行为,公司法可有可无。即便存在,其价值也只在于漏洞补充作用和提供示范合同作用。公司合同理论与传统公司法学理论就公司法的强制性和任意性发生分歧并展开论战,然而这种以静态的眼光审视公司法的论战注定是没有胜方的论战。不过,公司合同理论的预设和实践中现实状况的巨大反差倒是促使学者们开始思考公司合同理论存在的现实意义。实证研究表明,公司参与者们对公司合同理论者为他们竭力呐喊和争取的选出公司法的权利并无兴趣,他们在制定公司章程时往往更加乐于直接适用公司法的任意性规定。也许,公司合同理论的更大价值在于为公司法学者提供了一种新的研究视角和研究思路。

第二章　公司合同理论的本土化及其异变

在美国哥伦比亚大学法学院法律经济学研究中心举行的主题为“公司法中的合同自由”的研讨会约十年之后,我国公司法学者开始关注和研究公司合同理论。公司合同理论的引入,拓展了我国公司法学研究的视野,创新了公司法学的研究方法,对公司立法的思路亦有一定影响。公司合同理论被引入我国公司法学领域后,同样上演了公司法的强制性与任意性论战。对于公司合同理论的主张,我国学者有赞同者,也有反对者。我国公司法学者对公司合同理论的承继和发展如果仅局限于对公司法的强制性与任意性之探讨以及司法干预和公司自治的界限之争等宽泛意义上的探讨,那么即使在理论上和实践中于公司法学无太大实益,倒也不至于给公司法学研究和公司审判实务带来负面影响。令人遗憾的是,在公司合同理论的传播和承继过程中,由于学界对公司合同理论的理解不够透彻,甚至是误读、误解,导致了司法审判实务中对公司合同理论的曲解和滥用。我国公司法学者没有走向对公司合同理论实证研究的道路,却误入另一“歧途”:对公司合同理论的泛滥解读,将公司章程完全视作股东之间的契约,并以民法上的合同效力要件和标准判断章程的约束力,将公司合同理论中的“合同”等同于民法上的普通合同,进而将普通合同中的合意原则适用于公司股东会的议事活动,从而造成了公司审判实务的混乱,动摇了公司这一商事组织存在和运作的制度基础——公司传统的议事规则——多数决议规则,实为公司合同理论本土化过程中的异变。

第一节　公司合同理论的承继与发展

对于公司合同理论的介绍和研究,在我国仍然是经济学学者先于法学学者。[①] 在公司合同理论尚未引起我国公司法学者的热切关注之前,我国已有经济学者和社会学者开始对公司合同理论之交易费用理论进行了反思与批判,认为“交易费用企业说的最根本的错误是,以企业的功能来解释企业产生的原因。虽然我们难以否认企业具有节约交易费用的功能,但是,以其功能来说明其产生的原因,在方法论上,却犯了不合逻辑的目的论的错误”。并指出了交易费用理论的三个缺陷:一是以公司的功能来解释公司产生的原因;二是反历史主义理论倾向;三是企业在替代市场中产生,也存在一个交易费用的测量问题。[②] 科斯《企业的性质》一文

① 较早介绍公司契约理论的当属我国经济学者张维迎教授。参见张维迎:《企业的企业家——契约理论》,上海三联书店 1995 年版。

② 汪和建:《企业的起源与转化:一个社会学框架》,载《南京大学学报》(哲社版)1999 年第 2 期,第 171 ~182 页。

之所以被认为是公司合同理论的奠基之作,乃在于科斯在该文中将企业和市场视作合约的两种形式,并指出企业内部的科层制组织形式起到了很好地协调合约各方、减少交易成本的作用,从而使企业这一合同束取代了市场上分散的合同[①]。在科斯将企业视作"合同束"的背后,其理论支撑是交易费用理论,科斯在其后的经典之作《社会成问题》一文中对交易费用做了进一步的阐释,并引起了我国学者的关注和对科斯定理的讨论。[②] 20 世纪末,公司合同理论开始进入我国公司法学者的视野,并引起广泛的关注和热烈探讨。

一、公司法的属性:强行法抑或任意法

公司合同理论与传统公司法理论之间关于公司法的争论焦点集中于公司到底是法律拟制的主体还是公司参与者之间的合同束。如果公司是公司法拟制的主体,则公司法的存在就是公司存在的前提条件,而且公司法对于公司来说还应当具有广泛的强制约束力。如果公司是公司参与者之间的合同束,则公司参与者之间就可以通过一系列的合同来解决问题,而无须公司法的存在,即便需要法律,也完全可以通过一般性的合同法来解决问题。由公

---

① See Ronald H. Coase, The Nature of the Firm, Vol. 4, No. 16, *Economica*, New Series, Nov. ,1937, pp. 386 – 405.

② 这方面的文章主要有:苏力:《〈秋菊打官司〉案、邱氏鼠药案和言论自由》,载《法学研究》1996 年第 3 期,第 65 ~ 79 页;吴建斌:《科斯法律经济学本土化路径重探》,载《中国法学》2009 年第 6 期,第 178 ~ 188 页;徐爱国:《侵权法的经济学理论:一个思想史的札记》,载《法制与社会发展》2007 年第 6 期,第 103 ~ 117 页;吉余峰:《论西方经济学家对科斯定理的重构》,载《中州学刊》1996 年第 3 期,第 28 ~ 31 页;柯华庆:《科斯命题的澄清》,载《社会科学战线》2006 年第 1 期,第 86 ~ 92 页. ;柯华庆:《科斯命题的谬误》,载《思想战线》2006 年第 2 期,第 37 ~ 43 页;陈宝敏:《科斯定理的重新解读》,载《中国人民大学学报》2002 年第 2 期,第 68 ~ 72 页;赵子忱:《科斯〈社会成本问题〉的产权思想辨析》,载《南京大学学报》(哲社版)1998 年第 1 期,第 75 ~ 83 页;赵燕菁:《基于科斯定理的价格理论修正》,载《厦门大学学报》(哲社版)2007 年第 1 期,第 30 ~ 38、75 页;吴易风:《产权理论:马克思和科斯的比较》,载《中国社会科学》2007 年第 2 期,第 4 ~ 18 页等。

司合同理论引发的、关于公司是拟制的实体还是公司参与者之间的合同束之争实际上演变成了公司法的强制性和任意性之争，也就是公司法在多大程度上可以干预公司参与者之间的活动，公司法的作用边界到底在哪里。

针对公司法的边界，我国有学者从应然的角度进行了探讨：首先，应然公司法既包括强制性规范，也包括补充性规范，还包括授权性规范；其次，公司法的应然边界应包括更多的程序性规范；最后，公司法应然边界的实现还有赖于外部机制。[①] 但是，这种对公司法应然边界的界定仍然是模糊不清，让人无法找到边界。作为司法介入依据的公司法要想准确定位其对公司活动干预的边界，从而使公司治理活动产生理想上的效率最大化，在立法技术上几乎是不可能的。

根据公司合同理论，公司法似乎没有存在的必要，即便允许公司法存在，其也不具有任何的强制力，只能供当事人选择性的适用，其所发挥的作用也是非常有限的，只是公司参与者为了节约公司活动的交易成本而将其作为标准合同的范本，或者在公司参与者约定缺失的情况下发挥补充作用。公司合同理论者甚至把公司看成一个掩盖了交易本质的实体。[②] 对于公司合同理论下公司法属性的"标准合同"说，我国有学者认为，"将公司法看作'标准合同'的观点强调合同自由、市场自治的价值理念，这既是其贡献所在，也是其缺陷所在。缺陷在于将合同自由绝对化、扩大化，强调公司行为自由、运作经济的一面，将其作泛合同化的解释，否认公司内部层级管理关系，忽视公司赖以存在的社会政治环境"。[③] 有

① 徐菁：《公司法的边界》，对外经济贸易大学出版社 2006 年版，第 7 ~ 8 页。

② Frank Easterbrook, and Daniel Fischel, The Corporate Contract, Vol. 89, *Columbia Law Review*, Nov., 1989, p. 1426.

③ 许家庆：《论作为"标准合同"的公司法》，载《山东师范大学学报》（人文社会科学版）2007 年第 4 期，第 148 ~ 151 页。

的学者则根据我国市场实际情况指出,我国的市场经济很不完善,距离经济学假设的环境差距太大,“充斥我国市场的不仅仅是信息的不对称,更多的是信用问题,欺诈、不遵守合同等现象俯拾皆是。这与合同论者所需要的环境相差太多”。“基于这种市场的不完善性导致的信息传输的不畅通、信息的不对称等问题”,认为我国的公司法规则更应当解释为一种强行性规则。[①] 尽管公司法中的强制性规范只是部分的,但是在一些学者看来,公司法还有公法化的趋势[②],公司法的性质原则上是强制性的。

当然,也有学者全盘接受公司合同理论的观点,在论述我国公司法的品格应当是强制性还是任意性的问题时,对公司合同理论未加批判性的审视,直接以公司合同理论作为立论的依据,“根据公司契约理论,公司是各种契约博弈和平衡的结果,公司法在总体上是属于私法,公司法的核心部分应是选择性或任意性规范,其强制性或禁止性规范应是以保护社会交易安全为限度,并非要限制或排除司法关系中的意思自治”。[③] 更有人认为,公司契约理论中的契约如一般民事契约一样是股东意思表示的合意,“将公司界定为一种契约,除了能够为公司处理内部问题提供理论基础之外,还

---

① 普丽芬:《从公司法规则的分类界定公司章程的边界》,载《华东政法学院学报》2003 年第 3 期,第 33 ~ 39 页。

② 谢怀栻:《外国民商法精要》,法律出版社 2002 年版,第 39 页。

③ 刘迎霜:《公司契约理论对公司法的解读》,载《当代法学》2009 年第 1 期,第 134 ~ 139 页。除此之外,还有其他学者直接接受公司契约理论,并作为分析相关问题的理论基础,如侯东德:《股东大会的契约解释》,载《理论与改革》2007 年第 6 期,第 117 ~ 121 页;侯东德:《股东查阅权行使规则的契约解释》,载《华东经济管理》2009 年第 4 期,第 69 ~ 72 页;侯东德:《股东大会决议的契约解释》,载《理论与改革》2007 年第 6 期,第 117 ~ 121 页;侯东德:《论股东权的本质与股东导向公司治理模式——以公司契约理论为视角》,载《管理世界》2008 年第 9 期,第 180 ~ 181 页;侯东德:《股东权的契约配置及基本框架》,载《金融与经济》2008 年第 8 期,第 45 ~ 48 页;侯东德:《论公司中的利益冲突及契约解决机制》,载《中国物价》2009 年第 1 期,第 56 ~ 59 页。

能够为公司的发展和经济的繁荣提供动力”;“为反映现代公司法的最新发展趋势,我国公司法应当采取公司契约理论,软化公司法的规定,将公司法的大多数规定看作任意性的规定,仅仅起补充公司契约当事人意思表示不足的作用,正如一般契约法仅仅起补充契约当事人的意思表示不足的作用一样,在契约当事人对有关内容作了规定的场合,如果该种规定不会损害公司债权人的利益,则该种规定对所有契约当事人产生约束力;如果仅仅部分股东缔结契约,则该种契约仅仅对这些股东产生约束力,对其他股东不会产生约束力。[①]”对公司合同理论未加理性分析即全面予以承继,未免过于武断。

由于受我国长期以来计划经济体制的影响,公司法的立法指导思想一直将公司法视作强行法,强调公司立法对公司活动的干预和介入,直到 2005 年公司法的修订才显示出对原有观念的有限突破。同样受此影响,我国公司法学者即便对公司合同理论表现出了一定的支持和赞同,但是却又比较谨慎,一般认为公司法应当既具有强制性,又具有任意性。

有学者以公司法的调整对象为观察视角,指出“公司法作为商法的一部分,调整公司对内、对外关系,虽然其若干法律规范具有强行法的性质,但其被调整的社会关系的主体均是平等主体。因此,公司法属于私法领域,应是无争议的”。[②] 公司法既然属于私法领域,其调控当然应是有限干预为原则,充分尊重当事人的意思自治,立法上应更多地表现为任意性的规范。对于公司法的属性

---

① 张民安:《公司契约理论研究》,载《现代法学》2003 年第 25 卷第 2 期,第 45 ~ 50 页。

② 王保树:《经济体制转变中的公司法面临的转变——公司法修改中值得注意的几个问题》,中国法学会民法经济法学研究会 2000 年年会论文。

到底是公法还是私法以及司法对公司活动的干预方面，蒋大兴教授撰文指出，公司法在总体上属于私法，因此在司法的过程中应注意彰显股东自治、公司自治的理念，公司内部事务原则上应由公司自决，法院对公司纠纷的干预应保持一定的节制，坚持有限干预的原则。在多数情况下法院对内部纠纷的裁决，采用程序性监督，即法院对公司内部事务的实体性干预以“竭尽内部救济”为原则。[①]显然，蒋大兴教授有限干预以及“竭尽内部救济”的言外之意是公司立法当以任意性规范为主，强制性规范为辅。来自司法实务界的观点也是在强调公司自治的同时，认为公司法兼具强制性和任意性的特征。“公司章程是一种具有契约性质的自治规则。公司法则兼备强制性和任意性的特征。在任意性规范的范围内，公司法充分保障了当事人的意思自治与自主经营权，公司章程具有优先的法律效力，但公司章程的规定不得突破强制性规范所设的法律边界，否则不具有法律效力。”[②]

我国公司法学者对于公司法应当是强制性还是任意性的问题，多针对公司的类型和公司的结构提出了不同的看法。如江平教授认为，“一味的严管，一切都是强制性规范，不利于公司根据自身不同情况创造多种有效的管理模式，更何况世界各国管理模式都在经历着日新月异的变革。只有统一性而无多样性是不利于公司发展的”，“在公司治理结构上哪些允许放开，哪些必须严管，目前还缺乏科学的界定”。[③] 江平教授随后又指出，“公司法中究竟

① 蒋大兴、金剑锋：《论公司法的私法品格——检视司法的立场》，载《南京大学学报》(哲社版)2005 年第 1 期，第 39 ~ 46 页。

② 张恋华、胡铁红、沙洵：《公司章程条款与〈公司法〉强制性规定冲突问题研究》，载《法律适用》2008 年第 9 期，第 54 ~ 57 页。

③ 江平：《公司法与商事企业的改革与完善》，载《中国律师》1999 年第 2 期，第 55 ~ 57 页。

哪些是强制性规范,哪些是任意性规范,争议颇多。有些人认为公司法与合同法的性质相同,发生歧义时,应解释为任意性规范。我认为处理这个问题首先应区别上市公司与非上市公司,上市公司应有更多的强制性规范。其次要区别股份公司与有限公司,有限公司应当有更多的任意性规范"。[①] 应当区别股份有限公司、有限责任公司,并根据公司结构的不同制定强制性不同的公司法规范的观点得到了众多学者的呼应和共鸣。如汤欣教授主张,"对有限公司法而言,原则上普通规则可以是任意性的,而基本规则应具有强制性,不得由当事人自由变更。股份公司法中的基本规则和有关权力分配的普通规则适用于管理层与股东之间利益冲突最为激烈的领域,原则上它们应该是强制性的,有关利润分配的普通规则则允许有一定的灵活性"。[②] 罗培新教授亦持此观点,认为公司法的品格应当是适应性的而不是管制性的。[③] "调整闭锁公司的分配性规则和结构性规则,应以赋权性和补充性为主,而信义义务规则,则应以强制性为主。调整公众公司的分配性规则和一般的结构性规则,应以赋权性和补充性为主,而核心的结构性规则和信义规则,则应以强制性为主。"[④]公众公司的强制性规范应该超过对封闭公司进行调整的强制性规范[⑤]。抛开公司法规范的总体属性应当是强制性还是任意性不谈,公众公司的强制性规范的度和量

---

① 江平:《完善公司治理结构的基本法律问题》,载《财经》2002 年第 11 期。

② 汤欣:《公司法的性格:强行法抑或任意法》,载《中国法学》2001 年第 1 期,第 109 ~ 125 页。

③ 罗培新:《公司法的合同路径与公司法规则的正当性》,载《法学研究》2004 年第 2 期,第 71 ~ 83 页。

④ 罗培新:《公司法强制性与任意性边界之厘定:一个法理分析框架》,载《中国法学》2007 年第 4 期,第 69 ~ 84 页。

⑤ 徐菁:《公司法的边界》,对外经济贸易大学出版社 2006 年版,第 129 页。

应当超过闭锁公司在学者之间似乎已经形成共识。

根据公司合同理论,"公司乃一系列合约的联结",公司是"合同束",这一"合同束"包括股东、董事、经理、职工、债权人、供应商、客户等之间自愿缔结的明示或默示、短期或长期的各种契约。因此,公司本质上是契约性的。而契约的本质要求就是意思自治,因此,公司自治就成为意思自治在公司法领域中的必然要求。但是,"公司自治并不必然排斥国家强制,公司自治追求效率,通过主体对个人利益的追逐实现资源的合理配置,促进经济发展,增加社会整体财富;国家强制追求社会公平,使主体在公平的基础上自由竞争,促进公共福祉的实现,保护个人权利的依法行使。抛开公司自治,国家强制就会成为经济专制;抛开国家强制,公司自治就得不到保障,自治成为一句空话,二者唇齿相依、共存互补"。[①] 因此,公司自治与国家强制之间的最佳分界应当是决定公司法强制性与任意性边界的依据,而对这一问题的探讨似乎永远难以量化,加之市场的变动不居,以及一国经济的发展变化,公司法任意性与强制性的边界既不会固定不变,也永远无法找到清晰的边界。"试图将公司法规范从宏观上类型化,并根据此一类型化标准简化公司章程与法律的关系是危险的,因为,公司法规范的具体性使得不同场景下的强行法规则表现亦有不同,很难构建一种统一化的一劳永逸的类型化标准。"[②]可见,公司法的强制性与任意性并不必然是对立的,也不是固定不变的,因此,以发展的眼光和动态的视角去观察公司法的强制性与任意性,似乎更加贴近实际情形。

---

① 贺少锋:《公司自治与国家强制的对立与融合——司法裁判角度的解读》,载《河北法学》2007 年第 6 期,第 184 ~ 186 页,200 页。

② 宋从文:《公司章程的合同解读》,载《法律适用》2007 年第 2 期,第 56 ~ 62 页。

二、公司自治与司法介入的关系

公司自治与司法介入的关系问题是公司合同理论与传统公司法理论对公司法的强制性与任意性之争的必然延伸。

古典自由经济学派崇尚自由经济,主张经济完全自由放任,反对政府干预经济活动,认为政府只能充当守夜人的角色,认为完全竞争性的市场模型能够实现资源的帕累托效率[①]配置,即通过市场能够使资源的配置达到这样一种最优状态:任何资源配置的重新调整不可能在不使任何一个人境况变坏的情形下而使其他任何一个人的境况变得更好。在哈耶克看来,如果没有经济自由,就不可能有进步。政府不应当对公司发号施令,而应当创设和执行有关财产、交换的法律,从而使公司和个人能够以最有利于创造财富的方式彼此互相交往。[②] 因为"法律恰当的目标是为生活于其中的个人创造一个私域,使他们能按自己的意愿活动"。[③] 公司合同理论者反对司法介入公司事务,认为在公司参与者行为没有产生负外部效应的情形下,司法不应当介入公司事务,干涉公司参与者之间的约定,而应当赋予公司彻底的自治权。因为在公司合同理论者

---

① "帕累托效率"准则是对资源配置含义的最严谨的解释,是由意大利经济学家菲尔弗雷多·帕累托(Vilfredo Pareto,1848 - 1923)做出的。按照帕累托的说法,如果社会资源的配置已经达到这样一种状态,即任何重新调整不可能在不使其他任何人境况变坏的情况下,使任何一个人情况变更好,那么,这种资源配置的状况就是最佳的,就是最有效率的。如果达不到这种状态,即任何重新调整而使某人境况变好的,而不使其他任何一个人情况变坏,那么说明这种资源配置的状况不是最佳的,而是缺乏效率的。

② 郭富青:《论公司自治与司法介入的临界点及范围——兼析梅亚兵诉泰兴市液压元件厂股东会召集权案》,载胡道才、吴建斌主编:《参阅案例研究》(商事卷第一辑),中国法制出版社 2009 年版,第 188 页。

③ [英]阿兰·艾伯斯坦:《哈耶克传》,秋风译,中国社会科学出版社 2003 年版,第 231 页。

那里,公司参与者都是理性的经济人,能够恰当地管理自己的事务,能够通过契约对公司事务做出更加符合自身利益的理性安排。

我国学者对于司法是否应当介入公司事务、公司是否享有彻底的自治权方面几乎没有不同意见,都认为司法应当有权干预公司事务。根据司法界的观点,在广义上说,公司治理更表现为由一定的治理目标联系起来的一系列制度的总和。它应当包括内部机制、市场机制和诉讼机制。[①] 只是我国学者及司法实务界在司法干预的范围、程度、方式等方面存在不同的见解。

自由经济思想在私法领域的集中反映就是私法自治理念在民商法中的全面确立,在公司法中则具体凝结为公司自治的法律原则。公司自治包含两个方面的含义:(1)公司作为私法自治的主体,以公司名义享有私法自治权利,如契约自由、营业自由等;(2)公司是股东基于意思自治而形成的用以营利的工具,是自律的团体,公司内部借助股东自治由股东自行决定公司事务,自我监督和管理,他人一般无权干涉。公司自治体现了经济自由的要求。但是,"商事主体在商事活动中的自我调节机制是有局限性的,需要国家以社会的名义进行整体调节"。在公司运营过程中,各种利益主体之间的博弈交锋并不能保证都能获得各安其位的效果,完全指望股东特别是控股股东的自觉行为来落实公司自我调节机制、实现义务的履行是不可能的,在公司自治的大旗下对合约的违反及控制权滥用的现象屡见不鲜,这些都可能导致内部自我调节机制陷入停滞、失效状态,而自我调节机制的失效又不能通过其自身来恢复。此时,解决纠纷、救济私权的唯一途径只能是司法救济。[②]

---

① 江苏省高级人民法院民二庭:《审理有限责任公司治理结构案件中的三个基本问题》,载《人民司法》2007 年第 7 期,第 24 ~ 31 页。

② 同上。

政府和法院之所以要对公司行为进行必要的干预，是因为市场的失灵，会引发公司活动的外部性、垄断倾向、信息不对称等危害社会公共利益及第三人利益的现象。公司治理中各个利益主体追求自我利润最大化的倾向和人性恶的一面，不可避免地会出现大股东、公司"内部控制人"损人利己的情形。[①] 由于信息不对称，公司合同必然存在"缝隙"，私人订立合同成本巨大，司法介入能减少履约成本，并帮助缺乏市场准确判断者弥补合同的缝隙。[②] 而且，"如果没有一个组织来防范作恶者，来明确界定何为恶行的规则，个人就不可能和平地追求自己的利益，私有产权也不可能得到有效的保障"。[③]

至于司法对公司事务的干预方式，有学者指出，"私法自治宗旨决不是法律对公司设立和运行无所作为或放任自流，而是对属于公司自治的领域不采用法定主义的调整方法，主要采取法律行为的调整方法，为当事人预留充分的法律空间，并且对此领域政府不予直接干预，只采用间接的宏观引导措施"。[④] 法院的司法活动应当是一种程序性监督，即法院可以判令公司召开股东会决议分

① 郭富青：《论公司自治与司法介入的临界点及范围——兼析梅亚兵诉泰兴市液压元件厂股东会召集权案》，载胡道才、吴建斌主编：《参阅案例研究》（商事卷第一辑），中国法制出版社2009年版，第190页。

② 贺少锋：《公司自治与国家强制的对立与融合——司法裁判角度的解读》，载《河北法学》2007年第6期，第184～186页，200页。

③ Adwin Cannan, *Elementary Political Economy*, London: Routledge - Thoemmes, 1997, p. 119.

④ 郭富青：《论公司自治与司法介入的临界点及范围——兼析梅亚兵诉泰兴市液压元件厂股东会召集权案》，载胡道才、吴建斌主编：《参阅案例研究》（商事卷第一辑），中国法制出版社2009年版，第188页。法定主义调整方式要求当事人的行为必须符合法律概括的典型形态，否则，就属于违法行为，必须承担相应的法律后果。法定主义调整在立法上表现为强制性、禁止性法律规范。法律行为的调整方式即私法自治的调整方式，在立法上表现为任意性法律规范、赋权型规范即意思推定规范。

配事宜,但法院一般情况下绝不应该像一个商人那样主动帮助公司考虑什么是其最佳的商业利益,并自作主张地帮助公司将所有未分配利润分配殆尽。① “法院的任务是告知或者帮助当事人启动该项内部救济程序,而非直接帮助当事人安排权利义务。法院只在例外情形下才直接参与公司内部权利义务的具体安排——进行实体性干预,这种例外情形通常是指——公司内部自治失效,公司行为严重损害了公平。”②

在司法介入公司事务的范围方面,我国学者主张不管公司外部关系还是公司内部关系,司法均应有权介入。例如,赵旭东教授认为,“公司内部关系亦属于公司法的调整范围,由此产生的争议也就需要司法救济,不存在司法救济关系之外的公司内部关系……实际上,公司法上的诉讼,绝大多数恰好是因为内部法律关系发生的,无论是要求确认股东大会或董事会决议无效之诉,还是公司对股东或董事提出的赔偿之诉,都是典型的内部关系引起的诉讼。显然,司法机关不可能因其属内部事务为由拒绝审理”。③蒋大兴教授进一步指出:“如果否定对公司内部纠纷进行司法救济,那么,安排公司内部事务的法律规则极有可能演变成一纸空文。因此,不能以解散纠纷属于公司内部事务为由拒绝受理和审理。”④

伯利和米恩斯断言,“就本质而言,在经营管理公司方面,法院

① 蒋大兴、金剑锋:《论公司法的私法品格——检视司法的立场》,载《南京大学学报》(哲学、人文科学、社会科学版)2005 年第 1 期,第 43 页。

② 同上书,第 44 页。

③ 赵旭东:《公司僵局的司法救济》,载《人民法院报》2002 年 2 月 8 日。

④ 蒋大兴:《公司裁判解散的问题和思路——从公司自治与司法干预的关系展开》,载王保树主编:《全球竞争体制下的公司法改革》,社会科学文献出版社 2003 年版,第 400 页。

并不擅长,所以法院不愿、也不敢介入公司商业运作事务中"。[①] 如果"法院用其自己的选择代替管理层真诚地达成的选择,或事实上质疑管理层决定的正确性可能是错误的","将管理层决定诉至法院的价值是没有吸引力的,法院不会监视在管理权力内真诚地达成的决定"。[②] 因此"商业判断规则强调法官不可代替公司的管理者进行商业事务的评价,法官判断的法律基础仍然是董事对公司的忠实和勤勉义务"。[③] 但是,来自我国司法实务界的观点却认为并不存在司法不可介入的公司事务,"在公司自治与司法介入的关系问题上,必须明确:司法介入与公司自治之间,并非各有各的领地而互不侵扰;相反,前者于后者而言,更具备保障公司实现自治和矫正自治机制失效的功能,在实质上是公司治理的必要组成部分。因此,在公司诉讼的受理问题上,并不存在不可介入的绝对禁区"。[④]

显然,在我国学者的眼里,司法对公司事务的干预权是不可否认的,而且司法干预与公司自治并不是相互对立、不可并存的。"公司自治不排斥国家干预,而这本质上是互补关系。这种互补关系是由公司自治和国家干预所追求的价值理念不同所决定的。公司自治追求以效率标准配置资源,旨在促进经济增长、增加社会财富。但如将其推至极致,则可能会导致竞争混乱,损害社会公平;与此相反,对公司运行的国家干预,旨在追求社会公平的实现——

---

① Adolf A. Berle & Gardiner C. Means, "*The Modern Corporation and Private Property*", Macmillan Company, 1933, p. 336.

② [加]布莱恩·R. 柴芬斯:《公司法:理论、结构与运作》,法律出版社 2001 年版,第 338 页。

③ 甘培忠:《公司控制权的正当行使》,法律出版社 2006 年版,第 220 页。

④ 江苏省高级人民法院民二庭:《审理有限责任公司治理结构案件中的三个基本问题》,载《人民司法》2007 年第 7 期,第 24 ~ 31 页。

解决公司自治过程中衍生的非公平、非平等现象。但如将其推至极致,则会扼杀经济自由,影响社会财富的产生。"[①]只是如何恰当地界定公司自治范围与司法干预的权限,恐怕是一个难以述说清楚的问题。因为"公司自治与司法介入的临界点在立法技术上是不可能作出定位的,只能仰赖法官根据诉讼事由而定。司法介入与公司自治的范围难以清晰地划界,原因是二者往往是针对同一对象在不同境况或时段,由不同主体运用不同手段就公司事务所作出的处理"。[②]

三、公司合同理论下公司法的价值与功能

我国公司法学者在以公司合同理论为基础分析公司法的价值和功能时,没有超出国外公司合同理论者对公司法价值与功能的界定,基本上认为公司法的价值与功能主要是标准合同范本的价值、填补当事人合同"缝隙"的价值、防止损害第三方的价值。

有的学者提出,"为反映现代公司法的最新发展趋势,我国公司法应当采取公司契约理论,软化公司法的规定,将公司法的大多数规定看作任意性的规定,仅仅起补充公司契约当事人意思表示不足的作用"[③],基于公司合同理论所主张的公司是"一系列合约的联结",我国学者亦赞同公司法的价值与功能在于其标准合同作

---

① 蒋大兴:《公司裁判解散的问题和思路——从公司自治与司法干预的关系展开》,载王保树主编:《全球竞争体制下的公司法改革》,社会科学文献出版社 2003 年版,第 397 页。

② 郭富青:《论公司自治与司法介入的临界点及范围——兼析梅亚兵诉泰兴市液压元件厂股东会召集权案》,载胡道才、吴建斌主编:《参阅案例研究》(商事卷第一辑),中国法制出版社 2009 年版,第 192 ~ 193 页。

③ 张民安:《公司契约理论研究》,载《现代法学》2003 年第 25 卷第 2 期,第 45 ~ 50 页。

用和补充公司合同漏洞的作用。“只有在合同的意义上认识公司法——公司法应当是开放式的标准合同,它补充着公司合同的种种缺漏,同时也被纷繁复杂的公司合同所补充,公司法才能获得正当性基础。”[①]立法机关颁布的公司法,只是使其获得了形式上的合法性,公司法的实质性还必须从市场中去找寻。公司法的价值主要体现为其作为公司合同的模本机制、公司合同的漏洞补充机制而存在,同时公司法存在的价值还体现为对非效率目标的追求方面。虽然在特定的历史情况下基于对非效率目标的追求,公司法可能会稍许偏离市场轨道,获得了一些“公”的属性,但这不应成为公司法的主导价值取向。[②] 公司法的基本职能在于提供一套非强制性的“模范条款”,公司法提供的这种“示范合同文本”是可由当事人自由选择的,当各方选中了一项制度安排并把它写入公司章程时,有关条文自然有效;当各方未对某种情形加以规定,而这种情形出现的时候,公司法的有关条文即自动填补空白、发生效力。[③] 公司法既然是任意性的,当事人可以自由选择适用或退出公司法,国家又为何要制定公司法呢?乃在于公司规则是一种“公共产品”,生产它固然会有利润,但任何生产者都不可能得到生产的全部收益,因为其他机构可以几乎不付费用就轻而易举地复制其中的条款并从中获益。质言之,公司规则作为一种公共产品只能由国家(立法和司法机构)来提供,既然公司法的目的也在于提升公司作为一个整体的经济效益,那么这样的“产品”也适宜由国

---

① 罗培新:《公司法的合同解释》,北京大学出版社2004年版,内容摘要部分第5页。

② 罗培新:《公司法的合同路径与公司法规则的正当性》,载《法学研究》2004年第2期,第71~83页。

③ 汤欣:《论公司法与合同自由》,载梁慧星主编:《民商法论丛》(第16卷),法律出版社2000年版,第278页。

家来提供。[①] 因此,根据我国公司合同理论者的观点,公司法的契约性决定了其必须要适应市场规则,也就是说,公司法必须是适应性的,而其适应性的品格源于其示范模本作用和漏洞补充作用,必要时还具有实现非效率目标的作用。

尽管我国学者承认公司法的适应性,但是又对公司合同理论所主张的公司是一系列合同的联结体所构成的虚拟物的观点表示异议,“公司作为一种实体仍然是存在的,以契约性否认公司的组织性,就如同以‘社会契约论’否认国家的存在一样荒谬。所谓公司只是一组合约的联结的理论,对法学领域的贡献,更大的意义在于提供了一种新的思维训练,而没有构成根本的冲击”。[②] 也许,公司合同理论从经济学领域引入法学领域更重要的意义在于,为公司法学者提供了一种新的思考问题的视角。

第二节　公司合同理论下章程性质的审视

公司章程是规范公司对外经营活动和公司内部治理活动的重要文件。公司对外经营活动中,公司作为法律关系主体与其他主体进行交易活动适用合同理论当无疑义,因其本质上就属于传统合同法所调整的范围。公司内部治理活动则不同于其外部交易活动,公司内部治理活动的关键在于决策的形成,决策的形成关系到公司内部治理活动的公平和效率。因此,采取何种议事规则以高效、公正地形成公司决策对于公司的生存和发展至关重要。公司

① 汤欣:《论公司法与合同自由》,载梁慧星主编:《民商法论丛》(第16卷),法律出版社2000年版,第277页。

② 罗培新:《公司法的合同解释》,北京大学出版社2004年版,内容摘要部分第7页。

章程是规范公司内部治理活动的重要文件,公司的议事规则主要体现于公司章程的安排(当然,公司章程的内容又来源于股东会议依法定程序按多数决议规则形成的决议),因此,章程的权限、内容和效力对于公司内部治理活动意义重大,而这又源于对公司章程性质的认定。

传统公司法理论在探讨公司章程的性质时,其关注的核心往往是公司章程在制定过程中到底享有多大的自由选择权利,并据此判断公司法的性质是强行法还是任意法。同时,根据公司章程自治事项的权限范围,将公司法的规则分为强制型规则、赋权型规则和补充型规则(缺省型规则)。关于公司章程性质的学说主要有宪章说、自治法说、契约说以及一些学者新近提出的折中说。

1. 宪章说。公司章程宪章说是仿效国家宪法的特征形成的,在一定程度上是为了加强国家对公司治理的监管。宪章说认为公司章程既不是契约也不是自治法,而是带有宪章性质的法律文件。"不管是把公司章程说成合意结果的契约说,还是把公司章程说成在强行法指导下的标准性契约条款的理论,显然都是虚伪的,因为现行公司法中对公司章程大量条款的强制性规定就可以证明这一点。"[①]"契约说以强制性规定永远无法穷尽一切,而主张强调市场功能和当事人意思,然而现实却是大多数市场是不完善的,而大多数强制性规范却是基于合理分析之下,因而是完善的。而且随着公司规模和社会作用的扩大,公司当事人未必具有完全洞悉和衡量现实和未来利益关系的能力,因而反会被控制股东或内部人加以利用以实现其不正当利益需求,所以增加国家意志的干预可以

① [美]爱森博格:《公司法的结构》,张开平译,载王保树主编:《商事法论集》(第3卷),法律出版社1999年版,第419页。

很好地弥补这一缺点。"[1]有的学者将公司章程比作国家的宪法，"国家有宪法，公司有章程，章程对于公司的作用有如宪法对于国家的作用。并且公司章程是要式法律文件，它不仅反映当事人的主观要求，更反映和体现法律对公司内外关系的强制性要求"。[2]由于公司章程宪章说过于强调法律的强制性干预，与倡导公司自治的时代精神相去甚远，因而没有太大的共鸣和呼应，影响较小。

2. 自治法说。公司章程自治法说主要盛行于大陆法系国家，公司章程被视为公司内部的自治规章。认为公司章程不仅约束制定章程的公司发起人或设立人，也当然约束公司机关和新加入的公司股东。因此，章程对于已经成为公司成员者，都具有普遍的约束力；章程不管其成员的个别意思如何，都可以根据其成员的一般意思变更；社员的变动或者股份的转让也不影响章程的法规性质。[3]"日本通说认为公司章程为一种自治法规，有学者干脆把它视为公司法的一种渊源。"[4]我国一些学者表达了对公司章程自治法说的支持，如赵旭东教授指出，"公司章程是由设立公司的股东制定并对公司、股东、公司经营管理人员具有约束力的调整公司内部组织关系和经营行为的自治规则"。[5]亦有其他学者指出，"公司章程指公司所必备的关于公司组织与公司行为的基本规则的书面文件，是对公司、股东、监事、高级管理人员具有约束力的自治性

---

① 王海平：《公司章程的性质与股东权益保护的法理分析》，载《当代法学》2002年第3期，第17页。

② 沈四宝、沈健：《公司章程在新〈公司法〉中的重要地位与作用》，载《法律适用》2006年第3期，第32～34页。

③ [韩]李哲松：《韩国公司法》，吴日焕译，中国政法大学出版社2000年版，第76页。

④ [日]堀口亘：《社会法》，国元书房1984年版，第2页。转引自刘俊海：《现代公司法》，法律出版社2008年版，第86页。

⑤ 赵旭东主编：《公司法学》（第2版），高等教育出版社2006年版，第170页。

规则"。[①] 另有学者指出,"公司章程是指公司股东或发起人共同制定的,调整公司内部关系和经营行为的基本法律文件"。[②] 刘俊海教授将公司章程分为实质意义上的公司章程和形式意义上的公司章程,认为"实质意义上的公司章程指规范公司的组织和活动,特别是公司、股东、董事等经营者相互之间权利义务关系的基本准则;形式意义上的公司章程则指记载此种规则的书面文件"。[③] 我国台湾地区学者王文宇也认为,"公司原始章程乃经设立股东或发起人之全体同意所制定,系公司依据法律赋予之自治立法权,所制定之公司内部自治法"。[④]

3. 契约说。契约说源于经济学领域的公司契约理论。根据该理论,公司乃"一系列合约的联结",公司被看作"合同束",受这种理论的影响,公司章程因而被视作股东之间的契约。契约说主要流行于英美法系,该说认为,"章程的制定是基于发起人的共同意思,而且,章程制定后即对发起人产生约束力,因此具有契约的性质"。[⑤] "公司章程是在股东平等协商的基础上就设立和运行公司的权利和义务达成的文件,是股东自由意志的体现。公司章程是公司与其成员之间的一种协议,也是公司成员与其成员之间的一种协议。"[⑥]我国一些学者对公司章程契约说表达了赞同和支持,如范健教授认为,"公司章程,是指公司必备的规定公司组织及活动的基本规则的书面文件,是以书面形式固定下来的全体股东共同一致

① 徐新意:《公司企业法学》,华东理工大学出版社 2006 年版,第 35 页。

② 郑显芳等:《中国公司法律制度研究》,西南财经大学出版社 2008 年版,第 163、186 页。

③ 刘俊海:《现代公司法》,法律出版社 2008 年版,第 85、87 页。

④ 王文宇:《公司法论》,中国政法大学出版社 2004 年版,第 77 页。

⑤ 赵旭东主编:《公司法学》(第 2 版),高等教育出版社 2006 年版,第 170 页。

⑥ 胡果威:《美国公司法》,法律出版社 1999 年版,第 151 ~ 152 页。

的意思表示”。[1] 其他学者亦有持此观点者,“公司章程,是指公司必备的规定公司组织与活动的基本原则的书面文件,是全体股东共同一致的意思表示”。[2] 有的学者则将契约分为交易性契约、身份性契约、组织性契约,认为公司章程属于组织性契约。[3] 也有学者对公司章程的契约性表示出了有限的和谨慎的赞同,“章程是由全体股东共同制定的,具有一定的契约性,股东必须受章程规定的内容的约束”。[4] 有的学者则直接指出,既然公司参与者之间的关系是合同关系,因而传统民法上的合同理论就适用于公司参与者之间在管理公司活动时形成的内部关系。[5] 根据公司章程契约说,公司章程是公司股东之间的契约,是公司股东一致意思表示的结果,公司章程反映了股东的意思自治,体现了股东之间的合意。

4. 折中说。随着对公司章程性质认识的深入,一些学者开始抛弃对公司章程性质的单一定性,逐渐形成折中的理论观点。例如,有学者认为“公司法作为强制性规范和任意性规范的共同体,公司章程存在着国家公权力的强制和私权意思自治共同伴生的拓展空间”。[6] 还有人主张以公司章程调整的法律关系来对公司章程的属性进行分类,“公司章程调整的法律关系中股东与股东之

---

① 范健:《商法》(第2版),高等教育出版社、北京大学出版社2002年版,第117页。

② 郭东海:《论公司章程的法律规制》,载《法治论丛》2004年第1期,第53~56页。

③ 唐英:《公司章程性质探析》,载《吉林省经济管理干部学院学报》2003年第4期,第20~23页。

④ 江平、李国光主编:《最新公司法理解与适用》,人民法院出版社2006年版,第26页。

⑤ 参见张民安:《公司契约理论研究》,载《现代法学》2003年第25卷第2期,第45~50页。

⑥ 王冠宇:《浅析公司章程的对外法律效力——兼议新〈公司法〉第十六条》,载《金融法苑》2009年第1期,第96~104页。

间,股东与公司之间的法律关系用契约说来调整;公司章程中关于公司治理机制、公司内部管理制度(公司章程细则)部分用自治法说来调整”。公司章程对公司具有法律效力但对公司外部不具有约束力,又能体现公司自治性,李德智据此认为公司章程是一种具有契约属性的公司自治规则。[①] 显然,公司章程折中说意在吸收公司章程契约说和公司章程自治法说的理论内核,以求更好地解释公司章程。新近有学者认为应当将公司章程内容类型化,依不同内容蕴含的不同法理将公司章程作为裁判的法源。有的公司章程内容可以视为合同,有的公司章程内容可以作为自治规范,而有的公司章程内容则需要根据具体情形确定为合同或者自治规范。[②] 也就意味着部分章程内容应当依据合意原则判断其法律效力,部分章程内容应当依据多数决议规则判断法律效力,部分章程内容应当根据具体情形确定应当适用合意原则还是多数决议规则判断其法律效力。

就公司章程的本质和其所发挥的作用而言,我们更加倾向于认可公司章程自治法说。因为,公司法赋予股东通过章程适度自治的权利,实际上是公权力的一种变通实施手段,是国家为达到公权力的根本目的而做出的合理的权力让渡,这种适度的权力让渡是国家基于对公平和效率的追求而做出的,所以公司章程必须要体现国家的意志。这种权力的让渡不是放任的抛弃,在司法活动中,当法院决定以公司章程作为裁判当事人之间纠纷的依据时,法院首先要对公司章程规定的合法性审查,判断其是否违反了法律的强制性规范,以决定是否将章程作为裁判的依据。因此,究其本

① 李德智:《公司法新论》,辽宁大学出版社2007年版,第81、83、93页。

② 钱玉林:《作为裁判法源的公司章程:立法表达与司法实践》,载《法商研究》2011年第1期,第95~100页。

质,公司章程是一种自治性规则,其特点是只能在强行性法规的范围内发生效力,违反了强行性法规的章程不具有拘束力。[①] 而公司章程这种自治性规则的形成过程到底是一种缔约程序还是决议程序,则直接关系到公司章程的效力,涉及对公司议事规则的认识,更关系到公司的运行秩序。

由于公司合同理论的广泛传播和影响,公司合同理论对我国公司法学理论界和司法实务界产生了不容忽视的影响。但是对公司合同理论却存在歪曲和误读的现象,我国部分公司法学者和法官在理解公司章程的契约性时,忽视了公司合同理论产生于经济学领域特定的学科背景。学科研究目标以及学科研究方法的不同决定了经济学者借用原本属于法学概念的"契约"的用意是将民法中缔约自由的思想和精神援引至经济学领域,以倡导企业自治和市场经济自由的精神,摆脱国家对企业的管制。因为在倡导企业契约理论的经济学家看来,企业自治才是社会经济效率得以提高的重要途径。所以,起源于经济学领域的企业契约理论中的"契约"绝非合同法中以权利义务为内容并以违约责任的追究为实施保障的"合同"。我国部分公司法学者将章程契约性作泛化理解和解读,并将其等同于合同法中的合同,是对公司合同理论的错误理解,也是对公司议事活动本质特点以及决议行为的认识不清,这种错误的理解将引起理论上的混乱和司法裁判的错误与混乱以及裁判说理的逻辑矛盾。

① 施天涛:《公司法论》,法律出版社 2006 年版,第 117 页。

第三节　章程契约性的错误理解与适用

经济学中的公司契约理论认为公司是“一系列合约的联结”，将章程视作是公司参与者之间的契约，是对契约的一种宽泛理解，是基于特定的经济学语境做出的，其目的是解释企业替代市场的机理，说明公司参与者意思自治对于经济效率提高的意义，从而借用法学中的“契约”概念表达对经济自由主义的向往。因此，经济学者虽将章程视作公司参与者之间的契约，但是其含义绝非合同法中以权利义务为内容、以违约责任的追究为约束的契约。

就公司章程的性质，有学者指出，“在我国，学术界和实务界的通说认为公司章程是公司自治性质的根本规则”。[①] 笔者认为这一结论过于盲目和武断。根据前文对公司章程性质观点的梳理结果，尚不能说公司章程自治法说已成为学术界的通说。

我国有学者基于公司合同理论将公司章程视为“一项开放式的合同，主体的宽泛和公司存续的长期性，使得章程合意表达的技术规则，与传统的民事合同有所区别，但这并不影响其合同本质”。[②] 在公司合同理论泛化的影响之下，甚至有学者认为公司是公司股东之间的契约，并且这种契约和一般民事契约没有区别，“公司虽然是一种企业组织，但是公司并非仅仅是一种法人格，它实际上是公司股东之间的一种契约，此种契约像一般民事契约一样是股东意思表示的合意，一旦具备契约的构成要件即对公司和

---

① 赵旭东主编：《公司法学》(第2版)，高等教育出版社2006年版，第170页。

② 罗培新：《公司法的合同解释》，北京大学出版社2004年版，内容摘要部分第9页。

公司股东产生法律上的约束力”。[①] 初始章程表面上是经所有股东一致同意通过的，如果就设立公司的相关事项无法在公司章程中达成一致的安排，必然会有部分股东因无法接受章程的内容而退出这一事业。这个时候每个股东的加入与退出是完全自由的，没有任何经济上、思想上或者明示的、潜在的外界压力，加入公司完全是其真实的意思表示。因此，我国理论界和实务界忽视了章程形成过程和合同缔结过程的本质区别，以及章程修正案所带来的无法解释的逻辑悖论，在承继公司合同理论时毫无异议地将公司初始章程等同于了合同法中的合同。

实务中的大量案例更是表明，公司章程自治法说非但不是实务界的通说，反而是公司章程契约说占据了主导地位，大有一统天下之势。实务界对待公司章程的观点往往是直接将其是视作合同，并强调股东的意思自治与股东之间的合意。

在周某诉大丰市丰鹿建材有限公司股权转让纠纷案[②]中，盐城

---

① 张民安：《公司契约理论研究》，载《现代法学》2003 年第 25 卷第 2 期，第 45 ~ 50 页。

② 详细案情为：2002 年 3 月，周某与其他 8 名股东成立了有限责任公司——大丰市丰鹿建材有限公司，周某作为股东之一出资 5 万元，占公司注册资本总额的 7.23%。2006 年 6 月 3 日，丰鹿公司以周某违反公司规章制度为由，作出解除与周某劳动合同的决定，并通知了周某。2006 年 7 月 28 日丰鹿公司召开股东会议，会议议题为修改公司章程，规定：“股东因辞职、除名、开除，根据劳动法第二十五条规定被解除劳动合同关系的，股东会可以决定其股权由其他股东受让，股权转让价格不论公司到时盈亏状况，一律以实际认缴出资的原值结算，转让人拒收股权转让金的，受让股东可将其提存至公司。”到会 8 名股东签字同意修正后的公司章程，周某投了反对票。同年 8 月 3 日丰鹿公司将修订后的章程到工商部门进行了备案。2006 年 9 月 13 日，丰鹿公司通知周某于 2006 年 9 月 22 日召开临时股东会。临时股东会如期召开，会议依据以上修改后的公司章程的规定作出决定，周某的 5 万元出资由公司其他股东按比例以原值受让，自即日起周某不再享有本公司股东权利。到会 8 名股东签字同意，周某未签字同意。2006 年 9 月 28 日，周某起诉至大丰市人民法院，要求确认强行转让其股权的股东会决议无效和公司章程部分条款无效。一审法院认为，公司章程是公司行为的根本准则，根据公司法

市中级人民法院认为“股权一经设立,除非经合法转让……否则不能变动”。从而认定依据多数决议规则形成的公司章程相关条款无效。盐城中院显然将公司章程视作契约,没有股东的同意,即便是依据多数决议规则通过的股东会决议也没有效力,依据决议修改的公司章程同样也无效,不得依据修改的章程对股东股权作出处分,强调了股东的意思自治和股东间合意的重要性。

在滕某青诉常熟市建发医药有限公司股东权纠纷案①中,常

资本多数决的基本原则,被告修改公司章程的程序合法,修改的内容不违反现行法律法规,应为有效,故判决原告败诉。原告不服一审判决提起了上诉。盐城市中级人民法院经过二审认为,股东权的自由转让是股东固有的一项权利,股东权一经设立,除非经合法转让,或由国家强制力予以剥夺,或公司经清算程序予以分配,否则不能被变动。因此,股东权的自由转让原则应理解为强行性法律规范中的效力规定,凡违反该原则,限制股东权自由转让的章程条款应归于无效。本案中,丰鹿公司先是解除与周某的劳动合同,然后召开股东会议修正公司章程,接着再召开临时股东会议决定周某的出资由其他股东按比例受让,这一系列的行为是对诚实信用原则和公序良俗原则的违反,是对股东权利的滥用,故撤销了一审判决,予以改判。参见吴晓锋:《江苏大丰丰鹿建材公司转让股权案小股东二审胜诉》,载《法制日报》2007 年 5 月 27 日。

① 详细案情为:滕某青系常熟市建发医药有限公司的自然人股东,出资 4 万元,拥有0.45%的股权。2002 年7 月 28 日,常熟市建发医药有限公司一届三次股东会对原章程第十二条进行修改,增加“自然人股东因本人原因离开企业或解职落聘的,必须转让全部出资,由工会股东接收”的内容。该章程的修改以公司 880 万元注册资本,每一万元出资额为一计票额进行表决,最终以 872 票同意、8 票弃权而获得通过,原告滕某青弃权。7 月 31 日,滕某青离职。常熟市建发医药有限公司于 2004 年 12 月 8 日书面通知滕某青,其股东权已依章程转让工会持股会,并要求其领取相应的转让款。之后,滕某青没有将出资证明交付给常熟市建发医药有限公司,常熟市建发医药有限公司也未将转让款交付给滕某青。2006 年 3 月 10 日,滕某青起诉要求确认其股东身份,并判令常熟市建发医药有限公司强制转让股东权的行为无效,诉讼费由常熟市建发医药有限公司负担。常熟法院经审理认为,股东权具有财产权与身份权的双重属性,非经权利人的意思表示或法定的强制执行程序不能被变动。常熟市建发医药有限公司在没有滕某青作出同意的意思表示情况下所作出的通知及股东会决议,对滕某青没有约束力。因此,在滕某青不接受的情况下股东权不能作出变动。股权转让合同系双务履行合同,需要转让方和受让方双方的履行才能完成转让行为。本案中,争议双方没有进行股权

熟市法院认为,"常熟市建发医药有限公司在没有滕某青作出同意的意思表示情况下所作出的通知及股东会决议,对滕某青没有约束力"。更是以契约理论的合意原则否定了公司股东会决议的多数决议规则,进而否定了依据决议结果修订的公司章程相关条款的效力。该案更加反映了实践中公司合同理论的影响,没有股东的同意,即便是根据资本多数决议规则依法修正的、内容合法的公司章程,且当事股东事前在决议修改公司章程时并未持反对意见,仍然在股权转让方面对股东没有约束力。所以,该案带给公司法学者和实务者的困惑更大,如果按照公司合同理论尊重公司股东的自由意志,没有股东的同意禁止强制转让股东的股权,那么,滕某青事前既然对章程修正案投了弃权票,意味着章程修正案的通过也符合其意愿,根据公司合同理论,其就应当受章程的约束。所以,常熟法院的判决存在逻辑的悖论。当然,如果滕某青之前对修正案投了反对票,根据公司合同理论常熟法院的判决似乎才符合逻辑,但也并不意味着该判决正确,因为根据公司资本多数决议规则,公司章程修正案对于投反对票的股东同样具有约束力。

转让的要约和承诺。既没有将出资证明这一股权的权利凭证进行转移,也没有交付转让款,因此应认定不存在股权转让合同,也无履行行为。因此,对滕某青确认股权的请求应予以支持;而滕某青关于判令常熟市建发医药有限公司强制转让股东权行为无效的请求,因股权转让不存在合同行为也无实际履行行为,没有作出合同效力判断的基础,故而对该诉请不予支持。依照《中华人民共和国公司法》第 72 条之规定,判决确认滕某青为常熟市建发医药有限公司的股东,在常熟市建发医药有限公司中拥有 0.45% 比例的股权。参见常熟市法院(2006)常民二初字第335 号判决,孔维寅、王东辉:《常熟审结一股东权纠纷案确认未经股东本人同意 股权转让不能成立》,载《人民法院报》2007 年 2 月 17 日。

在张某诉请确认章程条款部分无效案[①]中，常州中级人民法

---

① 详细案情为：张某系怡康公司（有限公司）职工股东，对公司的出资额为45万元，股权比例为2.25%。2003年6月1日，怡康公司股东会议通过怡康公司章程修正案，张某在同意股东一栏签字确认。该章程后经工商备案。修改后的公司章程修正案第8条第7项规定，"公司股东必须履行为公司工作的义务"。第16条规定，"职工股东调离本公司，必须按原出资额转让其在公司的股份；对于职工调离时转让的股份，先由最大股东暂时受让，后经股东大会讨论后以奖励的形式转让给对公司有重大贡献的职工或经营管理人员"。第27条规定，"公司股东不得在本公司经营区域范围内投资入股其他房地产开发公司，不得担任与公司有相同经营业务的其他公司的有关职务，一经发现核实，应立即进行纠正，在股东会通报并停止一年享受公司红利，对不能纠正者，必须强制按原值转让其出资额，失去股东身份"。2004年5月，张某离开怡康公司至常州市正信房地产评估事务所有限公司工作。后双方产生纠纷，张某诉至法院要求确认修改后的公司章程第8条第7项、第16条、第27条无效，怡康公司及最大股东俞某随后也将张某诉至法院，要求张某根据公司章程规定按照原出资额转让其股权。此案的争议焦点是修改后的公司章程第16条对职工股东股权转让所作的限制性和强制性规定是否有效。一审法院认为，2005年修订的《中华人民共和国公司法》第72条第4款明确："公司章程对股权转让另有规定的，从其规定。"且怡康公司的章程并不违反公司法和其他法律规定，根据最高人民法院关于适用《中华人民共和国公司法》若干问题的规定（一）的司法解释：如当时的法律法规和司法解释没有明确规定时，可参照适用现行公司法的规定。故张某认为章程修改侵害了中小股东的利益和因违法而无效的观点不予支持。二审法院认为，公司章程是规定公司组织及行为的基本规则的重要文件，订立、修改公司章程是股东的共同行为，除公司法规定的必要记载事项之外，怡康公司章程第8条约定的内容完全属于公司意思自治的范畴，而且这种条款的内容本身与股东对公司负有忠实、勤勉义务是相一致的，故张某认为该条款增加内容属无效的理由，显然不能成立。关于怡康公司章程修正案第16条、第27条效力的问题，涉及如何看待这两个条款的性质，如何把握和确定公司意思自治和法律强制性规范的界限。有限责任公司的本质上虽是资合公司，但它的建立又以股东间的相互信任为基础，因而具有较强的人合性特征。所以，从有限公司所独有的特点出发，在优先保护公司债权人利益的前提下，应以合同观念介入有限公司。就本案来讲，怡康公司章程修正案第16条、第27条的规定具有一定的强制性，从某种意义上说，对于股东转让股权的强制较为苛刻。但是，这种强制性正是反映了公司的投资者保持有限公司闭锁性的愿望，同时，这种带有强制的性质也是建立在公司股东共同意思表示的基础之上。此外，事实上，怡康公司章程修正案中第16条、第27条的规定显示出了一个附生效条件的股权转让合同，以股东调离公司或实施侵害公司利益的行为的出现为生效条件，以原出资额为价格的股权转让合同，因而从基础上已经具备了合同的基本特性。且该争议的条款并不违反法律、行政法规的强制性规定，有理由得到尊重，对全体股东均有约束力。因此，驳回了张某的

院认为,"怡康公司章程第八条约定的内容完全属于公司意思自治的范畴……应以合同观念介入有限公司。就本案来讲,怡康公司章程修正案第16条、第27条的规定……带有强制的性质也是建立在公司股东共同意思表示的基础之上……第16条、第27条的规定显示出了一个附生效条件的股权转让合同",更是直接表明了公司章程即为合同的观点。常州市中级人民法院的判决说理凸显了公司合同理论对司法实务界的渗透和影响。显然,常州市中级法院在该案中依据公司合同理论将公司章程视为公司股东之间的合同,参与者张某既然已经签了字,做出了同意的意思表示,与其他股东之间达成了合意,就应当受到该合同(公司章程)的约束。本案中,常州市中级法院关注的是怡康公司章程修订时张某的意思表示如何,并不关注其在后来的股权交易中意思表示是同意还是反对,这与姜某诉某集团有限公司股东会决议无效案[①]中烟台市两级人民法院关注的焦点不同。只是无法预知,如果张某对怡康公司章程修正案持反对意见,常州市两级法院会如何认定该案。依据公司合同理论,将公司章程视作公司股东之间的合同,如果股

上诉请求,维持原判。而且在另案中,一审法院支持了最大股东俞某的请求,判令依据章程强制转让张某的股权。参见2005年12月26日江苏省常州市天宁区人民法院(2005)天民二初字第497号民事判决书(离职股东张某请求确认未经股东会审议公司章程修改条款虚假之诉);2006年5月25日常州市中级人民法院(2006)常民二终字第95号民事判决书;2006年9月11日常州市天宁区人民法院(2006)天民二初字第338号民事判决书(张某请求确认公司章程修改条款违法无效之诉);2006年12月8日常州市中级人民法院(2006)常民二终字第313号民事判决书;2007年3月19日常州市天宁区人民法院(2007)天民二初字第36号(公司及最大股东俞某诉请离职股东张某按照章程规定转让股权纠纷案)。常州市中级人民法院民二庭课题组:《股权转让若干审判实务问题研究》,载《人民司法》2008年第23期,第37~43页。

① 一审案号:山东省烟台市芝罘区人民法院(2006)芝民二初字第579号;二审案号:山东省烟台市中级人民法院(2006)烟民二终字第124号。

东对公司章程赞同,则对股东产生拘束力的逻辑和观点在司法实践中已比较普遍。其潜在的逻辑则是,在章程修正时如果股东持反对意见,则章程修正案对该股东不具有拘束力。公司运行的核心规则——多数决议规则被彻底颠覆。

在宋某国诉请法院审查公司章程效力案①中,一审山东省莱

① 详细案情为:宋某国1985年到莱州市化工机械厂(以下简称化工机械厂)工作,1984年4月18日,化工机械厂进行股份合作制改造,成为集体法人、企业内部职工持股的有限责任公司。6月30日,宋某国交款购买了股份,股金为60,371.5元。同年8月12日,宋某国等股东分别在股东签字表上签字,全体股东制定了《莱州市化工机械厂股份合作制章程》(以下简称合作制章程)。合作制章程第53条约定,对于给本厂造成重大经济损失或出卖本厂专利、技术的股东,可给予扣减50%以上股金的处分;第54条约定,不经董事会批准而自由离厂,带走在本厂所学的技术为他人服务,或离厂后从事与本厂相同经营业务,扰乱本厂正常的生产经营秩序的股东,其股本金和所欠发及应发的股息、红利全部作废,并自离厂之日起不再参与本厂的利润分配,同时还应赔偿因此而造成的损失(经济、技术、信誉等方面)。8月13日,化工机械厂为宋某国发放了股权证,股金为60,371.5元,宋某国被选为公司监事。1999年3月20日,宋某国租赁厂房开始从事和化工机械厂相同的机械制造。4月1日宋某国向化工机械厂申请辞职称,今后不再从事化工机械厂的劳务,保留所有合法权益。此后,宋某国未再回化工机械厂工作,也未行使股东及监事的权利。2000年4月17日,化工机械厂董事会、监事会召开联席会议,做出如下决议:宋某国违反企业的规章制度和合作制章程有关规定,不经批准自由离厂,从事与本厂相同的生产经营业务,带走三名技术工人,根据合作制章程第53条、第54条的规定,决定将宋某国在厂的股金全部作废,同时包补并赔偿给公司造成的经济损失84,000元。2001年12月12日,化工机械厂对宋某国的股金在账目上作了作废转为机动股的处理(其他离厂人员也同样处理)。化工机械厂2004年以后的工商登记材料表明,2004年1月30日宋某国将股权转让给吕增奎,化工机械厂同意解除宋某国与化工机械厂的股东关系,并同意宋某国辞去监事职务,化工机械厂后改名为山东省莱州市化工机械有限公司。2004年11月20日,股东会决议又变更为山东龙兴化工机械集团有限公司(以下简称龙兴公司)。宋某国后对龙兴公司提起诉讼请求,请求法院确认其股东资格,并分配红利。一审法院山东省莱州市人民法院经审理认为,企业股份合作制改造时,全体职工股东制定章程,章程是全体职工股东的意愿,是合法有效的,应当共同遵守。合作制章程第53条、第54条,是全体职工股东对违背章程规定的行为人实行的一种约定,该约定是企业与全体职工股东的意思自治,并不违背法律强制性规定,应合法有效。宋某国擅自离厂,不参与企业的生产经营、劳动,并且从事与公司相同的业务,已构成同业竞争,化工机械厂所做的取消其股东资格的决定符合章程约定。因此,一审法院判决驳回了宋某国的诉讼请求。宋某国不服原审判决,提起上诉

州法院认为,“全体职工股东制定章程,章程是全体职工股东的意愿……合作制章程第53条、第54条,是全体职工股东对违背章程规定的行为人实行的一种约定,该约定是企业与全体职工股东的意思自治”;二审烟台市中级人民法院肯定了一审法院的观点,认为“……约定首先是全体股东意思自治的产物……宋某国在合作制章程上的签字表明愿意接受章程条款的约束”。尽管本案判决理由和张某诉请确认章程条款部分无效一案的措辞略有差别,但是判决理由和结论反映的同样是公司合同理论的观点和逻辑。公司章程被视作股东之间的契约和全体股东意思自治的产物,全体股东的一致同意表明全体股东之间合意的达成,签字同意表明其自愿接受章程(契约)的约束,当章程规定的条件成就时,应当依

称,合作制章程第53条、第54条违反了法律的强制性规定,应属无效,请求依法改判。山东省烟台市中级人民法院经审理认为,劳动关系的丧失不能导致股东资格的剥夺,没收股东股本金和红利没有法律依据,但是,在股份合作制企业中劳动关系的丧失可能导致股东资格的丧失,因为股份合作制企业是以持股人特定的身份属性为前提的资本集合体。化工机械厂属于股份合作制企业,没收股东股本金和红利的约定首先是全体股东意思自治的产物,1998年8月12日,宋某国等股东分别在股东签字表上签字,共同制定了合作制章程,该章程中第53条、第54条已经进行了规定。宋某国在合作制章程上的签字表明愿意接受章程条款的约束,即当其有违反忠实义务的行为或出现特定事件,如果继续允许宋某国作为股东将破坏股东之间的信任和公司的发展。并且其他股东有权剥夺其股东资格和没收股本金、红利。这是全体股东制定合作制章程时就已经产生的合理预期。同时没收股本金和红利,也是全体股东为保障公司利益以及剩余股东的合法利益共同作出的约定,是预设性的私力救济手段。宋某国的行为符合合作制章程第53条、第54条规定的情形。2001年12月12日莱州市化工机械厂将宋某国的股金在账目上作了作废转为机动股的处理,可视为公司对取消宋某国股东资格的认可,在工商登记机关的股东名称变更是化工机械厂取消宋某国股东资格的公示。因此,2000年4月17日化工机械厂董事会、监事会联席会议的处理决定合法有效,宋某国作为股东的财产基础的出资额已不存在,股东资格也当然消灭。宋某国的上诉理由不成立,判决驳回上诉请求,维持原判。参见一审案号:山东省莱州市人民法院(2007)莱州民二初字第431号;二审案号:山东省烟台市中级人民法院(2008)烟商二终字第15号。参见丁俊峰、闫志旻:《股东请求法院审查公司章程的效力》,载《人民司法·案例》2010年第6期,第87~91页。

据章程承担相应的义务。

在沈某民诉宋某华股权转让无效案①中，镇江市中级人民法

---

① 详细案情为:镇江华普投资有限公司是因江苏索普(集团)有限公司增资扩股,由江苏索普(集团)有限公司经营层及中层干部出资设立的投资公司。2005 年 10 月 16 日《镇江华普投资有限公司股东共同投资协议书》言明,公司股东仅为江苏索普(集团)有限公司经营层及中层干部。受办理工商登记时的股东人数限制,各分厂(子公司)部分投资者采取委托投资的方式,即集团公司指定投资代表人作为登记股东,由投资代表人与委托投资者签订委托投资协议并代表委托投资者办理登记。在投资协议的股权转让部分约定,股东退休前因被免职不担任江苏索普(集团)有限公司中层干部时必须对所持股权进行转让;转让对象为江苏索普(集团)有限公司主要经营者;五年内发生转让的,价格按当初出资额加银行同期同档存款利息;股权转让后由公司将受让人的名称或者姓名、住所或地址及受让的出资额记载于股东名册,公司应当及时撤换或采用背书方式变更出资证明书。宋某华、钱某华等 22 名"登记股东"在投资协议上签了名。在作为投资协议附件的"投资代表人(登记股东)钱某华"的列表中注明有"委托投资者沈某民出资额 14 万元",沈某民在该附件的相应位置签了名。2005 年 11 月 14 日签订的《镇江华普投资有限公司章程》对股东资格的限制、公司股东及所占股权比例、股东的权利和义务、股权转让等内容,除未写入投资代表人(登记股东)、股权转让价格事宜外,与《镇江华普投资有限公司股东共同投资协议书》作了相同的约定。沈某民于同年 11 月 15 日出资 14 万元。2005 年 11 月 21 日镇江华普投资有限公司经工商登记设立,工商登记的股东为宋某华、钱某华等 22 人。后镇江华普投资有限公司成为江苏索普(集团)有限公司的股东,工商登记的出资认缴额为 980 万元。宋某华系江苏索普(集团)有限公司董事长兼总经理,为该公司的法定代表人。沈某民系江苏索普(集团)有限公司所属的镇江索普运输产业有限公司经理。2006 年 8 月 18 日江苏索普(集团)有限公司作出苏索组字[2006]91 号"关于解除沈某民职务聘用的通知",解除沈某民镇江索普运输产业有限公司经理职务的聘用。2007 年 12 月钱某华与宋某华对转让钱某华名下"初始出资额股本金 34 万元之股权"(包括沈某民持有的股权)签订了股权转让协议。沈某民遂向镇江市京口区人民法院提起诉讼,要求确认股权转让无效。京口区法院认为,有限公司具有人合性和封闭性,在不违反诚实信用原则的前提下,法律并不否认除名条款的效力。对于镇江华普投资有限公司股东内部而言,沈某民已签名认可投资协议,实际出资到位,为镇江华普投资有限公司的股东。沈某民应依投资协议和公司章程享有权利和履行义务。投资协议和公司章程中的除名条款合法有效,对股权转让价格的约定在原始股东之间具有法律效力。因此驳回原告诉讼请求。镇江市中级法院认为,在投资协议和公司章程中关于"股东退休前因被免职不担任江苏索普(集团)有限公司中层干部时必须对所持股权进行转让,转让对象为江苏索普(集团)有限公司主要经营者"的约定,是当事人真实意思的表示,内容不违反法律和行政法规的强制性规定,且符合有限公司人合性和封闭性的特点,应当确认合法有效。遂维持原判。参见一审案号:江苏省镇江市京口区人民法院(2008)镇京民二初字第238 号;二审案号:江苏省镇江市中级人民法院(2008)镇民二终字第0392 号。

院认为“公司章程中关于……股权进行转让……的约定,是当事人真实意思的表示,内容不违反法律和行政法规的强制性规定,且符合有限公司人合性和封闭性的特点,应当确认合法有效”。公司合同理论在本案中成为了指导法官判案的理论基础,公司章程被视为股东之间的契约。司法对股东之间达成的契约予以充分尊重,判决和说理似乎都符合法理和逻辑。只是,如果修订公司章程时少数有表决权的股东(不影响表决的通过)表示反对,公司章程的契约性解读如何处理其对异议股东的效力问题在本案中没有暴露出来。

在黄某等诉华昌公司修改章程案[①]中,浙江余姚法院更是明确

---

① 详细案情为:2001年11月14日,余姚市民黄某、何某和龚某共同投资设立宁波华昌电器有限公司(以下简称华昌公司),三人各占三分之一的股权。公司章程第19条规定,“股东会决策重大事项时,必须经过全体股东通过”。一个月后,龚某在征得黄某和何某的同意后,将自己持有的三分之一股权全部转让给了俞某,同时办理了股东变更的工商登记。华昌公司的三位股东变成了黄某、何某和俞某。何某被推选为公司执行董事,并任公司法定代表人,负责公司的所有经营活动和管理工作。公司成立两年后,一直未参与公司管理的黄某和俞某发现公司经营状况存在问题,并且和何某在公司运营方面发生分歧。黄某、俞某后提出要求修改公司章程或者解散公司,何某拒绝黄某、俞某的要求,并以公司章程第19条之规定抗辩。三人协商未果,黄某、俞某遂于2003年12月23日将何某诉至法院。原告方认为,虽然公司章程确实是由三方合意决定的,但是制定章程的最终目的是为了确保公司正常运作和发展,平等保护股东的合法权益,然而公司章程的这条规定,极有可能造成股东之间因意见相左,而使公司无法正常运作的不良后果,同时,也极易形成出资并不占多数的某一股东完全掌握整个公司,而使其他占多数的股东徒叹奈何的反常局面,要求法院判令改变公司章程第19条的内容。被告方则认为公司章程合法有效。法院最终判决支持了原告的请求,判令将华昌公司章程19条改为“股东会决策重大事项时,必须经三分之二以上有表决权的股东通过”。法院在判决书中阐述了自己的判决理由。公司法(1999年)第1条开宗明义地提出了该法的立法精神在于规范公司的组织和行为,保护公司、股东和债权人的合法利益,维护社会经济秩序,促进社会主义市场经济的发展。为了实现公司法的宗旨,公司法中明确规定了“重大事项必须经三分之二以上有表决权的股东通过”来实现“多数资本决”这一各国公司法都通行的根本制度。本案公司章程条款由全体股东参加制定,并由全体股东签字确认,章程作为全体股东的契约,每一股东都要受到公司章程的约束。但是,由

指出,“本案公司章程条款由全体股东参加制定,并由全体股东签字确认,章程作为全体股东的契约,每一股东都要受到公司章程的约束”。该案中,浙江余姚法院一方面将公司章程视作全体股东的契约,视公司章程为特定的合同,认为公司章程条款由全体股东参加制定,并由全体股东签字确认,每一股东都要受到公司章程的约束,体现了其对公司合同理论的认可和接受;另一方面又认为本案中的章程规定违背了立法精神,是对公司法“资本多数决”的否定,似乎其更坚持资本多数决的基本原则。余姚法院的判决说理逻辑混乱,语无伦次,实在让人摸不着头脑。但是,从其支持了原告的主张,判令华昌公司将章程相关条款关于一致同意的规定修改为“股东会决策重大事项时,必须经三分之二以上有表决权的股东通过”的结果来看,余姚法院似乎更加坚持资本多数决议规则。这种错误的判决和自相矛盾的说理,反映了对资本多数决议规则的误解和对公司股东权利救济途径的认识不足,同时也反映了公

于本公司的章程条款内容的特别规定,在公司运作过程中,遇到了根据公司章程内容无法实现公司管理的异常情况,这显然是不利于实现公司法的宗旨和基本价值目标的,不利于公司正常经营活动的开展,章程中的这种阻碍公司正常运作和管理的条款应该加以修改和完善。当然,根据本案公司章程的规定,公司章程的修改,必须由全体股东通过,被告作为掌控公司的经营者不愿意变更公司章程内容,导致两原告的合法权益无法实现,两原告作为公司股东签订了公司章程这一特定的合同,他们无法行使公司的重要权利,从合同法的角度来说,显然合同的目的无法实现。在本案中,华昌公司章程第19条虽然在形式上并不违反公司法的规定,但实质上与立法精神相悖,是对公司法“多数资本决”的否定,客观上造成少数股东的意见左右股东会甚至决定了股东会的意见,以致公司无法正常运行的局面,故依法应予变更。在判决中,法院还认为《公司法》第39条、第40条所规定的“多数资本决”这一制度其实是立法精神的具体体现,任何公司都不能因为契约性的规定而对抗法定的义务性的规范。因此,在本案中,“信任条款”的订立也是对公司法“多数资本决”的否定。牧野、赵玮:《公司章程违反法律 法院判决应予更改》,载 http://www.chinacourt.org/html/article/200403/31/109634.shtml,最后访问时间:2011年6月25日。

司合同理论影响力的泛滥与对公司合同理论的错误认识。

在吕某诉某集团公司股东会决议无效案①中，一审山东省芝罘

---

① 详细案情为：原告吕某1996年7月到被告某集团公司工作，2000年在原劳动合同到期后，双方又续签了自2001年1月1日至2005年3月31日的劳动合同。合同到期后，原告再未续签劳动合同，被告为原告办理了劳动合同终止手续。在双方劳动关系存续期间的2003年8月，被告进行企业改制。原告经与国有资产管理局签订产权转让合同并支付对价，获得了被告0.335%的股权，成为被告股东之一。2006年4月27日，被告召集公司股东会，通过了修改公司章程的决议，将公司章程第17条："股东之间可以相互转让其全部出资或部分出资。"修改为："股东需要转让出资，或股东与公司及权属企业终止或解除劳动关系（但不包括退休、病退、死亡之情形），其持有的出资（股权）向持股会转让，由公司按原价加上未参加分红期间的利息（按银行贷款基准利率计息）以现金方式付。"原告吕某及另一小股东王某投了反对票。但两人股份加在一起尚不足公司总股本的1%，故修改公司章程的决议得以通过。原告吕某随即以书面形式再次表示了对此股东会决议的反对意见，被告则回复股东会决议有效，并要求原告办理股权变更手续。原告遂向法院提起诉讼，请求确认被告的股东会决议无效。一审法院尚未作出判决，被告某集团有限公司又于2006年8月15日再次召集股东会，并通过决议，将公司章程第17条："股东之间可以相互转让其全部出资或部分出资。"修改为："股东需要转让出资，或股东与公司及权属企业终止或解除劳动关系（但不包括退休、病退、死亡之情形），其持有的出资（股权）向工会转让，由工会按集团公司上一会计年度净资产值减去该年已分配利润来确定。"原告吕某及另一股东王某再次明示反对此次股东会决议。被告将2006年8月15日的股东会决议提交法庭，法庭行使释明权，认为原告吕某起诉要求确认无效的2006年4月27日的股东会决议已不存在，其诉讼已无对象。原告吕某遂撤回起诉。同时另行提起诉讼，请求法院确认被告2006年8月15日的股东会决议无效。一审法院认为，首先，根据公司法的规定，被告的公司章程就是其内部契约，是当事人就其公司重大事项的预想，根据公司实际情况通过反复协商达成的实现其利益最大化的妥协，包含了决定公司今后发展方向和权力分配等重大事项。其次，被告的公司章程也是其公司设立的必要条件，公司登记机关将其公司章程的审查作为登记的重要前提。最后，如果被告的公司章程存在欠缺或瑕疵，可以由当事人协议补充或根据公司法规定予以补救、修改，但这并不必然导致其公司章程的不合法性。同时，被告召集程序及表决方式均符合公司章程的约定及法律规定的形式要件，应当认定为合法有效。二审法院经审理认为，首先，上诉人诉请的法律依据《宪法》第13条和《民法通则》第5条为法律原则，两者均不涉及具体法律关系中当事人的权利义务。公司法已有明确的相关规定，宪法和民法通则的法律原则并不当然直接用于调整公司法上的法律关系。其次，股东资格和股东权利有别，被上诉人股东会决议以及公司章程修改涉及的是股东资格丧失条件的约定是否具备合法性问题，而不是上诉人诉称的通过公司股东会决议修改公司章程，进而剥夺公司法所赋予的股东权利。股东资格的丧失有法定

区人民法院同样明确指出，“根据公司法的规定，被告的公司章程就是其内部契约”，尽管不知道其根据的是公司法的哪一条规定。在该案的审理中，上诉人和被上诉人及烟台市两级法院均就章程的性质发表了看法，都认为公司章程具有契约性。上诉人认为，被上诉人在修改章程的过程中，上诉人始终明示反对，根据公司章程的契约性解释，该章程修改内容对上诉人不产生法律效力。被上诉人则认为，公司章程的契约性应当理解为股东作为公司其中一员，从股权的性质以及人合性，都应当尊重公司章程的规定。一审芝罘区人民法院在判决说理中直接指出，“被告的公司章程就是其内部契约”，是“当事人……反复协商达成的利益最大化的妥协”。而烟台中级法院则认为，公司章程的契约性主要表现在公司章程的制定和修改，应当能够体现公司参加者主要是股东的意思表示，公司章程可以细化、补充甚至排除公司法的规定，在公司章程不违反公司法的强制性规定时，优先适用公司章程，体现私法自治的精神。显然，双方当事人和两级法院对于公司章程的契约性无异议，

和约定之分，被上诉人对股东资格取得和丧失的条件约定符合公司人合性的特征，且并不违反法律的强制性规定；最后，股东资格的取得和丧失，应当从作为团体法的公司法的稳定性和交易法的公司法的效率性进行分析，被上诉人公司股东构成具有很强的人合性，将股东资格与职工身份锁定，对于公司内部关系的稳定性和激励公司员工提高工作效率是有益的。而且，公司股东利益并不等同于单一股东利益。单一股东是自身利益的最佳判断者，单一股东为了实现自身利益的最大化必然对于公司决策有支持有反对。倘若任由单一股东对于公司决策进行利益选择，从而排除公司决策对其的约束力，必然有违于公司法作为团体法的稳定和效率，也不利于与公司发生交易关系的善意第三人利益的保护。因此，基于私法自治的原则，不应随意否定被上诉人股东会决议的效力。而且，上诉人吕某诉请的“股东会决议无效”与其抗辩的“修改后的公司章程对其是否产生效力”不是同一法律关系。对上诉人吕某的主张不予支持。参见一审案号：山东省烟台市芝罘区人民法院(2006)芝民二初字第1176号；二审案号：山东省烟台市中级人民法院(2007)烟民二终字第183号。

都认为公司章程是公司参与者之间的契约,公司合同理论的影响力可见一斑。既然公司章程是公司股东之间的契约,那么就应当遵守契约的基本原则和精神。契约的基本原则乃在于当事人意思自治,契约的达成关键在于当事人合意的形成。被上诉人提出了股东应当尊重公司章程的规定,这种观点的前提应当是股东认可公司章程,做出了同意的意思表示,否则契约的当事人如何遵从契约?一审法院将公司章程视作公司股东间的内部契约,认为是当事股东反复协商达成的利益最大化的“妥协”,既然是妥协,也就意味着不管股东的实质意见如何,其最终的意思表示都是赞成了公司章程的相关规定。可是本案中的当事股东吕某一直是明示反对股东会对公司章程的修改决议的。二审法院更是指出了“……公司章程的制定和修改,应当能够体现公司参加者主要是股东的意思表示”。可见其对契约精神的理解非常正确和到位。可是本案中,股东吕某的意思表示在章程中并未得以体现,恰恰相反,吕某一直都是在反对股东会决议关于章程的修改,也就是修改的公司章程并未体现吕某的意思表示。显然,根据公司章程是公司股东之间的契约的观点,本案中某集团有限公司股东会决议通过的章程修正案并未体现股东吕某的意思表示,应当对其不具有约束力。然而,烟台市两级法院在认定公司章程契约性的前提下,却又置吕某的意思表示于不顾,认定了股东会决议的效力,凸显其审理逻辑和判决结果之间相互矛盾。显而易见,以公司合同理论解释公司章程在该案中存有不可克服的逻辑悖论。

在朱某诉南京金凌石化工程设计有限公司股东会决议无

效案①中，一审南京市栖霞法院所谓的“公司章程更多地强调的是

① 详细案情为：2006年1月，南京金凌石化工程设计有限公司（以下简称金凌公司）由原国有企业南京金陵石化工程有限公司改制成立。金凌公司改制后企业的股权结构为：总股本2700万元，其中，改制职工补偿补助置换股份2268.36万元，占84.013%；改制职工现金认购股份276.69万元，占10.248%；经营者岗位激励股154.95万元，占5.739%，无其他股份。金凌公司股东的出资是以参加改制的职工所得的解除劳动合同经济补偿金和分流安置补助为基础的。不参加改制的职工就只能获得解除劳动合同的经济补偿金。金凌公司与其参加改制职工签订了三年以上期限劳动合同。朱某系金凌公司股东。朱某及其余42名股东在金凌公司成立后至本案诉讼前的时间内分别与金凌公司解除劳动合同关系，离开了金凌公司；其中有部分股东或自己成立或参加到和金凌公司主营业务相同的石化设计公司，从事与金凌公司相同的经营业务。金凌公司初始章程第56条规定，“股东如发生离职、退休、死亡等情况，从而导致与公司解除或终止劳动合同关系，其持股资格可以保留，但是自与公司解除或终止劳动合同关系之日起，丧失参加公司扩股及受让其他股东股权资格”。2007年7月26日，金凌公司召开股东会议，经2/3以上表决权股东同意，2007年8月10日通过公司章程修正案，作出了修改章程的决议，将公司章程的第56条修改为，“股东如发生退休、死亡情况，从而导致与公司解除或终止劳动合同关系，其持股资格可以继续保留，但是自与公司解除或终止劳动合同关系之日起，丧失参加公司扩股及受让其他股东股权资格。公司股东除退休、死亡外，如发生离开公司的事实，该股东在发生该事实时，其拥有的全部股份由公司以经会计师事务所审计后的公司上一年度每股净资产为转让价统一收购，同时其股东资格自然丧失，公司在三个月内安排在职股东购买，在职股东按公司收购价自愿购买，具体办法详见《离职股东股份分购办法》。依本款进行的转让不适用本章程第54条的规定。”朱某对公司章程修正案的股东会决议在表决表上没有签字同意。2007年9月30日，朱某以股东会决议无效为由向一审南京市栖霞区人民法院提起诉讼。一审法院认为，金凌公司由国企改制而来，职工股东身份具有特殊性，而且金凌公司股权配比也并不完全取决于出资，朱某及其他股东违约与金凌公司解除劳动合同，并且从事了与金凌公司主营业务相同的工作，金凌公司召开股东会修改公司章程有关股权转让的条款，对离职股东的股东权利予以限制，应是金凌公司为维护大部分在职股东的合法权利不受侵犯，维护公司自身的利益及企业的稳定与发展而作出的自救之策。因此，根据诚实信用原则和公序良俗原则，从权利义务相一致的角度，结合有限责任公司人合性的特点，一审法院驳回了朱某主张股东会决议无效的诉讼请求。而且，一审法院在判决理由中还指出，公司法是私法，公司章程更多地强调的是契约性和自治性，本案中的股东之所以成为股东，是基于其同意改制文件及公司章程的加入行为而产生的，股东身份的保留应取决于其是否遵守公司章程。对于公司章程修正案第56条关于强制转让股权的价格条款，一审法院认为，强制转让股权的价格，因涉及股东的自益权，其效力应区别对待。对投同意票的股东，该价格应产生法律效力；对投不同意票、反对票的股东，强制

契约性和自治性，本案中的股东之所以成为股东，是基于其同意改制文件及公司章程的加入行为而产生的，股东身份的保留应取决于是否遵守公司章程”。其背后理论逻辑是，章程是股东之间的契约，股东既然同意了章程，就应当受章程这一契约的约束。依此逻辑，朱某等股东既然不同意章程修正案，那么章程修正案对朱某等不同意股东就不应当具有约束力。而一审法院判决股东会决议有效、股东应受章程修正案的约束岂不前后逻辑矛盾？显然，将公司章程视作股东之间的契约，进而依据民法关于合同参与者意思自治的原则来解说公司章程之于股东的效力是难以自圆其说的。更为荒谬的是，一审法院在推翻自己关于公司章程契约性的论点，认定股东会关于强制股权转让的章程修正案决议对不同意股东有约束力的同时，又指出，“强制转让股权的价格……对投同意票的股东，该价格应产生法律效力；对投不同意票、反对票的股东，强制转让股权的价格不发生法律效力”。这就出现了章程修正案的相关规定对同意的股东有约束力，对不同意的股东不具有约束力的荒谬局面。可以看出，以公司合同理论来解读公司章程的性质，以及公司章程之于股东的效力显然存在诸多无法解释的障碍。二审南

转让股权的价格不发生法律效力。二审南京市中级法院认为，一审法院认定事实清楚，适用法律正确，对原审判决予以维持。同时指出，因参加改制的职工的出资是以其所取得的解除劳动合同经济补偿金和分流安置补助为基础的，不参加改制的职工就只能获得解除劳动合同的经济补偿金，所以，如果参加改制的职工在取得改制企业股权后不久即离开改制企业，却可以保留股权的话，就会产生与未参加改制的职工只能获得解除劳动合同经济补偿金两者之间权利义务严重不平衡的状况，原判决认定改制职工应在一定期限内履行经营劳动职责并无不当。股东权的行使不得损害公司或者其他股东的利益，修改公司章程是公司股东会的法定职权。金凌公司针对离职股东权利义务失衡的问题，做出股东会决议对公司章程进行修改，并未违反法律、行政法规的规定。参见一审案号：江苏省南京市栖霞区人民法院（2007）栖民二初字第 508 号民事判决，二审案号：江苏省南京市中级人民法院（2008）宁民二终字第 447 号。

京市中级法院指出,“修改公司章程是公司股东会的法定职权”,似乎意在言明什么,但是没了下文,只直接给出了“金凌公司针对离职股东权利义务失衡的问题,做出股东会决议对公司章程进行修改,并未违反法律、行政法规的规定”的结论,说理不够透彻,未能切中主题,难以服人。

前述判决说理彰显了司法实务界认为公司章程即股东之间契约的观点。这种对于章程即契约的性质认定以及具体案件的裁判,且不说理论上是否可以自圆其说,起码与我国公司法的相关规定是相背离的。根据我国2005年修改前后的公司法规定,公司机关的议事规则均为多数决议规则。根据新《公司法》(下同)第43条规定:“有限公司股东会会议作出修改公司章程、增加或者减少注册资本的决议,以及公司合并、分立、解散或者变更公司形式的决议,必须经代表三分之二以上表决权的股东通过”;第90条第3款规定,股份公司“创立大会对前款所列事项作出决议,必须经出席会议的认股人所持表决权过半数通过”;第103条第2款规定:“股东大会作出决议,必须经出席会议的股东所持表决权过半数通过。但是,股东大会作出修改公司章程、增加或者减少注册资本的决议,以及公司合并、分立、解散或者变更公司形式的决议,必须经出席会议的股东所持表决权的三分之二以上通过”;第111条第1款规定中,“董事会作出决议,必须经全体董事的过半数通过”;第119条第3款规定,“监事会决议应当经半数以上监事通过”等。因此,根据我国公司法的规定,只要不存在《公司法》第22条所规定的无效或者可撤销的情形,依据多数决议规则形成的公司决议就是合法有效的,那么根据决议形成的章程修正案也同样合法,并且效力当然及于没有投赞成票的当事人。假如认定股东会决议对异议股东、弃权股东、没有参与表决的股东不能产生约束力,依据决议形成的公司章程对投反对票的股东不具有适用的效力，则公司秩序将荡然无存。更何况，董事会、监事会决议形成时，作为公司成员的股东根本没有参与表决，难道董事会决议和监事会决议对他们均无约束力？显然，将公司章程视作公司股东之间的契约，并依据合同法中的合意原则作为判断章程对异议股东是否有拘束力的法律依据是违反现行法律规定的。

如果说前述判决只是说明各地零散的观点，而不具有普遍代表性的话，那么最高人民法院的观点应当能够说明公司章程契约说在司法实务界的影响力。根据最高人民法院的官方意见，“公司章程是公司内部契约，是当事人就公司重大事项的预想，根据实际情况通过多轮反复协商达成的实现其利益最大化的妥协，包含着决定公司今后发展方向和权利分配等重大事项，有理由得到尊重”。[①] 该院其他法官也认为：“公司章程是以书面形式固定的全体股东共同一致的意思表示。”“是公司的契约，以此约定股东、董事和公司的权利义务。”[②]“在公司创立的初始阶段即原始章程阶段，发起人或股东共同制定公司章程，最终协商一致并在公司章程上签字、盖章……这个阶段的公司章程主要表现为一种契约，依据契约的性质，订立章程的股东或发起人应当遵守公司章程，适当行

① 李国光、王闯：《审理公司诉讼案件的若干问题——贯彻实施修订后的〈公司法〉的司法思考》，载《民商事审判指导》（2005 年第 2 辑），人民法院出版社 2006 年版。李院长卸任后在中国人民大学以同样的题目进行演讲时，仍然坚持原来的观点。参见李国光：《审理公司诉讼案件的若干问题：贯彻实施修订后的〈公司法〉的司法思考》，载 http://hi. baidu. com/suntao% C2% C9% CA% A6/blog/item/7d688312edbff9ccc3fd78d9. html，最后访问时间：2010 年 10 月 30 日。

② 金剑峰等：《公司诉讼的理论与实务问题研究》，人民法院出版社 2008 年版，第 142 页。

使其权利并且全面履行其义务。”[①]对于最高人民法院的观点，上海高级人民法院予以附和。[②] 北京某区级法院法官则强调：“虽说公司章程作为股东间的合同，是股东合意的结果，但这也只是对初始章程而言……”[③]还有的法官认为，尽管公司章程不具备普通契约的特点，但尚不足以排斥其合同性质，公司章程体现了股东的意思自治，因此将公司章程定性为不完备的开放式合同。[④]

我国还有学者试图以德国法为例说明公司初始章程的契约性，指出《德国股份法》第 2 条非常明确地将初始章程与契约作为同义语而使用。[⑤] 其实，对这一问题早有其他学者作出过解释，“德国法之所以使用‘公司合同’一词，系其对有限责任公司的特殊理解所致。有限责任公司是德国法简化股份有限公司设立条件和程序后首先创设的公司形式，并认为有限责任公司同时具有人合公司和资合公司的双重性质，故使用‘公司合同’一词，以示与股份有限公司章程的差别。所以，德国法上‘公司章程’和‘公司合同’适用的场合有所不同，前者适用于股份有限公司，后者仅适用于有限责任公司”。[⑥] 在德国的司法判例中，公司通过修改章程对表决权进行限制，即使受到影响的股东对此表示反对，也不影响修改的效力。根据德国联邦最高法院的判决，这种修改虽然侵犯

---

① 丁俊峰、闫志旻：《股东请求法院审查公司章程的效力》，载《人民司法·案例》2010 年第 6 期，第 87 ~ 91 页。

② 张海棠：《公司法适用与审判实务》，中国法制出版社 2009 年版，第 14 页。

③ 陈永富、谢德胜：《股权转让若干实务问题研究》，载刘兰芳主编：《公司法前言理论与实践》，法律出版社 2009 年版，第 205 页。

④ 宋从文：《公司章程的合同解读》，载《法律适用》2007 年第 2 期，第 56 ~ 62 页。

⑤ 参见钱玉林：《公司章程“另有规定”检讨》，载《法学研究》2009 年第 2 期，第 71 ~ 80 页。《德国股份法》第 2 条规定：“公司合同（章程）必须由已出资认缴股份的一人或数人确认。”

⑥ 叶林：《中国公司法》，中国审计出版社 1997 年版，第 105 页。

了股东的表决权，但是，如果多数股东认为这一限制是必要的，那么它就是合法的。[①] 显然，德国法将有限责任公司章程以合同命名仅是为了区别股份有限公司的“公司章程”而已，只不过是特定称谓罢了，并不具有合同法中合同的含义。

其实，在谈到现代公司结构的演化问题时，伯利与米恩斯虽然将公司章程看作公司契约，但是他们意识到了公司章程这种契约完全不具备合同法中的契约所具备的真实意思表示的成立要件。伯利与米恩斯将股份公司的股东分为发起人股东（可能代表着在公司刚设立时就企图控制该公司的那部分人）和一般的投资大众（当公司章程起草时并没有人代表他们的利益）。“结果，这个意在管理两部分人权利的所谓‘契约’，实际上是由一个自然会考虑自身利益的集团单独起草的。而另一个集团不仅没有参加契约的谈判，甚至连文件的内容也未见过……这自然导致了这样的结果：经营者将会拥有最大限度地自由和尽可能少的责任，并通过最大限度拥有安排和重新安排参与的权力，来尽可能地保证自身的利益；而对未来的股东而言，只要经营者方便安排的话，就只会拥有最低限度的权力与可实施的权利。”[②]将章程直接视为契约，这反映了伯利与米恩斯的公司契约思想，同时伯利与米恩斯洞察了这种“契约”的不公平性，即部分股东根本就没有机会在章程中表达自己的内心真意，章程虽具有某些契约特性，但完全不是合同法中的合同。

因此，章程必然成为控制人（可能是部分股东）侵害分散的小

---

① ［德］托马斯·莱塞尔、吕迪格·法伊尔：《德国资合公司法》，高旭军等译，法律出版社 2004 年版，第 248 页。

② ［美］阿道夫·A. 伯利、加德纳·C. 米恩斯：《现代公司与私有财产》，甘华鸣、罗锐韧、蔡如海译，商务印书馆 2005 年版，第 149 页。

股东权益的合法手段。而且由于大众股东的分散性,人微言轻,再加上理性的冷漠,都将会助长这种情形的发生。当然,"契约"只是一种法律上的虚构,股东不会在股票被出售之前,就公司法条款及公司章程与公司讨价还价并订立契约。股东几乎都没有看过公司章程,即使看了也可能不理解其内容,一旦面对复杂的公司法条款,他们就会感到完全不知所措。[①] 可见,伯利与米恩斯当时已经发现了通过公司契约赋予经营者过度的权力将会给所有者权益带来一种潜在的危险。于是他们指出,"要保护股东的利益,只能寄希望于公司经营者和控制者能够公平地处理股东的利益。股东主要不应该依赖法律权力,而应该依赖经济学方面的意义——依赖逐渐形成一个为了有利于公司的管理,在财产参与权方面或多或少地迎合股东意愿的环境"。[②] 这表明,尽管伯利和米恩斯将公司章程视作契约,但是却并不指望通过合同法中违约责任的追究来保护小股东的合法权益。将公司章程视作契约只是伯利和米恩斯希望通过赋予公司参与者更多的自主经营权,从而形成一个有利于公司管理的环境。

公司合同理论集大成者伊斯特布鲁克和费希尔即便将公司看成"合同束",但同时也不得不承认公司契约中包含真实的契约与非真实的契约。他们将公司契约比作"社会契约",认为这只不过是一套花言巧语的把戏而已,因为投资者并没有就合同条款的内容真正坐下来进行讨价还价。合同条款是由公司发起人、投资银行和管理层共同制定的,公司的规则变革也总是伴随着投票决策而不是全体一致同意。所以,与其把公司看成一整套合同,还不如

---

① [美]阿道夫・A. 伯利、加德纳・C. 米恩斯:《现代公司与私有财产》,甘华鸣、罗锐韧、蔡如海译,商务印书馆 2005 年版,第 164 ~ 197 页。

② 同上书,第 197 页。

把它看成一个共和政府。当然,他们认为公司也有很多真实的合同。公司章程中订立的那些关于公司成立或发行股票的条款就是真实的协议。一切有关公司和劳动力的提供者(雇员)之间、货物和服务(供应商和签约者)之间的关系都是契约性的。[①] 伊斯特布鲁克与费希尔的坦诚之词其实只是陈述了客观存在的事实,公司合同理论所指的"合同束"中有很大一部分本身就属于传统合同法的调整范围,如买卖关系、劳动关系、雇佣关系、加工承揽关系、借贷关系;另有一部分属于劳动法、行政法等调整的范围,与公司法理论的研究并无关系。所以,公司合同理论中的公司这一"合同束"中的部分合同本身就与公司法理论研究并无关系,而即便是伊斯特布鲁克和费希尔认为具有契约性的公司章程中,绝大部分条款也难以反映所有初始股东的真实意思表示,更不用说依据投票规则修改后的条款了。

但是,我国理论界和司法实务界在承继公司合同理论的过程中并没有体察到国外公司合同理论的创始者和传播者的真实意思,在解读公司章程的契约性时,没有注意到其经济学学科中的特定含义,反倒将公司章程完全等同于合同法中的合同。从地方法院的具体判例到最高法院的官方言论,再到部分学者的论调,可以看出,公司章程,尤其是有限公司的初始章程即股东之间合同的观点在法院系统已形成通识。根据合同理论,股东之间既已签订合同(章程),就应当接受合同的约束。因而,对于初始章程限制股东股权转让的条款,由于初始章程是全体股东一致同意通过的,无论股东是诉请确认该条款无效,还是请求确认依据该条款作出的

---

① [美]弗兰克·伊斯特布鲁克、丹尼尔·费希尔:《公司法的经济结构》,张建伟、罗培新译,北京大学出版社 2005 年版,第 18 页。

对其股权处分的股东会决议无效，抑或是公司请求确认条款有效或者股东会决议有效，法院皆可以合同当事人应当遵守合同约定为由作出判决。这似乎已成共识，[①]表面看也合乎法理和逻辑，理论界亦无不同声音。

第四节　受歧视的章程修正案

尽管公司章程的制定，无论初始章程还是章程修正案，均不符合合同的缔结过程特点。但由于公司初始章程由全体股东一致同意通过，股东相互之间为设立公司而制定的章程是各个股东意思表示的集中体现，反映了各个股东的意志，加入公司完全是其真实的意思表示，因此将章程视作初始股东之间的契约似乎完全是恰当的。我国理论界和司法实务界正是基于此种逻辑，一致将公司初始章程视作股东之间的契约。但是对于章程的修订，由于法律只要求特定多数的表决权通过即可，并不要求所有股东表决权一致通过，于是多数决议规则下章程修正案的性质和拘束力的问题便不无争议。

有学者指出，由于初始章程与章程修正案的产生机制不同，应当区别对待，“在公司成立之初，市场机制的作用发挥得比较充分，公司参与方通过权衡和博弈、自主议定章程条款，最终将达成最优选择。”，“然而，公司在经营过程中修改章程，公司参与方的合意却远不够充分，产生了股东被盘剥的可能”。“尽管因为修改章程

① 只是在姜某诉某集团有限公司股东会决议无效案中，烟台市芝罘区人民法院的判决让人匪夷所思，在事后强制股权转让的时候强调股东的意思自治，却忽略了初始章程制定时股东姜某是同意股权处分条款的，违反了法律禁止反言的基本原则。

必须经过股东大会同意，在理论上必须承认章程修改是股东合意的结果，但只需多数股东同意的章程修改，与标准的、合意充分的契约行为并不相同。故而，必须承认初始章程与后续的章程修改在‘选掉’公司法规则的正当性方面所存在的分野。”[①]所以，“立法时应本着公司法的标准合同机制和合同漏洞补充机制之理念，对公司法规则予以类分，并区分初始章程和后续的章程修改，努力探求公司法任意性与强制性规则的法理判断标准，在两类规则的动态均衡中保持公司法的实质正当性”。[②]

基于此种对公司合同理论的泛化理解，导致公司合同理论的滥用，部分学者在此基础上走得更远，认为初始章程与章程修正案由于产生的法理基础不同，前者体现了全体股东或发起人的意思自治，可以视为合同[③]，而后者则采取资本多数决规则，体现了从股东意思到社团意思的转变，因而应区别对待其效力。“初始章程基于合同机制的存在，对个别股权予以限制或剥夺的‘另有规定’应‘从其规定’；而在资本多数决原则下的章程修正案，对个别股权予以限制或剥夺的‘另有规定’是否应‘从其规定’，不无疑问。”[④]根据公司章程修正案的“另有规定”是否涉及股东的财产性权利等固有权，应对“另有规定”的效力区别对待，如果“另有规定”未涉及股东的财产性权利等固有权，则根据资本多数决作出的

---

① 罗培新：《公司法强制性与任意性边界之厘定：一个法理分析框架》，载《中国法学》2007 年第 4 期，第 69 ~ 84 页。

② 同上。

③ 根据传统民法理论，公司设立会议上表决通过章程的行为是典型的决议，并非合同。看似初始章程经过全体股东或发起人的一致同意，似乎是全体股东或发起人之间达成了合意，签订了合同，实则不然，这时的一致同意结果只是决议的多数决规则的一种特殊形式。详见后文对此问题的分析。

④ 钱玉林：《公司章程“另有规定”检讨》，载《法学研究》2009 年第 2 期，第 71 ~ 80 页。

章程修正案有效。“如果对个别股东的表决权、股权转让权和利润分配权予以限制或剥夺的‘另有规定’是由初始章程作出的，因其为全体股东一致的意思表示，权利受影响的股东应受‘另有规定’的约束；而如果以公司章程修正案的方式作出该类‘另有规定’的，则在未经受此约束的股东同意的情形下，公司章程修正案的‘另有规定’欠缺合同存在的基础，这些‘另有规定’不能产生排除适用公司法规定的效力”。[①]可见，我国学者对公司初始章程是股东之间的合同基本没有分歧，但是对于章程修正案，有的概括指出由于产生机制不同应当区别对待；有的则将章程修正案涉及的事项进行区别对待，如果章程修正案涉及的事项不包括股东的财产性权利等固有权，则章程修正案选出公司法的效力应当认可，如果章程修正案涉及股东的财产性权利等固有权，则章程修正案选出公司法的效力由于欠缺“合同机制”而无效。

前述观点在我国最早可追溯至刘俊海博士有关股权转让权等“固有权”“未经股东同意，不得以章程或股东大会多数决予以剥夺或限制”的观点。[②] 这种观点也成为部分法院审判相关案件的学理渊源（只是刘博士没有对自己的观点详加解释和说明）。例如，在周某诉大丰市丰鹿建材有限公司股东权纠纷案中[③]，江苏省盐城市中级人民法院改判了一审法院的判决。案件争议焦点为大丰市丰鹿建材有限公司修改章程增加“离职股东须依据股东会决议将其股权以出资原值转让给其他股东”的条款是否有效。法院以股东权具有财产权与身份权的双重属性，非经股东本人同意不

① 钱玉林：《公司章程“另有规定”检讨》，载《法学研究》2009 年第 2 期，第 71 ~80 页。

② 刘俊海：《股东权法律保护概论》，人民法院出版社 1996 年版，第 24 页。

③ 参见吴晓锋：《江苏大丰丰鹿建材公司转让股权案小股东二审胜诉》，载《法制日报》2007 年 5 月 27 日。

得以章程或者股东会多数表决予以剥夺或限制为由,确认上述修改内容无效。江苏省常熟市人民法院裁判的滕某青诉江苏省常熟市建发医药有限公司强制转让股权无效案[①]亦是此类案件。常熟市建发医药有限公司修改章程第 12 条规定:“自然人股东因本人原因离开企业或解职落聘的,必须转让全部出资,由工会股东接受。”法院审理后认为,股权具有财产权与身份权的双重属性,非经权利人的意思表示或法定的强制执行程序不能被变动。被告未经原告股东同意所作出的股权处分通知及股东会决议,对股东没有约束力,股权也不能因此发生变动。而在张某诉请确认公司章程部分条款无效案件中,常州市天宁区法院和常州市中级人民法院驳回张某诉讼请求的重要理由就是张某对公司章程修正案投了赞成票,因而,“应以合同观念介入有限公司”,而且章程的修订是“建立在公司股东共同意思表示的基础之上”,所以,张某理应接受章程修正案的约束[②]。常州中级人民法院在事后撰文阐释其裁判思路时,就该案再次强调,“股权转让作为股东一项基本的固有权利,一旦章程对股东固有权作出处置则必须得到股东的同意,否则对该股东不产生法律效力……公司章程规定的股权转让条件……并不违法。况且该规定也事先得到了张某的同意,亦不存在侵犯张某固有权的情形,因此该争议条款对张某产生拘束力”。[③]

---

① 参见常熟市人民法院(2006)常民二初字第 335 号判决,孔某寅、王某辉:《常熟审结一股东权纠纷案确认未经股东本人同意 股权转让不能成立》,载《人民法院报》2007 年 2 月 17 日。

② 2006 年 9 月 11 日常州市天宁区人民法院(2006)天民二初字第 338 号民事判决书(张某请求确认公司章程修改条款违法无效之诉);2006 年 12 月 8 日常州市中级人民法院(2006)常民二终字第 313 号民事判决书。

③ 江苏省常州中院民二庭课题组:《股权转让若干审判实务问题研究》,载《人民司法·应用》2008 年第 23 期,第 37 ~ 43 页。

理论界也力图证成实务界这种裁判的逻辑。①

可见,实务中章程修正案是否经过股东的同意成为对该股东具有约束力的关键,而不管该章程已经依据法定的资本多数决议规则由股东会通过。美国学者科恩豪瑟的研究结论是这一状况的有力说明,“在公司法中,合同理论会将法官引向包含在公司中的由‘参与方’达成的‘协议’,并且使法官倾向于像尊重法定的强制性合同一样尊重这种协议”。②

当然,司法实践中也有法院虽然强调公司章程的契约性和股东的意思自治,但是对于股东赞成通过的初始章程却置之不理,只关注后来决议过程中异议股东的意思自治。例如,在姜某诉某集团有限公司股东会决议无效案③中,公司章程第 17 条规定,“公司

---

① 参见钱玉林:《公司章程“另有规定”检讨》,载《法学研究》2009 年第 2 期,第 71～80 页。

② Lewis A. Kornhauser, The Nexus of Contracts Approach to Corporations: a Comment on Easterbrook and Fischel, Vol. 89, *Columbia Law Review*, Nov., 1989, p. 1451.

③ 详细案情为:被告某集团有限公司由国企改制成立,公司股权由包括原告姜某在内的 49 名自然人股东(另有部分隐名股东)及职工持股会持有。姜某持有 8% 的股权。当初国企改制时制定的公司章程第 17 条规定,“公司股份实行内部转让,由公司调剂。股份转让价格以公司上一年度每一股净资产值为参考依据。公司任何股东所持有的股份不得超过 20%。职工因解除劳动合同或其他情况离开公司,其持有的股份必须转让”。姜某于 2005 年 2 月主动辞去了在被告某集团公司的相关职务,办理了退休手续。2006 年 3 月 8 日,公司召开第一届第五次股东大会,会议通过了公司章程修正决议。该修正决议的主要内容是修改了原章程第 17 条关于公司股份的管理与转让。修改后的第 17 条内容为:“公司股份实行内部转让,股份转让价格以公司上一年度每股净资产值为参考依据。公司现 47 位自然人股东作为公司的创始人,离岗后可继续持有公司股份,但最多不能高于原持有股份的 40%,亡故后股份由公司收购。创始人以外的股东离岗后其持有的股份必须转让。如果离岗股东不同意转让其持有的股份,公司应召开股东会就此进行表决,如代表三分之二以上表决权的股东同意转让,则公司有权收购上述股份。”姜某参加了这次股东会,并对公司章程修正案投了反对票。2006 年 3 月 16 日,被告某集团有限公司根据 2006 年 3 月 8 日的公司章程修正决议向姜某发出了关于退股的通知,要求其在 2006 年 3 月 31 日前退出其持有的 8% 股权中的 4.8%。姜某为此具状要求确认被告某集

股份实行内部转让,由公司调剂。股份转让价格以公司上一年度每一股净资产值为参考依据。公司任何股东所持有的股份不得超过20%。职工因解除劳动合同或其他情况离开公司,其持有的股份必须转让”。姜某于2005年2月主动辞去了在被告某集团公司的相关职务,办理了退休手续。后公司召开股东大会,通过了《关于姜某股权转让的决议》,决议内容为:“与会股东投票通过姜某所持公司8%股权,按公司章程第17条之规定,以公司上一年度每股净资产值1.07元转让给本公司股东……”姜某参加了本次股东大会,对上述决议投了反对票,并于2006年4月29日书面向烟台市芝罘区人民法院变更其诉讼请求为确认被告某集团公司股东会作出的《关于姜某股权转让的决议》无效。

一审法院审理后认为,“股东的股权属股东个人的合法财产权,对股权的处分权应当由股东行使。投资者出资成为公司股东后,就享有对股权的处置、收益、表决等股东权利,该权利非依本人意志、法律或司法判决,任何机构、个人均无权予以处分或剥夺。原告的股权是否转让应由原告决定,不应由被告及其股东大会代

团有限公司的股东大会作出的修改公司章程第17条的决议无效。本案诉讼中的2006年4月29日,被告又召开了第六次股东大会,通过了公司章程补充修正案,撤销了2006年3月8日公司章程修正决议中关于公司股份管理与转让条款的修改,恢复了公司初始章程中第17条的规定。另通过了《关于姜某股权转让的决议》,决议内容为:“与会股东投票通过姜某所持公司8%股权,按公司章程第17条之规定,以公司上一年度每股净资产值1.07元转让给本公司股东……”姜某参加了本次股东大会,对上述决议投了反对票。姜某借此遂于2006年4月29日书面向烟台市芝罘区人民法院变更其诉讼请求为确认被告某集团公司股东会作出的《关于姜某股权转让的决议》无效。参见一审案号:山东省烟台市芝罘区人民法院(2006)芝民二初字第579号;二审案号:山东省烟台市中级人民法院(2006)烟民二终字第124号。

为决定……股权转让的价格确定权和股权转让的受让方之确定权是转让双方的合同意思自治权的一部分，不属于股东大会的权利……被告股东大会通过的《关于姜某股权转让的决议》……严重的抵触了私权自治的民法基本原则，同时也严重抵触了合同意思自治原则”。二审烟台市中级人民法院维持了一审判决。此案中，一审法院将公司的决议活动视作合同的缔结行为，强调了股权转让中双方的合同意思自治权。初始章程必然经过全体参与股东的一致通过，原告也不例外，既然全体股东一致通过，意味着全体股东合意的形成。依据公司合同理论，经全体股东一致同意的章程对全体股东应当均具有约束力。而该案中，法院却置原告同意公司章程的事实于不顾，以所谓的“严重的抵触了私权自治的民法基本原则，同时也严重抵触了合同意思自治原则”为由，支持了原告的诉求。但是却对于姜某先前同意的初始章程视若无物，这最起码违反了禁止反言的法律基本原则。而且更为荒诞之处在于，本案和前述吕某诉某集团公司股东会决议无效案的事实基本相同（而且前述案件中吕某对章程修正决议的有关股权处分规定内容是反对的，本案中的股东姜某对公司初始章程的有关股权处分规定内容是赞同的），同为一审的烟台市芝罘区人民法院和同为二审的烟台市中级人民法院竟然做出了截然相反的判决，而且是对曾经同意章程相关内容的股东姜某的主张给予了支持，对反对章程相关内容的股东吕某的主张予以了否定。同一法院竟然出现如此矛盾的判决，足见我国司法实务界对公司合同理论理解混乱，对公司议事规则——多数决议规则的认识不清，严重影响了司法的统一性和权威性。

司法实践中的此类判决表明，公司合同理论的滥用和异变对公司运行的基本规则——资本多数决议规则形成了巨大的冲击，蒙蔽了人们对公司运作机理认识的视线。然而，即便是以公司合同理论取代资本多数决议规则解决公司纠纷,实务中对公司合同理论的理解和认识仍然缺乏统一标准。部分法院基于公司合同理论将章程完全视作股东之间缔结的与合同法中的合同无异的契约,因此,根据合同的合意原则,章程修正案由于欠缺异议股东同意的意思表示,因而对异议股东不具有拘束力。同理,基于异议股东没有同意的章程修正案、根据多数决议规则所作的股东会决议同样对异议股东不具有拘束力。这种观点势必造成公司初始章程与章程修正案的效力不同,同一部公司章程对部分股东有效、部分股东无效的荒诞结论。

江苏省高级人民法院民二庭在评述前述滕某青诉常熟市建发医药有限公司股东权纠纷案判决的意见时认为,“股东权的整体处分非股东同意不得以资本多数决予以强制处分,则是民事权利保护的应有之义”。“控股股东往往通过股东会决议修改公司章程的方式,要求少数股东在与公司解除劳动关系时将股权转让给公司或者控股股东。此种决议或者章程条款是否有效?笔者认为,在公司与修改章程时投反对票的股东之间,并未建立任何合同关系,以资本多数决原则通过的章程或者股东会决议不能约束反对股东。”接着,又进一步主张:“如果全体股东一致同意对章程作如此修改,情况则完全不同。根据民事权利的处分原则,在股东同意的情形下,自愿接受一个附生效条件的股权转让协议符合合同法的合同自由原则。这种附生效条件的股权转让协议的表现形式可能是多样的,经过股东同意的章程条款、股东会决议,只要具备了一份股权转让合同的基本条款,即可作为约束股东、公司的合同”。[①]

---

① 江苏省高级人民法院民二庭:《审理有限责任公司治理结构案件中的三个基本问题》,载《人民司法》2007年第7期,第24~31页。

但江苏省高级人民法院很快意识到了自己的逻辑悖论，即如此一来便会产生章程修正案对投赞成票的股东有约束力，对投反对票的股东无约束力的情形。于是江苏省高级人民法院试图摆脱这种悖论，进一步指出，"章程条款能否约束投赞成票的股东？这里似乎存在一个两难情形：如果能够约束投赞成票的股东，会出现章程条款对部分股东有约束力而对另外部分股东无约束力的尴尬状况，与股东平等原则相悖；如果不能约束，那么又将同意这种股权转让安排的股东与公司之间的合同关系置于何处？笔者认为，为了保证章程对股东的普遍约束力，此类章程条款应当因投反对票的少数股东提起的诉讼从整体上认定无效。如果投赞成票的股东仍愿意与公司之间达成此类安排，可以另外再签署同样内容的合同。"[①]江苏省高级人民法院试图摆脱前述悖论的努力却又使自己陷入另一种尴尬，因为投反对票的少数股东如果提起诉讼则此类章程条款一概无效，根据其逻辑，关于股权转让的安排势必要经过全体股东的一致同意和通过，这似乎又使公司的议事规则退回到了一百多年前的"一致同意"规则。

对于江苏省高级人民法院如此不遗余力地维护章程契约性的理论阐释，有学者提出了恰如其分的质疑：其一，资本多数决的结果一经形成，其效力即已确定，参与表决人事后态度岂能改变？因此，以异议股东是否提起诉讼，来区分修改章程的效力，不仅没有任何法律和法理依据，而且也不利于公司及其成员形成合理的预期。其二，让赞成股东等待裁判结果确定以后，重新决定是否重新签订合同，不仅由于时过境迁，谈判难度不可预料，社会成本不好

---

① 江苏省高级人民法院民二庭：《审理有限责任公司治理结构案件中的三个基本问题》，载《人民司法》2007年第7期，第24～31页。

控制,而且赞成股东并未与公司发生纠纷,重新谈判不但多此一举,而且不知如何进行。其三,章程修改或者股东会决议既涉及股东与公司之间的关系,也存在股东之间的权利冲突以及利益平衡,指望权利冲突的主体之间通过协商一致的方式达成合意,是极不现实的,公司法事先作出多数决的制度安排,目的就是节省社会成本,也确实大大节省了社会成本,而上述法院裁判意见却试图抛弃多数决原则,并转而采用合意原则,事实上没有且无法证明其具有正当性。[①] 可见,对公司合同理论的迷信将会使公司参与者在组建公司的过程中、使法官在解释公司运作条款时面临难以克服的问题。[②]

基于章程即契约的观点带来的无法解决的逻辑悖论,公司法理论界的一些学者非但未能发现真相、厘清混乱,反而力图证成实践中的错误判决,更加混淆了视听。有学者指出,"从制定章程到修改章程的过程,实质上就是从股东意思表示到社团意思表示的一种转变,同时暗含了章程制定与章程修改的不同法理"。"初始章程具有合同机制存在的基础,可以视为合同","初始章程基于合同机制的存在,对个别股权予以限制或剥夺的'另有规定'应'从其规定';而在资本多数决原则下的章程修正案,对个别股权予以限制或剥夺的'另有规定'是否应'从其规定',不无疑问","因此,除全体股东一致同意修改章程的情形外,以合同原理来解

---

① 吴建斌:《合意原则何以对决多数决——公司合同理论本土化迷思解析》,载《法学》2011 年第 2 期,第 55 ~ 65 页。

② Lewis A. Kornhauser, The Nexus of Contracts Approach to Corporations: a Comment on Easterbrook and Fischel, Vol. 89, *Columbia Law Review*, Nov., 1989, p. 1460.

释章程修正案对股东的约束力缺乏正当性的基础”。[1] 此种论点也许可以往前追溯至有学者提出的所谓“固有权”“未经股东同意,不得以章程或股东大会多数决予以剥夺或限制”的观点。[2] 据此,前述江苏盐城中级人民法院、江苏常熟法院以及江苏常州市两级人民法院的判决结论与理论界一些学者的观点似乎相得益彰,理论指导了实务,实务践行了理论。

前述观点虽非全然没有道理,但至少无法解释以下问题:首先,现实中大量一人公司的出现以及立法对一人公司的肯定已经成为事实,如果初始章程即股东之间的契约的话,契约的核心乃在于合意的形成,一人公司只有一名股东,如何形成合意,又如何制定章程;其次,章程是规范公司内外活动的制度性文件,章程修正案与公司初始章程一样都是公司章程,将章程修正案和初始章程区别对待有违章程的本质属性;再次,章程修正案对投赞成票的股东具有约束力,对投反对票,甚至弃权票的股东不具有约束力,必然出现同一部章程对不同的股东具有不同效力的尴尬局面,有违股东平等的基本原则,并且也必然使公司的治理活动混乱不堪,难以持续;最后,即便是在公司章程契约说盛行的英国,为了弥平实践中的章程执行之争议,亦开始建议,“除非章程另有规定或执行上有困难,原则上股东得向公司或股东请求依公司章程之约款来履行”。[3] 意在肯定章程对股东的一体约束力,冲破契约合意原则的束缚。

---

① 钱玉林:《公司章程“另有规定”检讨》,载《法学研究》2009 年第 2 期,第 71 ~ 80 页。

② 刘俊海:《股东权法律保护概论》,人民法院出版社 1996 年版,第 24 页。

③ See Hon. Lady Justice Arden, *Reforming the Companies Acts – The Way Ahead*, Journal of Business Law, November, 2002, pp. 594 – 595. 转引自王文宇:《公司法论》,中国政法大学出版社 2004 年版,第 79 页。

大部分合同理论的分析往往建立在公司参与者可以平等地获取信息和基于其各自的利益拥有对信息的评估能力的假设之上。这种信息对称的假设是詹森和麦克林主张的公司发起人承担所有的公司治理安排费用以及资本结构代理费用的基础。正是这种主张产生了一种观点,即公司的初始章程应当适用绝对的合同自由原则,因为公司的发起者,而不是购买股票的股东具有对称的信息和激励去关心自己的利益。[①] 我国学者亦持此观点,“初始章程具有合同机制存在的基础,可以视为合同”[②]。如前所述,对公司初始章程的契约性,各级人民法院似乎没有疑议。依据公司章程契约性的逻辑进行推演,章程修正案如果不是全体股东一致通过做出的修改,根据合同理论的合意原则要求,章程修正案对于异议股东将不会发生效力,这将会出现同一章程对公司的部分股东有效,部分股东无效的局面,这也是对股东平等原则的重大违反。

在理解公司合同理论中章程的契约性时,如果忽视了公司合同理论特定的学科语境和研究目标,将章程完全等同于合同法中的合同,将会出现初始章程和章程修正案之间无法解释的逻辑悖论,引起司法裁判的混乱。将章程完全等同于合同法中的合同,也是对公司商事主体运作特点的忽视,对公司的商事活动和民事活动不加区分,没有看到公司议事活动的决议特点。

---

① Jeffrey N. Gordon, The Mandatory Structure of Corporate Law, Vol. 89, *Columbia Law Review*, Nov. ,1989, p. 1557.

② 钱玉林:《公司章程“另有规定”检讨》,载《法学研究》2009 年第 2 期,第 71 ~ 80 页。

第五节 被扭曲的章程行为

无论是形成初始章程的章程制定过程,还是形成章程修正案的章程修订过程,均不符合合同过程。现代的学说已开始重视从过程侧面关注合同,认为现实的合同是一种从合同缔结前的阶段到履行完毕后的一个连续的过程。[①] “合同是个动态全过程,它始于订立,终结于适当履行、责任承担及合同解除。”[②]仔细探究,如果将公司章程视作合同,则其形成过程必然要遵守缔约程序,尊重每个股东的意思自治,并且所有股东之间要达成合意,这显然不符合公司章程的形成过程,尤其是在修改章程的情况下,所有股东之间很难达成一致意见。而且,所有股东一致通过初始章程和章程修正案的法律行为也并不符合合同的构成要件,而是法律行为中的决议。

公司章程乃由发起人或股东对公司所为,按法律规定就公司应记载事项与公司自治之得记载事项,为同一内容之多数意思表示合致,我国台湾地区学者多称为“合同行为”。[③] 合同行为与契约均属于多方法律行为,[④]“契约乃由两个相反方向之意思表示趋于一致而成立,即双方当事人之立场不同,但基于互相交换利益而

---

① 参见[日]内田贵:《契约的时代》,岩波书店2000年版,第89页以下。转引自韩世远:《合同法总论》,法律出版社2008年版,第9页。

② 崔建远主编:《合同法》(第3版),法律出版社2003年版,第35页。

③ 王文宇:《公司法论》,中国政法大学出版社2004年版,第78页。

④ 通说认为,法律行为可以分为单方法律行为、双方法律行为和多方法律行为(台湾地区多称为“合同行为”),双方法律行为主要是指契约,多方法律行为主要指决议。

达成之合意;而合同行为,多数意思表示仅有一个方向,即基于共同利益之促成,磋商后趋于同向之一致”。[①] 我国台湾地区公司法学者王文宇从契约与合同行为结果的角度考察,认为合同行为与契约间的这种区分,可能流于纯概念法学之虞。[②] 但是,这种仅从结果分析而忽视过程的方法引致的结果是对章程形成规则的忽视,而对形成规则的忽视反过来又会影响对章程行为正当性的判断。

所以,从章程的形成过程来看,其并不符合民法上合同形成过程的特点,将章程视作合同是对合同固有特点的忽视,是对章程形成过程——决议的扭曲。章程(包括初始章程和章程修正案)均不应看作公司股东之间的契约,不能简单地将其理解为民法学上的合同,而应当看作法律行为中的决议的结果。合同和决议的形成都有一定的法定程序:合同的形成在缔约程序的指导下进行,而决议的形成在决议程序(或称为议事规则)的指导下进行。[③] 公司章程无疑是决议结果的一种表现形式,将其视作契约,是对决议的一种误读,是对公司社团性的一种抹杀。即便非得要根据公司契约理论来解释公司章程,那么这里的“公司契约”也是一种特定的含义,而不能将其理解为民法上的“合同”,并适用合同的原则和理论来解决公司法中的问题。我国有些学者似乎看到了这一点,指出“不能以市场合约思维代替公司合约思维,应该从公司的组织性等特性出发,真正把握公司合约的内在机理”,“法官在审查公司合约效力时应该与市场合约效力的标准不同”。还提出了“将

① 施启扬:《民法总则》,三民书局 1996 年 4 月增订 7 版,第 200 ~ 201 页。转引自王文宇:《公司法论》,中国政法大学出版社 2004 年版,第 78 页。

② 王文宇:《公司法论》,中国政法大学出版社 2004 年版,第 78 页。

③ 陈醇:《论单方法律行为、合同和决议之间的区别——以意思互动为视角》,载《环球法律评论》2010 年第 1 期,第 49 ~ 58 页。

公司合约视为一种组织合约，从公司本质和组织规律来判断公司合约的效力”的观点。但遗憾的是其同时却断言，“现代公司法的一个基本理念就是股东权利和义务的变更要经过股东切实的同意，不同意的股东和那些未能参加决议表决的股东由于未能行使表决权或同意权，其利益受到损害时应该得到救济。因此，法官就应该对上述情形下产生的公司合约进行审查，并宣告这些决议或股权对外转让行为无效或可撤销”。[①] 根据其观点和逻辑，任何利益受到影响的不同意的股东将可以主张决议无效，股东会决议活动又回到了一百多年前的一致同意规则，实在不知该学者的这一公司法基本理念源自何处。

更有部分学者全然不顾决议这一典型的传统民事法律行为的特点，甚至试图以公司契约理论解读股东大会决议，认为股东大会决议是开放性、长期性的契约。[②] 如果公司股东会决议也是契约的话，加之“如果仅仅部分股东缔结契约，则该种契约仅仅对这些股东产生约束力，对其他股东不会产生约束力”[③]的观点，则恰如前述有学者所倡导的，以多数决议通过的章程修正案中“另有规定”的效力对赞同股东和异议股东应当区别对待，同一部章程对部分股东有效，对部分股东无效，难以想象公司如何治理和运营下去。这些观点既无视有关合同和决议的区别，忽视了公司契约理论的历史发展过程，也不顾公司这一商事组织实际的运行规则以及司法实务问题的解决，给公司法学的理论研究增添了混乱，也让

---

① 王延川：《有限责任公司合约效力的司法干预及其界限》，载《法商研究》2011年第2期，第104～111页。

② 参见侯东德：《股东大会决议的契约解释》，载《理论与改革》2007年第6期，第117～121页。

③ 张民安：《公司契约理论研究》，载《现代法学》2003年第25卷第2期，第45～50页。

司法实务界无所适从,导致判决的混乱,影响判决的统一性,妨碍了司法的公正和稳定。

其实,关于公司合同理论与公司决议规则之间的冲突问题在国外早已出现,并已在实践中和理论上基本形成共识。萨维尼认为,法学有两大任务:一方面必须系统地理解法律;另一方面必须历史地理解法律。[①] 系统的、历史的法学方法有助于我们了解法律的发展过程,防止对相关问题作重复的、无意义的探讨和研究。

伯利和米恩斯通过对美国法院有关章程修正案效力争议的裁判历程及其对公司法影响的考察,发现美国早期的公司"即使是对章程进行初步的修改也需要全体股东一致投票同意;根据这种投票的经验,它在阻止公司内部某一集团侵犯另一集团的权利时,通常会使公司陷入瘫痪而损害股东的利益……理想的结果是让这种权力存在,但要为全体相关者的最优利益才去利用它;因此,当前这种权利实质上已被写入到所有的公司法中,以允许特定多数的股东提出公司章程的修正案"。[②] 可见,美国法院以及很多州的成文公司法在美国《标准商事公司法》颁布数十年之前,就已经确立了公司章程修改的多数决议规则,而非合意原则,以符合实践中公司的顺利运营之需。根据公司法的历史沿革,公司法原理最初是从合伙法的规则中脱胎而来的,由于合伙人之间为契约关系,因此,契约法是合伙的规范模式,是公司法的根源。[③] 于是一些学者

---

① 林端:《德国历史学派——兼论其与法律解释学、法律史和法律社会学的关系》,载《清华法学》(第3辑),清华大学出版社2003年版,第42页。

② [美]阿道夫·A.伯利、加纳德·C.米恩斯:《现代公司与私有财产》,甘华鸣、罗锐韧、蔡如海译,商务印书馆2003年版,第220页。

③ Paul L. Davies (ed.), *Gower's Principles of Modern Company Law*, Sweet & Maxwell, 1997, pp. 178 - 179. 转引自钱玉林:《公司章程"另有规定"检讨》,载《法学研究》2009年第2期,第71~80页。

认为，运用契约法解释公司法似乎具有历史的正当性。但是，当公司独立人格和股东有限责任原则一旦确立，现代公司就远非英荷两国创立东印度公司时代的公司可以比拟的了。伯利和米恩斯也认为公司章程最初的确被视为政府与公司之间的一种契约，只要事先并未设定修改条件，政府不得单方改变双方约定的内容。但这主要是针对特许公司而言的，目的也是限制政府随意增税以获取特许授权的更多对价。后来也因受到达特茅斯大学案[①]的启发，政府聪明地预先在特许状中加入修改条件而消除了争议。[②]所以，在特许公司已成为特定历史产物、注册公司已成为各国公司法规范对象的今天，再以公司脱胎于合伙作为公司合同理论的依据，不免牵强附会、不合时宜。公司合同理论集大成者伊斯特布鲁克和费希尔一方面承认整个美国就是建立在"社会契约论"的基础之上的；但另一方面又明确地指出，"严格说来，这些所谓的'社会契约'其实也不过就是一些指导性原则，而非真正意义上的合同"，"或许公司契约就如同'社会契约'一样，只不过是一套花言巧语的把戏而已。毕竟，投资人并没有就合同条款的内容，真正坐下来进行讨价还价"，"合同条款是由公司发起人、投资银行和管理层共同制定的，公司的规则变革也总是伴随着投票决策而不是全体一致同意。所以，与其我们把公司看成一整套合同，还不如把

---

① 任东来、陈伟：《美国宪政历程：影响美国的 25 个司法大案》，中国法制出版社 2004 年版，第 25 页以下。该案涉及缘于募捐设立的私立大学达特茅斯学院，因 1816 年州议会立法修改原来的特许状，强令其改成公立大学并重组校董会引发诉讼，美国联邦最高法院马歇尔大法官于 1919 年终审判决确认特许状构成政府与学校法人之间的契约，不得以新法或者政府单方行为加以修改。尽管该案中的学校财团法人与公司社团法人不尽相同，但基本原理并无本质区别。转引自吴建斌：《合意原则何以对决多数决——公司合同理论本土化迷思解析》，载《法学》2011 年第 2 期，第 55 ~ 65 页。

② ［美］阿道夫 · A. 伯利、加纳德 · C. 米恩斯：《现代公司与私有财产》，甘华鸣、罗锐韧、蔡如海译，商务印书馆 2003 年版，第 218 页。

它看成一个共和政府”。[1] 可见,伊斯特布鲁克和费希尔已经意识到了初始章程与章程修正案之间的区别,只是没有对不同时期的章程效力予以界定。他们认为,“法律通过区分基于在不同时间公司所采用的各种条款,也许能解决合同制订过程中的问题。法律能够规定公司成立之初……的条款应得到遵守……在后续性条款中,如果有可能增加管理活动的代理成本,则该规定就应该是无效的,除非它们是在历次股东年会中,曾以绝对多数票连续通过,或者已征得那些持有异议的投资者的同意……投资者能够意识到并且也确实意识到后续性条款所隐藏的危害性及其风险。不过……也许推迟规则的变动,说不准危害性更大”。“对规则进行修订所依据的章程本身,就是公司成立之初所签订章程的一部分。”[2]其意思,显然对公司章程等同于交易合同的观点持有保留意见,原始章程所载明的多数决规则本身也应当得到遵循,不能认定通过多数决形成的后续章程无效。爱森博格教授更加直接地否定了公司合同理论关于公司法和公司在本质上是契约的观点,认为其“在描述上均不正确”,因为诸多公司设立和营运规则都由法律直接规定,而且大量公司事务由董事高管单方决定。[3]

我国台湾地区公司法学者王文宇先生言简意赅地道出了章程修订须采多数决的机理,“公司章程修订须透过股东多数决之方式为之,就组织法之角度观之,此当属自明之理,盖唯有采多数决通过(而非所有参与者同意)之方式,始有运作之可能”。[4]

---

① [美]弗兰克·伊斯特布鲁克、丹尼尔·费希尔:《公司法的经济结构》,张建伟、罗培新译,北京大学出版社 2005 年版,第 17 ~ 18 页。

② 同上书,第 37 页。

③ Melvin Aron Eisenberg, The Structure of Corporation Law, Vol. 89, *Columbia Law Review*, Nov. ,1989, pp. 1461 – 1526.

④ 王文宇:《公司法论》,中国政法大学出版社 2004 年版,第 79 页。

可见,我国部分公司法学者对公司合同理论承继的同时,只关注到公司合同理论所强调的公司的契约性、公司法的任意性,对于公司合同理论中的章程契约性不加分析和深入解读,便直接将公司章程等同于合同法中的合同,忽视了章程行为属于决议活动的特点,没有认清公司合同理论与公司的运行规则——多数决议规则的冲突问题。其实,国外一些学者已经意识到这种冲突的现实存在并提出了有关意见和解决方案。遗憾的是我国部分学者并未注意到这一问题的严重后果,而是一味地对公司合同理论无限解读,并试图以合同理论的合意原则取代公司运行的多数决议规则,实在是误入歧途,扭曲了章程行为,误读了公司合同理论,并造成了我国公司法学理论和司法审判实务的混乱。

第六节　公司合同理论异变衍生的问题

由于对公司合同理论中章程契约性的错误理解,我国公司法学理论界和司法实务中将公司章程直接等同于合同法中的合同。而合同的核心是合意原则,是对合约各方意思自治的尊重,因此,运用合意原则解读公司初始章程和章程修正案将带来无法解决的理论障碍。章程即契约的主张者为了证成自己的观点,非但不去探究逻辑悖论之后的根源,反而扭曲相关的概念和原则以解释自己的观点。

一、股权理解的偏差

(一)股权及其法律性质

股权是"股东享有的权利,股权法律关系实质上是股东基于其地位而与公司之间形成的法律关系"。[①] 股东权乃"股东对公司之法律上地位","在法律上遂表现为由各种权利义务所组成之公司与股东间之法律关系"。[②] 股东在名义上虽丧失其出资之所有权,但在实际上,其所有权变形为股东权。"总而言之,股东权乃股东基于其股东之身份得对公司主张权利之法律地位。"[③]可见,股权是股东基于其股东身份可以对公司主张的权利的总称。

关于股权的内容,从不同的角度可以对其进行不同的分类。(1)共益权与自益权。此系以股东行使权利的目的不同为标准进行的分类,共益权是指股东以参与公司之管理、营运为目的所享有的权利,如表决权、股东会召集请求权;自益权是指股东为自己利益而行使的股东权利,如盈余分派请求权、剩余财产分派请求权。(2)单独股东权与少数股东权。此系以股东权利行使的方法不同为标准进行的分类,凡每一股东单独可以行使之权利,谓之单独股东权,自益权均属单独股东权,共益权中的表决权亦属单独股东权;凡股东持有之股份须达公司已发行股份总数之一定比例始得行使之权利,谓之少数股东权,如请求监察人代表公司对董事起诉之权利。(3)固有权与非固有权。此系以股东权利能否加以剥夺为标准进行的分类。凡不得以公司章程或股东会决议予以剥夺或限制之股东权利,谓之固有权,一般而言,共益权应为固有权。凡得以公司章程或股东会决议予以剥夺或限制之股东权利,谓之非固有权,自益权多为非固有权。[④] 另外,依据权利行使的目的为标

① 赵旭东:《公司法学》(第2版),高等教育出版社2006年版,第315页。

② 柯芳枝:《公司法论》,中国政法大学出版社2004年版,第103、162页。

③ 王文宇:《公司法论》,中国政法大学出版社2004年版,第223~224页。

④ 参见柯芳枝:《公司法论》,中国政法大学出版社2004年版,第163~164页;王文宇:《公司法论》,中国政法大学出版社2004年版,第223~224页。

准,还可以将股东权划分为财产权、支配与经营权、救济与附属权。依据股权行使主体为标准,可以将股权划分为一般股东权与特别股东权。

关于股权的性质,主要有所有权说、债权说、社员权说、股东地位说和独立民事权利说。所有权说的主要观点在于,认为股权的性质属于物权中的所有权,是股东对其投入公司的财产享有的支配权;债权说认为,股权的实质为民法中的债权,是以请求股利分配为目的的债权或附条件的债权;社员权说认为,股权是股东基于其在营利性社团中的社员身份而享有的权利,属于社员权的一种,包括财产权和管理参与权;股东地位说认为,公司是由股东组成的企业法人,股东按自己认缴的出资或持有的股份享有一定的权利和承担一定的义务,股权是股东因拥有股份或出资而在公司取得的成为各种权利基础的法律地位,以此法律地位为基础获得的权利和义务的集合体是股权的内容;独立民事权利说认为,股权是一种自成一体的独立权利类型,作为独立民事权利的股权,具有目的权利和手段权利有机结合、团体权利和个人权利辩证统一的特征,兼有请求权和支配权的属性,具有资本性和流转性。[①] 前述关于股权法律性质的观点,影响较大的主要是社员权说和独立民事权利说。

关于股权性质的各种学说只是为其贴上了不同的标签,认识股权性质必须要从这种权利的根本特点出发。

首先,股权是股东以丧失所出资产之所有权而获得的相对于公司的法律地位。从而,股东的出资成为公司的财产,股东因其出

① 参见赵旭东:《公司法学》(第 2 版),高等教育出版社 2006 年版,第 317 ~ 319 页。

资而获得对公司相应的股东权。因此,股东权尽管是所有权的变形,但是毕竟已不同于股东针对其资产享有的所有权。如果说股东对公司具有什么所有权的话,也只是对"公司事业"的抽象的所有权,[①]这种抽象的所有权和股东对其资产在投入公司之前所享有的所有权已截然不同。因此,将股东权等同于所有权的观点获得的认同度不高。

其次,股东权的内涵丰富,既包括财产性权利,也包括对公司事务的管理性权利。因此,将股权等同于纯粹的民法上的财产性债权,显然不切题意。而且,股东以其资产投入公司是一种投资性行为,具有风险性,不管公司经营业绩如何,股东最终必然承担运营后果。而债权的应有之义是债权人不承担债务人资产运作之风险。显然,将股东权等同于债权的观点亦不值一驳。

再次,股东地位说虽然阐明了股东权源于股东的出资而形成的股东地位,但是却没有厘清股权的性质,而股权的性质如何认定,直接关系到股权纠纷的处理。因此,词不达意的股东地位说难以形成较大影响。

最后,独立民事权利说虽然列举了股权的一些特征,但是具有这些特征的权利并不一定就是股权,如合伙人因入伙而享有的相应权利就包括这些特征。而且,独立民事权利说并没有为股权纠纷中的股权处置问题给出答案。

相比之下,笔者认为社员权说更能体现股权的法律性质。股东因出资而成为公司的一员,对公司既享有财产性的权利,也享有参与管理公司的权利;股东虽然成为公司的一员,获得了对公司的一定权利,但这是以其丧失对投入公司资产的所有权为代价的;股

---

① 柯芳枝:《公司法论》,中国政法大学出版社2004年版,第162页。

东出资加入公司成为公司一员的行为是一种投资行为，因而具有风险性，获得股东权的同时意味着也要承担相应的风险，因为公司并不总是盈利，所以股东权本身具有一定的风险性或者说不确定性；公司作为一种社团，同时也是一种商事组织，有自己的规章制度，有自己的运行规则和议事规则，股东作为公司的社员必须要遵守公司的规章制度，如公司的章程、决议，因此股东权不同于普通的民事财产性权利，它具有一定的民主集中性，特定情形下表现为少数服从多数；公司运营活动（包括内部管理活动和外部经营活动）是一种商事活动行为，股东权的行使必须要符合商事活动的游戏规则，如多数决议规则，这也是股权基于股东的社员身份所应当受到的约束和限制，所以股东权不像普通的财产权利那样具有绝对性和不受限制的支配性。

（二）股权理解的偏差：将股权完全等同于民法上的财产性权利

由于合意原则忽视了公司作为商事组织的本质以及公司议事活动的特点，因而以合意原则判断章程与股东会决议关于限制股权转让行为的效力时，存在理论上难以逾越的障碍和司法裁判中难以克服的解释悖论。而公司合同理论者没有努力探寻这种悖论背后的根源，却试图扭曲股权的性质以证明合意原则的恰当性。因此，司法裁判实践中出现了将股权完全等同于民法上财产性权利的现象，并依据民法上财产所有权的绝对性、固有性，认为股权的处分除非经股东的同意（或者经依法转让），或者依照法定程序由国家强制力予以剥夺，或者经法定清算程序予以分配，否则不能被处分。

例如，前述周某诉大丰市丰鹿建材有限公司股东权纠纷案中，江苏盐城中院在判决中指出，“股东权的自由转让是股东固有的一项权利，股东权一经设立，除非经合法转让，或由国家强制力予以剥夺，或公司经清算程序予以分配，否则不能被变动”。[①] 滕某青诉常熟市建发医药有限公司股东权纠纷案中，江苏常熟法院也认为，“股东权具有财产权与身份权的双重属性，非经权利人的意思表示或法定的强制执行程序不能被变动。股权转让合同系双务履行合同，需要转让方和受让方双方的履行才能完成转让行为”。[②] 姜某诉某集团有限公司股东会决议无效案中，山东省烟台市芝罘区法院在判决中对股权是财产性权利的表达更为全面，“股东的股权属股东个人的合法财产权，对股权的处分权应当由股东行使。投资者出资成为公司股东后，就享有对股权的处置、收益、表决等股东权利，该权利非依本人意志、法律或司法判决，任何机构、个人均无权予以处分或剥夺。原告的股权是否转让应由原告决定，不应由被告及其股东大会代为决定……股权转让的价格确定权和股权转让的受让方之确定权是转让双方的合同意思自治权的一部分，不属于股东大会的权利”。[③] 完全不考虑当事股东在章程制定之初所作出的对股权处分规定的同意。江苏省高院民二庭亦曾撰文指出，“股东权的整体处分非股东同意不得以资本多数决予以强制处分，则是民事权利保护的应有之义。股东权一经股东取得，除非公司解散、破产，或者转让，不能因为资本多数决的方式予以强行处分”。[④] 显然，将股权不加区分的等同于财产性权利，是对股

---

① 吴晓锋：《江苏大丰丰鹿建材公司转让股权案小股东二审胜诉》，载《法制日报》2007 年 5 月 27 日。

② 常熟市法院(2006)常民二初字第 335 号判决。孔维寅、王东辉：《常熟审结一股东权纠纷案确认未经股东本人同意　股权转让不能成立》，载《人民法院报》2007 年 2 月 17 日。

③ 一审案号：山东省烟台市芝罘区人民法院(2006)芝民二初字第 579 号；二审案号：山东省烟台市中级人民法院(2006)烟民二终字第 124 号。

④ 江苏省高级人民法院民二庭：《审理有限责任公司治理结构案件中的三个基本问题》，载《人民司法》2007 年第 7 期，第 24 ~ 31 页。

权法律性质的误解，是对商事行为的误读和否定，将商事行为完全等同于了民事行为。

而那些支持公司依据章程规定处分股东权利的裁判中，法院则对股权的性质避而不谈。即便有的案件中谈到了股东权利，却刻意回避，将股东资格与股东权利割裂开来，认为"股东资格和股东权利有别，被上诉人股东会决议以及公司章程修改涉及的是股东资格丧失条件的约定是否具备合法性问题……"①股权权利是依附于股东资格而存在的，两者不可分离而存在，股东资格的丧失必然是股东权利的丧失。显然，烟台市中级人民法院的前述裁判理由同样是对股东权利的误读、误解，只是在找不到适当裁判理由的情形下，为自己的判决结果所作的牵强附会的解释。这种根据结论所作的对判决理由的选择性适用，将股权完全看作财产性权利的观点是导致裁判矛盾的重要原因，严重影响了司法的权威性和统一性，也破坏了公司治理活动秩序。

将股权等同于财产权利的观点，忽视了股权中的管理性权利；无视股东权的获得是以丧失对投入公司资产所有权为对价的现实；没有看到股权的不确定性，股权是股东以确定的财产权利换取不确定的期待收益权，具有风险性；也没有明白股权并不是绝对的、而是要受到公司组织规则限制和约束的特点。"股东就所持股份所享有的权利与一般的财产权利不同的是，它并非所有权那样的绝对、排他、对世性，必须依凭与公司、其他股东之间的关系存立和行使，尤其受到公司团体的组织规则约束。"②公司合同理论者

---

① 一审案号：山东省烟台市芝罘区人民法院（2006）芝民二初字第1176号；二审案号：山东省烟台市中级人民法院（2007）烟民二终字第183号。

② 吴建斌：《追寻合乎逻辑的裁判理由——兼谈公司案件裁判的特殊性》，载胡道才、吴建斌：《参阅案例研究》（商事卷第一辑）第214～218页。

为了证成自己的观点，要么扭曲股权的本质特点，要么干脆对股权性质避而不谈，但无论如何，由于合同理论所主张的合意原则不符合公司议事活动的本质特点，以合意原则判断公司章程和股东会决议的效力永远难以自圆其说。

二、"公司法基本原则"的误读与滥用

司法裁判活动中，持有公司合同理论者为了证明自己的观点，往往错误的援引所谓的"公司法基本原则"，造成了一定的混乱。这既由于缺乏对公司法基本原则的统一认识，说明当前的司法审判活动中存在着对公司法基本原则认识不清、随意界定、错误适用的现象，也由于对公司合同理论的错误理解和盲目信仰所致，为了证明合意原则作为判断公司章程和决议效力规则的正确性，随意的界定公司法基本原则。实践中的混乱主要体现为对"诚实信用原则""股东权自由转让原则"以及"股东利益一致性原则"的错误理解和适用方面。

对于公司法的基本原则，一些教科书和著作回避了这一问题。[①] 较早时期，有的著作将其归纳为：公司设立趋向准则设立原则；有限责任原则；股东平等原则；权责分明、管理科学的原则；维护股东和债权人权利和合法利益的原则；保护职工权利和合法利益的原则；公司的权利和合法利益不受侵犯原则[②]。新近有的教科书将其归纳为：保护股东、公司和债权人合法权益原则；股权平

---

① 如施天涛：《公司法论》，法律出版社 2005 年版；周友苏：《新公司法论》，法律出版社 2006 年版；范健、王建文：《公司法》，法律出版社 2006 年版；王文宇：《公司法论》，中国政法大学出版社 2004 年版；柯芳枝：《公司法论》，中国政法大学出版社 2004 年版。以上教材和著作均未提及公司法的基本原则。

② 王保树、崔勤之：《中国公司法原理》，社会科学文献出版社 1998 年版，第 50 ~ 59 页。

等原则;有限责任原则;利益均衡原则;权利制衡原则[①]。还有的教科书将其归纳为:鼓励投资原则;公司自治原则;公司及利益相关者保护原则;股东平等原则;权利制衡原则;股东有限责任原则;公司社会责任原则[②]。而有的教科书认为公司法的基本原则仅包括:鼓励投资原则;公司自治原则;股东平等原则;保护利益相关者原则[③]。可见,公司法学理论界对公司法基本原则的范围虽然尚未统一认识,但已经形成统一认识的是"诚实信用原则""股东权自由转让原则"以及"股东利益一致性原则"均非公司法的基本原则。

(一)诚实信用原则的滥用

诚实信用原则,简称诚信原则,这一原则要求民事活动的当事人在行使权利和履行义务时,应当遵循诚实信用的道德准则。[④]诚实信用原则要求一切市场参加者符合诚实商人和诚实劳动者的道德标准,在不损害他人利益和社会公益的前提下,追求自己的利益,目的是在当事人之间的利益关系和当事人与社会之间的利益关系中实现平衡,并维持市场道德秩序。[⑤] 诚实信用原则作为一种利益平衡机制,其在民法中属于一般条款,如《民法通则》第 4 条规定:"民事活动应当遵循自愿、公平、等价有偿、诚实信用的原则。"诚实信用原则的实质在于,当出现立法未能遇见的新情况、新问题,又无明确的法律条文做出规定时,法院可依诚实信用原则行使公平裁量权,以调整当事人之间的权利义务关系。因此,其适用的前提是法律未有条款对相关问题明确规定,适用的目的是调整

① 冯果:《公司法要论》,武汉大学出版社 2003 年版,第 23 ~ 28 页。

② 赵旭东:《公司法学》(第 2 版),高等教育出版社 2006 年版,第 46 ~ 50 页。

③ 李建伟:《公司法学》,中国人民大学出版社 2008 年版,第 60 ~ 61 页。

④ 梁慧星:《民法总论》(第 2 版),法律出版社 2001 年版,第 45 页。

⑤ 同上书,第 46 页。

当事人之间的利益关系、实现当事人之间的公平。

司法实务中以诚实信用原则作为公司纠纷案件裁判依据的案例已比较普遍。如前述周某诉大丰市丰鹿建材有限公司股东权纠纷案中,盐城市中级法院认为,丰鹿公司先是解除与周某的劳动合同,然后召开股东会议修正公司章程,接着再召开临时股东会决定周某的出资由其他股东按比例受让的一系列行为是对诚实信用原则和公序良俗原则的违反;[①]而前述沈某民诉宋某华股权转让无效案中镇江市京口区法院则认为,有限公司具有人合性和封闭性,在不违反诚实信用原则的前提下,法律并不否认章程除名条款的效力;[②]前述朱某诉南京金凌石化工程设计有限公司股东会决议无效案中,南京市两级法院则依据诚实信用原则和公序良俗原则,从权利义务相一致的角度出发,驳回了朱某主张股东会关于修正章程强制处分股权条款决议无效的诉讼请求。[③] 从前述类似案例中可以看出,诚实信用原则似乎成为"骑墙草",既可以作为法院支持章程限制、强制处分股权规定的依据,也可以作为法院否定章程关于限制、强制处分股权规定的依据。这种滥用诚实信用原则乱象背后的根源乃是对诚实信用原则的错误理解和适用,以及对公司合同理论的错误理解和盲目信仰。

我国公司法关于诚实信用的规定体现在第5条第1款:"公司从事经营活动,必须遵守法律、行政法规,遵守社会公德、商业道德,诚实守信,接受政府和社会公众的监督,承担社会责任。"但此

---

① 吴晓锋:《江苏大丰丰鹿建材公司转让股权案小股东二审胜诉》,载《法制日报》2007年5月27日。

② 一审案号:江苏省镇江市京口区人民法院(2008)镇京民二初字第238号;二审案号:江苏省镇江市中级人民法院(2008)镇民二终字第0392号。

③ 一审案号:江苏省南京市栖霞区人民法院(2007)栖民二初字第508号民事判决,二审案号:江苏省南京市中级人民法院(2008)宁民二终字第447号。

规定是否意味着诚实信用原则就是公司法的基本原则？我国学界普遍的观点对此持否定态度。笔者认为，此处主要是规范公司这一市场主体在从事民商事活动过程中的行为准则。公司的活动可以分为外部经营活动和内部管理活动，其外部经营活动与其他民事主体活动无异，以诚实信用原则规范之，当无疑义。然外部经营活动难以体现公司活动的本质特征，其内部管理活动才更多地体现其作为商事主体的本质特征。因此，公司法第5条的规定仅是对公司作为一般民事主体从事民事活动的行为准则和要求，并未体现对公司全部活动的规范。所以，诚实信用原则尚难以成为公司法的基本原则，我国学界亦未将其纳入公司法基本原则体系。

前述三案例中，法院以诚实信用原则作为公司内部管理活动范围内争议事项的裁决依据，却舍弃公司法第71条第4款的明确规定而不适用，并作出了相互矛盾的判决，显然是由于对公司合同理论的误读误解所导致的对公司活动的本质认识不清，对公司法理解有误。相反，如果法院坚持以公司运行的基本规则——多数决议规则作为认定公司活动的依据，则问题将迎刃而解，并且答案一致，判决说理也将清晰明了。

(二)股东权自由转让原则的滥用

“股东权自由转让原则”也同样在司法实务中经常被引用。如前述周某诉大丰市丰鹿建材有限公司股东权纠纷案中盐城市中级法院的观点，“股东权的自由转让原则应理解为强行性法律规范中的效力规定，凡违反该原则，限制股东权自由转让的章程条款应归于无效”①；前述滕某青诉常熟市建发医药有限公司股东权纠纷

① 吴晓锋：《江苏大丰丰鹿建材公司转让股权案小股东二审胜诉》，载《法制日报》2007年5月27日。

案中,常熟法院虽未明确提出"股东权自由转让原则",但是其股东权"非经权利人的意思表示……不能被变动",[①]已然表明了其态度;在某百货公司诉请信和公司等股权转让协议无效案[②]中,常

① 常熟市法院(2006)常民二初字第335号判决。孔维寅、王东辉:《常熟审结一股东权纠纷案确认未经股东本人同意　股权转让不能成立》,载《人民法院报》2007年2月17日。

② 详细案情为:某百货公司(股份有限公司)在国营性质的基础上改制成立于1993年4月27日,注册资金为5000万元,股权结构为:国家股2000万元,占股本总额的40%;法人股2300万元,占股本总额的46%;职工个人股700万元,占股本总额的14%。公司章程第17条载明:"一个法人股股东持有本公司的股份,原则上不得超过本公司股份总额的5%,对于突破本条界限的法人股东,在获得公司股份总额5%以上时,必须经本公司同意。"自2003年7月起,信和公司等4家单位分别与百货公司股东大诚公司等18家单位签订股权转让协议共22份,合计受让百货公司法人股4,464,222股,占百货公司总股本的7.292%。百货公司以信和公司等4家单位系关联企业,其为规避百货公司章程关于股份转让所作的限制,采取一致收购行动,未经百货公司同意收购百货公司法人股超过股份总额5%的行为违反了百货公司章程,系无效民事行为为由,诉至法院,请求判令确认股权转让协议无效,信和公司等4家单位交还新的股权证并恢复百货公司原股东身份和股权证书原状。常州市中级人民法院经审理认为:股份有限公司股权的依法自由转让是其基本要求。百货公司章程规定的对股权转让的限制,不仅不符合我国公司法就股份有限公司关于股权转让的规定,而且没有必要的正当理由,更无相应的补救措施。这种对股权让渡不合理的限制,除妨碍正常的股权交易外,还必然影响股权转让价格。因此,章程对股权转让所作的限制性规定,违反股权转让的基本原则,变相剥夺股东的股份转让权,应认定无效。据此驳回原告百货公司的诉讼请求。江苏省高级人民法院二审认为,对于非上市股份有限公司能否在章程中对股份转让作出限制,目前立法无明确规定,但新《公司法》区别对待有限责任公司和非上市股份有限公司的立法意图明显。依公司法第71条第4款关于"公司章程对股权转让另有规定的,从其规定"的规定,有限责任公司章程可以自由约定对股份转让的限制。但新《公司法》未在股份有限公司立法中作出类似的原则性规定,该法在第138条确立了股份有限公司"股东持有的股份可以依法转让"的原则后,仅在第142条就发起人及董事、监事、高级管理人员所持本公司股份的转让作了法定限制,并例外规定"公司章程可以对公司董事、监事、高级管理人员转让其所持有的本公司股份作出其他限制性规定"。综合分析新公司法就有限责任公司和股份有限公司股份转让的不同规定,可以揭示出这样的立法精神:是否允许股份有限公司章程限制股份转让属于立法政策问题,如果法律允许章程设限,将会明确作出规定,否则不得以章程设限。对于股份有限公司而言,大多数股东无力与公司管理层进行协商并对其进行有效的监督和制约,中小股东易被边

州市中级法院认为,“章程对股权转让所作的限制性规定,违反股权转让的基本原则……应认定无效”。所谓的“股东权自由转让原则”既无法律的明确规定,也没有得到法学理论界的认可,不符合公司本身的特征以及股权的特性。可是公司合同理论者为了证明自己的观点却将所谓的“股东权自由转让原则”视作公司法的基本原则予以援引。

公司是股东以营利为目的而组建的风险事业,股东以丧失其投入公司的资产的所有权为代价获取了股权,股权本身即具有投资性和风险性。股东以确定的资产所有权换取了具有合理期待性、不确定性的股权,拥有对公司盈利的剩余索取权,并以出资额为限承担有限责任。股权的取得意味着股东成为公司这种组织的社员,享有社员权的同时,意味着必然要受公司组织规则、公司章程等公司制度的约束。公司的生存法则是追求效率的最大化,而股权也已不再具有财产所有权那样的绝对性和支配性,因此,公司为了运营效率的最大化,通过公司章程对特定情形下的股权做出一定的限制和处分是理所当然的事情,也是公司生存和发展所必需的。显然,以股东权自由转让原则作为公司法的基本原则,并作

缘化和外部化,利益易遭侵害,法律实施中对此必须予以关注;且股份有限公司属于资合公司,股份流通性是其生命,股份转让的自由度不仅直接影响公司自身利益和公司内部中小股东的利益,更关涉公司外部第三人利益。因此,有关股份有限公司的股份转让,立法既已作出规定,不能通过公司章程予以变更。“股东持有的股份可以依法转让”,在现有的立法框架下应包含两层含义:一是股份转让必须依法进行;二是只要依法进行,股份就可以转让。且百货公司章程未向受限制股东提供必要的救济渠道。是否允许股份有限公司以章程限制股份转让属于立法政策问题,除非立法有明文规定,否则司法不宜肯定。据此驳回百货公司的上诉请求,维持原判。案号:(2005)苏民二终字第198号。另参见常州市中级人民法院民二庭课题组:《股权转让若干审判实务问题研究》,载《人民司法》2008年第23期,第37~43页。

为处理有关股权转让纠纷的依据,有违公司的本质特征,实在是对公司法基本原则的误解和滥用。

对于有限责任公司而言,由于其人合性的要求,股权的转让受到了诸多限制。我国公司法还同时授权公司通过章程对股权转让进行规定,如公司法第71条第4款规定,“公司章程对股权转让另有规定的,从其规定”。这里对股权做出另有规定的公司章程如果是公司的初始章程,似乎争议不大,但如果是通过资本多数决议规则通过的后续公司章程,则理论界存有疑议,而且实务界看法也不统一,部分学者认为后续章程对异议股东应当不具有拘束力。但无论如何,以股东权自由转让原则为由一概否定对股权转让的限制效力显然难以得到认同。由于股份有限公司的特点,公司法对股份有限公司的股权转让限制较少。公司法第137条规定,“股东持有的股份可以依法转让”。公司法并没有像对待有限公司那样,明确授权股份有限公司通过章程对股份转让另行规定。对于此应作何理解,是应当禁止公司通过章程对股份转让进行限制,还是根据私法法无明文禁止即可为的基本原则,允许公司通过章程对股份转让作出限制?学界和理论界目前尚难统一认识。笔者认为,公司法对于股份有限公司的这一规定只能是一种原则性规定,而不能作为基本原则来看待,应当允许公司通过章程对股权转让做出限制性规定。

因此,对于股权自由转让这一原则性的规定,不应错误的将其理解为公司法的基本原则,进而统揽全局,否定公司通过章程对股权转让的任何限制,这样将有违公司的本质特征和公司自治的精神,影响公司的运营效率,阻碍公司的发展。

(三)股东利益一致性原则的滥用

“股东利益一致性原则”同样并非公司法明文规定的原则,也未得到学界的认可。但司法实务中却有一些法院、法官将其引述为公司法的基本原则并据以作出相关判决,这是对公司法基本原则的误解,没有认清公司运作的本质特点,其本质是部分公司合同理论主张者所主张的合意原则的变相体现。

公司在成立之初,公司所有股东的利益目标是一致的,那就是成立公司以营利,这种利益目标的一致性体现为由全体股东签名和认可公司章程的规定。但是,在公司成立后的运营过程中,市场情况千变万化,公司经营必须适应变动的外部环境,股东原来一致的利益目标往往会随着经营状况的改变而改变。"在公司经营过程中必然存在长远利益和眼前利益的冲突、公司利益和股东利益的冲突、股东之间的利益冲突,存在不同经营理念、方向与方法的冲突,因此股东利益一致并非公司的常态,相反,股东利益不一致才是公司的常态。"①正因如此,作为公司自治规范的公司章程才应运而生,才需要公司法来规定公司的治理机制,以化解公司参与各方之间的利益冲突。如果股东利益始终高度一致,则调整公司利益冲突的公司法以及公司章程规定的相关制度实无存在的必要了。股东之间的利益冲突是一种不容否认的现实存在,在股东利益存在冲突的条件下,为保障公司的正常运营,公司法明确了股东多数决议规则为公司法的基本原则。股东大会通过的决议并不需要全体股东的一致同意,只需代表法定多数表决权的股东同意即可,即便对决议投反对票的股东也必须接受决议的约束。"如果所谓的股东利益一致性原则为公司法所承认,公司法就只能规定股东全体决原则了。"②因此,所谓的"股东利益一致性原则"与部分

---

① 王欣新:《股东大会决议无效案件的审理》,载《人民法院报》2009 年 9 月 3 日。

② 同上。

公司合同理论者所主张的公司议事活动的合意原则是一个问题的两个方面，违反了公司运行的生态规则，将导致公司治理活动陷入僵局，故步自封，难以运营。

本章小结

自公司合同理论由经济学领域被引入公司法学领域后，其带来的影响主要是关于公司法的强制性和任意性之争，以及什么样的公司法更有利于公司事业的高效发展之辩论。我国公司法学理论界对公司合同理论的引介和讨论亦始于此。我国公司法学者对公司合同理论的承继与发展如果局限于对公司法的强制性与任意性之探讨，以及司法干预和公司自治的界限之争等宽泛意义上的探讨，虽然在理论上和实践中于公司法学无太大实益，倒也不至于给公司法学研究和公司审判实务带来负面影响。但是，由于对公司合同理论内容和渊源的不清，部分学者不分学科语境的差别，将公司合同理论中的“合同”等同于民法学上的普通合同，进而将普通合同中的合意原则适用于公司股东会的议事活动，认为公司初始章程体现了全体股东的意志，对全体股东均有约束力，而章程修正案没有体现异议股东的意志，因而在某些事项方面对异议股东不具有约束力，从而试图以合同法上的合意原则取代公司传统的议事规则——多数决议规则，造成了公司审判实务的混乱，动摇了公司这一商事组织存在和运作的制度基础。

我国司法实务部门在实践中盲目地将公司合同理论直接等同于民法上的合同理论，并直接适用于有关公司纠纷的处理，以民法上的合同理论去解读公司内部的治理活动，特别是以合同理论中的合意原则取代公司传统的议事规则——多数决议规则，干扰了公司的正常治理活动，影响了其运营秩序，助长了机会主义，影响了社会经济的健康有序发展，也有违法律的公平、公正性，破坏了法律的权威性。根据本章所述案例，公司合同理论对公司治理活动的影响主要体现为股东会决议的形成方面，但股东会决议和公司章程密切相关，有的股东会决议就是依据公司章程作出的，修改章程的股东会决议案往往又将成为公司章程的一部分。因此，对依据多数决议规则通过的修改公司章程的决议效力的认定，又反映了对公司章程性质的认定。

第三章　公司合同理论掩盖下的公司决议规则

公司合同理论原本起源于经济学领域,用以解释企业的产生,分析企业的代理成本问题和交易费用问题。它将企业看作一系列合约的联结,强调公司参与者的意思自治与合意原则。在公司合同理论的发展和演变过程中,这一理论在我国逐渐被滥用,部分学者过分强调公司参与者的意思自治,乃至将公司章程完全等同于民法学上的合同,将股东会议事活动视作合同的缔结行为,忽视了公司作为商事组织运行的内核和机理,试图以合同中的合意原则取代公司的议事规则——多数决议规则。这种思想的宣扬和泛滥进而影响到实务问题的判决,造成了混乱,扰乱了公司的治理和运作。要澄清混乱,厘清此问题,有必要从源头探究合同与决议的区别,然后探寻多数决议规则的正当性以及公司议事活动为何不能采取合意原则。

第一节　合同与决议

合同与决议都属于民事法律行为，这是民法学上的常识，当无异议。学界公认民法为商法的一般法，因此，民法学者对合同与决议之特点的分析与归纳，对于研究公司法中的公司合同理论、决议规则必然具有追根溯源之意义。要分析这一问题，需要先从合同和决议的本质特征着手进行解读。

一、合同的民法学解读

合同①是平等主体的自然人、法人及其他组织之间设立、变更、终止民事权利义务关系的协议。② 合同关系属于民事法律关系之一种。

（一）合同——私法自治的主要工具

封建专制制度和强权制度之下，个体的权利被极端的限制。资本主义时期，人们为了能够自由地表达自己的意思和实现自己的意志，基于19世纪个人自由主义的基础之上，私法自治原则被确立，以排除当时封建身份等级制度及各种法律对个人自由的限制和束缚，保障公民私有财产，废除法人（尤其是公司）的特许主义，实践营业自由。

---

① 合同与契约的含义相同，我国大陆称为合同，台湾地区称为契约，文中不作区分，根据语境需要混合使用。“一般认为，将合同与契约分开，既无实用价值，也容易造成用语上的混乱。”“区分契约与合同实无必要”。参见王利明、崔建远：《合同法新论·总则》，中国政法大学出版社1996年版，第12~13页。

② 王利明：《合同法研究》，中国人民大学出版社2002年版，第14页。

所谓私法自治,德国民法学者弗卢梅将其定义为“各个主体根据他的意志自主形成法律关系的原则”。[①] 王泽鉴教授将其界定为“个人得依其意思形成其私法上权利义务关系”。[②] 梁慧星教授将其定义为“私人相互间的法律关系应取决于个人之自由意思”[③]。德国《立法理由书》阐述了私法自治的意义,私法自治之意义乃在于法律给个人提供一种法律上的权力手段,并以此实现个人的意思。[④] 显然,私法自治的关键乃在于意思(或意志)的自主性,并且这种意思(或意志)的自主性受到了法律的认可和保护,可以形成法律上的权利义务关系,以实现个体的意思。

私法自治的工具和手段是法律行为。所谓法律行为,根据德国《立法理由书》的陈述,是指“私人的、旨在引起某种法律效果的意思表示。此种效果之所以得依法产生,皆因行为人希望其发生。法律行为之本质,在于旨在引起法律效果之意思的实现,在于法律制度以承认该意思方式而于法律世界中实现行为人欲然的法律判断”。[⑤] 学者们对法律行为所下的定义基本相同,王泽鉴教授将其概括为“以意思表示为要素,因意思表示而发生一定私法效果的法律事实”[⑥]。梁慧星教授的界定是“指以发生私法上效果的意思表示为要素之一种法律事实”。[⑦] 私法自治原则表现在各种制度上,如所有权制度、处分权制度、遗嘱制度,但是其中最为主要的是契

① [德]迪特尔·梅迪库斯:《德国民法总论》,邵建东译,法律出版社 2000 年版,第 142 页。

② 王泽鉴:《民法总则》,中国政法大学出版社 2001 年版,第 245 页。

③ 梁慧星:《民法总论》,法律出版社 2001 年版,第 156 页。

④ [德]迪特尔·梅迪库斯:《德国民法总论》,邵建东译,法律出版社 2000 年版,第 143 页。

⑤ 同上书,第 142 ~ 143 页。

⑥ 王泽鉴:《民法总则》,中国政法大学出版社 2001 年版,第 250 页。

⑦ 梁慧星:《民法总论》,法律出版社 2001 年版,第 157 页。

约自由制度。作为法律行为之一种的合同(契约),在私法自治中扮演了不可替代的重要角色。

合同之所以能够成为诸法律行为中最为重要的私法自治工具,乃在于人们对自主、自治、自由之热切渴望。合同作为法律行为之一种,强调意思自治,有其哲学依据:人类是理性的,这种理性是人类的本质所在;自由即能发挥理性,故保护行为自由就是保护行为理性;自由就是内心意思的充分实现,因此,保护理性就应当保护意思自治(论证此点的关键是:当一个人有能力按照自己心灵的偏好或选择来从事思想或活动时他才是自由的);行为理性的判断标准应当是内心的真意。[①] 而合同的发生范围之广泛,关系社会个体生活之各个方面,是人们表达自己意愿、实现自己的意思自治并得到法律保护的最好方式。当事人在缔结合同的过程中,在自愿的基础上相互协商,消除分歧,最终达成一致的意思表示,签订具有法律效力的合同,以实现自己的意思自治。

(二)合同成立的条件

很多民法学者在论述法律行为时,对合同的性质与成立进行了表述。德国民法学者迪特尔·梅迪库斯认为,合同是一种双方法律行为,因两项内容一致的意思表示而成立。[②] 另一位德国民法学者卡尔·拉伦茨认为合同必须由多个人,通常是由两个人参与才能成立的法律行为,两个人(或全体人)所期待的法律后果是因他们之间相互一致的意思表示而产生的。[③]

---

① 陈醇:《论单方法律行为、合同和决议之间的区别——以意思互动为视角》,载《环球法律评论》2010 年第 1 期,第 49 ~ 58 页。

② [德]迪特尔·梅迪库斯:《德国民法总论》,邵建东译,法律出版社 2000 年版,第 166 页。

③ [德]卡尔·拉伦茨:《德国民法通论》,王晓晔、邵建东等译,法律出版社 2003 年版,第 432 页。

我国台湾地区民法学者王泽鉴教授认为,契约因当事人互相意思表示一致而成立,但是契约由双方互异而相对立的意思表示的合致而构成。[①] 林诚二教授认为,契约行为(双方行为)是由双方当事人互为意思表示而相对立一致成立之法律行为,又称双方行为,我国大陆称为合同。[②] 黄立教授对契约的表述为,两个以上参与人,以内容不同,但相互呼应之意思表示,而以达成同一个法律效果为目的之法律行为。黄立教授还将章程视作契约中的特殊形态,视为一种组织契约,只是这种组织契约不同于一般契约中的意思表示合致,章程参加者所作的表示是内容相同之表示,章程与决议不同的是,章程创设了组织意思形成的法律基础。[③]

我国大陆民法学者梁慧星教授认为,合同乃法律行为中的双方行为,意指由两个意思表示的一致而成立的法律行为。但是有些法律行为,如社团法人的设立行为,即便设立人仅两人时,其设立行为仍属于多方行为,而非契约(双方行为)。[④] 韩世远教授认为,合同的成立必须有两方或多方当事人,他们相互为意思表示,并且意思表示一致(合意)。[⑤]

从以上学者们对合同的界定,可以将合同成立的条件归纳如下:

1. 当事人必须是两方或多方(当然,这里的当事人必须具有缔约能力)。传统的合同一般只有两方当事人,但是随着社会的发展逐渐出现了具有三方甚至更多的当事人的合同。尽管合同的当事

---

① 王泽鉴:《民法总则》,中国政法大学出版社 2001 年版,第 259 ~ 261 页。

② 林诚二:《民法总则》,法律出版社 2008 年版,第 313 页。

③ 黄立:《民法总则》,中国政法大学出版社 2002 年版,第 196 ~ 198 页。

④ 梁慧星:《民法总论》,法律出版社 2001 年版,第 158 ~ 160 页。

⑤ 韩世远:《合同法总论》,法律出版社 2008 年版,第 5 页。

人通常是两方，但是具有两方当事人的法律行为并不一定是合同，如设立公司的行为，尽管设立人只有两人时，其设立行为却非合同（契约、双方行为），而应当属于多方法律行为。

2. 合同双方的意思表示内容互异而且相互对立。如A、B之间买卖古玩的合同，A的意思表示为支付价金作为对价、获得B的古玩，B的意思表示则为出售自己的古玩、获得A支付的对价。这也是前述设立人只有两人时的公司设立行为并不是合同的原因，因为公司设立人的意思表示相同，都是为了设立公司，且方向是一致的。

3. 合同当事人之间合意的形成。尽管合同当事人意思表示的内容互异且方向对立，但最终意思表示的一致，也就是合意的确立，是当事人之间合同成立的根本。合意的前提则是意思表示的真实性，否则，将构成意思表示的瑕疵。意思表示瑕疵包括五种形态：心意保留、戏谑表示、虚假行为、错误、恶意欺诈和非法胁迫。[①] 意思表示瑕疵将可能导致合同的可撤销性、效力待定和无效。

（三）合同中的合意原则

1. 合同是一个过程

传统理论认为，合同是因要约承诺而成立的法律行为，自成立时起始有合同，而成立后便只是合同的履行问题了。[②] 传统理论所关注的只是合同的行为侧面，现代的学说已开始重视从过程侧面关注合同，认为现实的合同是一种从合同缔结前的阶段到履行

---

① ［德］卡尔·拉伦茨：《德国民法通论》，王晓晔、邵建东等译，法律出版社2003年版，第492页。

② 韩世远：《合同法总论》，法律出版社2008年版，第9页。

完毕后的一个连续的过程。[①] “合同是个动态全过程，它始于订立，终结于适当履行、责任承担及合同解除。”[②]由此可以看出，现代学说认为合同成立之后的履行过程也是合同过程的重要组成部分。基于本书的研究目标，这里只关注合同动态过程中的合同成立前的阶段。

2. 合同的订立过程

合同的订立，是指参与缔约的当事人互为内容相异且方向对立的意思表示，并达成合意而成立合同的过程和状态。当事人为达成合意而实施的合同订立过程是一种动态行为与静态协议的统一体。合同的订立与合同的成立不尽相同，后者仅是前者的组成部分，标志着合同的产生和存在，属于静态协议；前者的含义广泛，既含有合同成立这个环节，又包括缔约各方接触和洽商的动态过程，可以说涵盖了交易行为的大部分。[③] 也就是说，合同的成立仅是合同的订立过程中的一个静态结果，属于静态的协议。

合同的订立过程包括要约和承诺两个意思表示。意思表示即“表意人将内心本欲发生私法上一定效力之意思，借由外部之行为（作为或不作为）而表示之动作也。申言之，即表意人因内心企求某种社会上或经济上之法律效果，以有意识之行动，将其意思表示于外部之行为”。[④] 所谓要约，是指一方当事人以缔结合同为目的，向对方当事人提出合同条件，希望对方当事人接受的意思表示。[⑤] 所谓承诺，是指受要约人作出的同意要约以成立合同的意

---

① 参见［日］内田贵：《契约的时代》，岩波书店 2000 年版，第 89 页以下。转引自韩世远：《合同法总论》，法律出版社 2008 年版，第 9 页。

② 崔建远主编：《合同法》（第 3 版），法律出版社 2003 年版，第 35 页。

③ 同上书，第 34 页。

④ 林诚二：《民法总则》，法律出版社 2008 年版，第 346 页。

⑤ 崔建远主编：《合同法》（第 3 版），法律出版社 2003 年版，第 36 页。

思表示。[①] 通说认为,要约和承诺只是两个不同的意思表示,共同构成合同这一法律行为,他们自己并不单独构成法律行为。

传统的学说仅从意思表示的角度、从法律行为的角度关注合同。尽管合同的现代学说开始从过程侧面关注合同的订立过程,但是就这种过程的关注细致程度仍然不够,缺乏详细和深刻的解析。最近有学者已开始更加细致地关注合同的订立过程,并将合同的订立过程划分为意思互动、意思形成和意思表示三个阶段。[②] 该学者认为,传统的意思表示理论没有注意到意思互动,仅仅重视意思的表达,将保持原材料的"本色"视作其根本任务。因而,传统的意思表示理论只注意了合同的意思表示,而忽视了意思表示之前的意思形成和意思互动。在意思互动的过程中,合同双方当事人会对原来所持的意思进行修正,从而形成新的意思,意思表示阶段所表示出来的意思就是新的意思,是经过意思互动而形成的新的"化合物",而不再是原来的旧的意思。当然,这种互动是在缔约程序的规范下进行的互动。

3. 合意原则

合同当事人在订立合同的过程中,经过意思互动、意思形成直至最后通过要约和承诺作出相互一致的意思表示而达致合意,合同始得成立。因而,合意"即合同当事人双方相互做出的意思表示达成一致"[③];或者说,合意原则上应指合同双方当事人对合同内容和条款在客观上意思表示一致[④];也可以说,合意意味着既是当

---

① 参见《中华人民共和国合同法》第21条。

② 陈醇:《论单方法律行为、合同和决议之间的区别——以意思互动为视角》,载《环球法律评论》2010年第1期,第49~58页。

③ 韩世远:《合同法总论》,法律出版社2008年版,第61页。

④ 参见崔建远主编:《合同法》(第3版),法律出版社2003年版,第54页。

事人双方实际上对合同内容所理解的意义的一致,也同时是他们“内在意思”的一致[①]。合意可以说是合同的“内核”,因为它直接反映了合同各方当事人对合同过程的参与,自由、自主的意志以及内心的真实意思。但是并不能将合同简单地等同于合意,“合同 = 合意”难以准确全面地揭示合同概念的内涵。有些情形下,虽有合意但并不能称为合同,如朋友之间的情谊行为。而且,合意原则受到了“事实合同关系”论、附随义务论、关系合同论等理论的挑战。

合意在英美合同法上有两种表示方法,即“meeting of minds”或“mutual assents”,前者是指双方当事人对于合同标的及其他条款在主观上和客观上均意思表示一致,但后者乃双方当事人对于合同标的及其他条款在客观上趋于一致,在主观上可能有小部分不同意见或不明了(minor misunderstandings)存在,只是并不妨碍双方当事人对合同的成立效果。[②]

德国民法学说将合意区分为两种形式,即“内在的意思”和“意思表示内容”。现代民法上已逐步达成共识,合意达成与否的判断标准都只与当事人的“意思表示内容”相关,而与他们的“内在的意思”无关。“外在的合意”,即两个意思表示在通过解释所确定的法律上的内容方面的一致是使合同成立所必须的,同时这也足以使合同成立。[③]

我国合同法亦采表示主义原则,只有存在欺诈、胁迫等法定原因时才采取意思主义,以探寻当事人的真实意思,保护当事人的意

---

① [德]卡尔·拉伦茨:《德国民法通论》,王晓晔、邵建东等译,法律出版社 2003 年版,第 732 页。

② Sho - Pro of Indiana, Inc. v. Brown, 585 N. E. 2d 1357 (Ind. App. 1992). 转引自杨桢:《英美契约法论》,北京大学出版社 1997 年版,第 29 页。

③ 参见[德]卡尔·拉伦茨:《德国民法通论》,王晓晔、邵建东等译,法律出版社 2003 年版,第 732 ~ 734 页。

思自治。所以,通常情况下,合意原则上是指当事人表示出来的意思达成一致的情形。

德国学者明确指出,意思表示是法律行为的工具,法律行为又是私法自治的工具[①]。在合意达成一致的过程中,意思自治原则(合同法中称为契约自由原则)贯穿整个过程。合同当事人之间的意思互动,各方当事人意思的形成,直至当事人作出意思表示形成合意,当事人处于完全的自由状态之下,凸显私法自治之目的。

二、决议的再认识

(一)传统观点

1. 决议是法律行为的一种

罗马法中,"决议"二字便时有出现,但是这一概念只是被用于指代法律,如平民会议决议、元老院决议。[②] 尽管罗马法中的"决议"和今天私法中的决议含义不同,但是罗马法中已出现今天决议所指的行为界定,就像"罗马法中尚无近现代意义上的'法人'概念,不过基本的内容已具备",[③]如乌尔比安所言:"团体中多数人所为任何事情,都是全体人的行为。"[④]这里,乌尔比安虽未提及决议二字,但显然已道出团体决议中的多数决定原则。可以看出,罗马法中虽有决议之实,但尚无决议之名。恰如民国学者黄右昌所言,"共同行为,为现代学者创立之名辞,谓非数人共同一致,

---

① [德]迪特尔·梅迪库斯:《德国民法总论》,邵建东译,法律出版社2000年版,第142页。

② [意]彼德罗·彭梵得:《罗马法教科书》,黄风译,中国政法大学出版社1992年版,第17页。

③ 江平、米健:《罗马法基础》,中国政法大学出版社1991年版,第68页。

④ 同上书,第70页。

则不生法律上效力之行为也。例如社团法人之设立,总会之决议是”。[①]

传统民法学上,普遍将决议视作法律行为之一种。而且,自冯·图尔和梅迪库斯开始,才主张将决议从合同中分离出来。[②] 梅迪库斯将法律行为分为单方法律行为、双方法律行为、多方法律行为和决议,指出决议由多项意思表示组成,主要出现在社团法中。[③] 卡尔·拉伦茨将法律行为分为单方法律行为和多方法律行为,多方法律行为包括合同和决议,并指出决议是人合组织、合伙、法人或法人之由若干人组成的机构(如社团的董事会)通过语言形式表达出来的意思形成的结果。[④]

我国台湾地区民法学者王泽鉴教授则将法律行为分为单方行为、契约行为与合同行为,指出合同行为(协同行为)乃由同一内容的多数意思表示的合致而成立,如社团的设立行为、社团决议均属合同行为。[⑤] 林诚二教授将法律行为分为单独行为(单方行为)、契约行为(双方行为)和共同行为(合同行为、协定行为)。同时指出,共同行为是指多数意思表示平行的一致而成立之法律行为,如社团章程之订定、社团总会或亲属会议之决议行为。[⑥] 黄立教授将法律行为分为单独行为和多方法律行为,其中多方法律行

① 黄右昌:《罗马法与现代》,何佳馨点校,中国方正出版社 2006 年版,第 246 页。

② [德]卡尔·拉伦茨:《德国民法通论》,王晓晔、邵建东等译,法律出版社 2003 年版,第 433 页。

③ [德]迪特尔·梅迪库斯:《德国民法总论》,邵建东译,法律出版社 2000 年版,第 165 ~ 167 页。

④ [德]卡尔·拉伦茨:《德国民法通论》,王晓晔、邵建东等译,法律出版社 2003 年版,第 431 ~ 433 页。

⑤ 王泽鉴:《民法总则》,中国政法大学出版社 2001 年版,第 259 ~ 261 页。

⑥ 林诚二:《民法总则》,法律出版社 2008 年版,第 313 ~ 314 页。

为又分为契约、决议和章程(组织契约)。[①]

梁慧星教授将民事法律行为分为双方行为、单方行为和多方行为。多方行为,指由同一内容的多个意思表示的一致而成立的法律行为,如社团法人的设立行为,即便设立人仅两人时,其设立行为仍属于多方行为,而非契约(双方行为)。[②]

可见,决议作为法律行为之一种,传统民法学上已然达成共识。

2. 决议中的意思表示

决议作为一项法律行为,由多项意思表示组成。决议中的意思表示具有以下特点:

首先,意思表示的数量通常较多。这主要取决于社团成员的人数。而合同,通常仅包含两项意思表示(要约和承诺)。但是,有些决议尽管只有两项意思表示,如仅有两位股东的有限责任公司的股东会所形成的决议,仍然不能称为合同。

其次,意思表示的内容相一致。若干项意思表示不仅内容相互一致,而且其所用的语句也完全一致。例如,在房屋租赁情形中,一项意思表示云:“我想出租”;另一项意思表示则云:“我想承租”;而在一个社团选举董事会时,多项意思表示一致称:“我想选举A当司库”。[③]

最后,意思表示的对象一致,方向相同。都是向社团或社团的机构作出的。在决议中,意思表示并不是针对其他发出表示的成

① 黄立:《民法总则》,中国政法大学出版社2002年版,第196~198页。

② 梁慧星:《民法总论》,法律出版社2001年版,第158~160页。

③ [德]迪特尔·梅迪库斯:《德国民法总论》,邵建东译,法律出版社2000年版,第167页。

员,而是针对有关意思形成机构的(针对社团或针对董事会)。[①]这有别于合同中的意思表示是在合同当事人之间相互发出的。

3. 决议中的意思自治

之所以说意思表示是法律行为的工具,法律行为是私法自治的工具,乃在于个体意思表示的自由、自主和自治,以及法律对这种自由、自主和自治的认可与保护。如前所述,在合同的缔结过程,必须要有各方当事人的参与,当事人在意思互动、意思形成和意思表示等各个阶段都完全是自主的,能够自由地表达自己真实的意思,最终达成合意,否则将会因意思表示的瑕疵而影响到合同的效力。而在决议的过程中:

首先,只要出席社团成员大会的人数达到法定必要的多数后,部分成员是否参加并不影响决议的效力,如股份有限公司的股东大会,并不要求所有股东全部参加。

其次,部分社团成员的意思在形成的决议中无法得到体现,即使一些社团成员对决议没有表示同意,但是所形成的决议对其仍然具有拘束力。[②] 如股份有限公司股东大会所形成的关于变更公司章程、变更公司注册资本的相关事项的决议,对于那些没有参加股东大会,以及参加股东大会但没有投票、投了弃权票和反对票的股东均具有拘束力。所有社团成员均全部参加社团成员大会,并且一致赞成通过的决议当然反映了全体社团成员的意思,但这只是决议的特殊情形。[③]

---

① [德]迪特尔·梅迪库斯:《德国民法总论》,邵建东译,法律出版社 2000 年版,第 167 页。

② 同上。

③ 陈醇:《论单方法律行为、合同和决议之间的区别——以意思互动为视角》,载《环球法律评论》2010 年第 1 期,第 49 ~ 58 页。

因此,每一个社团成员的意思表示要想均在决议中得以体现是非常困难的,只有在决议经过全体成员一致通过的情形下才有可能,而这种情形并非决议的常态。所以,决议中的意思自治只是多数人的意思自治,多数情形下,部分社团成员的意思难以实现自治,只有将自己的意志屈从于决议中体现的多数成员的意志,但这并不影响决议的效力。因为,"决议是群体性的意思互动,在有限的时间之内常常无法达成合意,只能实行多数决定原则。双方或三方意思互动较容易达成合意。但是,在决议之中,参加的人数可能是几十人,也可能是数百人或更多,在有限的时间之内常常难以达成合意,决议不得不以多数决定原则取代合意"。① 部分成员的意思是否实现自治并非决议生效的必要条件,决议生效的条件乃在于必要的多数条件之满足。必要多数原则下达成决议实际上是民主性决策程序的体现。换句话说,决议的原则是民主而非意思自治。

4. 决议的法律效果

决议将会影响到社团组织之内在的生活关系。"决议用于社团、合伙、公司等团体的内部意思形成,虽然也是参与人相同方向的意思表示,其法律效果与组织之内在生活关系有关。"②决议一般是社团意思形成机构组织相关成员就相关事项经过一定的程序所达成的结果,这一结果无论是在内部生效,如社团形成的内部规章制度,还是将通过社团法定机构(如董事会)对外表示,都会在社团成员相互之间产生一定的影响。

(二)理论的发展与对传统观点的质疑

近来,有学者对决议的法律行为属性提出了质疑,认为"决议

---

① 陈醇:《论单方法律行为、合同和决议之间的区别——以意思互动为视角》,载《环球法律评论》2010 年第 1 期,第 49 ~ 58 页。

② 黄立:《民法总则》,中国政法大学出版社 2002 年版,第 198 页。

是意思形成的制度,而法律行为应当是意思表示制度,二者之间存在重大的区别,决议不应当适用法律行为理论”。[①] 该学者的观点可以简要归纳如下:民主是决议制度的重要原则之一,民主不是意思自治,而是一种意思冲突规则,民主的决议有一个法律必须关注的议事过程;而法律行为的原则乃在于意思自治。该学者批判性指出,不能将民主等同于意思自治,否则公法上的很多决议都是意思自治。同时,决议制度的重要原则还在于决议的正当程序原则,而法律行为理论则没有程序的概念,也没有实质意义上的程序概念。该学者还指出,决议瑕疵是程序和内容上的瑕疵,而法律行为瑕疵主要是意思表示瑕疵。法律行为是一个意思表示制度,而决议是一个意思形成制度,法律行为制度以意思自治为原则,以意思表示为工具,以意思瑕疵制度为核心,这些都不适用于决议制度,决议制度的民主、程序、瑕疵判断标准容易被掩盖和忽视。因此,将决议置于法律行为理论之中,将不得其所,无法彰显决议制度的重要性。

在对决议独立于法律行为的属性探讨之后,该学者还进一步论述了单方法律行为、合同和决议的区别,尤其对合同与决议的区别做了较为透彻的探讨。[②] “决议不要求参议各方达成合意,而只适用多数决定原则。合同的有效要件包括缔约各方的合意,决议不作如此要求”。其原因在于,“决议是群体性的意思互动,在有限的时间之内常常无法达成合意,只能实行多数决定原则。双方或三方意思互动较容易达成合意。但是,在决议之中,参加的人数可能是几十人,也可能是数百人或更多,在有限的时间之内常常难

① 陈醇:《意思形成与意思表示的区别:决议的独立性初探》,载《比较法研究》2008 年第 6 期,第 53 ~ 64 页。

② 同上。

以达成合意,决议不得不以多数决定原则取代合意”。因此,“在有效要件上,决议与单方法律行为、合同存在本质性的区别”。其他学者也指出,“民法上意思表示瑕疵的理论很难适用于股东大会决议。其中,公司法人作出决议所强调的程序合法,是非常独特的,意思表示的理论无法解释这一现象的合理性”。[①]

笔者认为,前述学者的观点对于决议的独特属性的探讨非常透彻和深刻,进一步明确了决议的特征,厘清了和合同与决议之间的区别,更好的解释了现实中的问题。但是,将决议仅仅看作意思形成的制度,认为决议缺乏意思表示的条件而主张将决议剔除出法律行为体系的观点则难以成立。

(三)对质疑的质疑

1. 决议当属法律行为

决议作为一种独特的法律行为,其不同于传统法律行为的属性应当受到充分重视,否则将无法解释现实中出现的问题。但是,认为决议是意思形成制度而否定决议的法律行为属性同样存在问题。这种观点混淆了“决议的形成”“决议的意思形成”以及“社团意思的形成”的区别,将“社团意思的形成”等同于“决议的意思形成”并取代了“决议的形成”概念,有偷换概念之嫌。本质上是将决议这种“社团意思”的形成与决议自身的形成混淆了,进而忽视了“决议的形成”本身是一个法律行为的事实。

在决议中,每个社团成员的内心都有自己的意思形成过程,然后在决议中予以自由的表达,其意思的表示是自由的,尽管其意思可能在最终的决议中无法得到体现,无法实现自己的意思自治。

① 钱玉林:《股东大会决议的法理分析》,载《法学》2005 年第 3 期,第 94 ~ 100 页。

数量众多的社团参与人意思表示内容相同,并且表示的方向也相同(向社团或社团法定机构),最终形成决议,这是典型的决议的形成过程,也是传统民法学上对决议法律行为属性的界定。至于在决议的形成过程中,意思自治原则被民主的决策程序所取代,这恰恰是决议这种法律行为的特殊性所在。正如梅迪库斯所言,“决议对那些没有对决议表示同意的人也能够产生约束力”。[①] 我国台湾学者柯芳枝也指出,“关于股东大会决议,因其意思形成方法带有团体法性的特点,于其效力也强烈要求团体法律关系的稳定,大部分法律行为或意思表示的一般原则不适于决议。因此,决议不能硬套于传统法律行为的分类,而是按独立性法律行为来看待”。[②] 因此,决议的法律行为属性难以改变,不宜轻易动摇法律行为理论体系。

2.“决议”——社团的意思

决议作为一种法律行为,是一个动态的过程,各社团参与人自由的做出自己的意思表示,依据多数决定的民主议事原则,遵循相应的议事规则和程序,最终达成决议——多数人的意思。决议的形成遵循法定的程序,且决议包含着实质的内容即多数社团成员的意思。但是,经过法定程序之后,最终所形成的决议已经质变为社团的意思,而不再是社团成员意思的简单相加和重复表述。

社团参与人经过法定的程序、遵循法定的规则达成的决议质变为社团的意思后,将由社团的法定代表机构(如公司的董事会)对外或对内做出自己的意思表示,以形成另外新的法律行为。这

① [德]迪特尔·梅迪库斯:《德国民法总论》,邵建东译,法律出版社2000年版,第167页。

② 柯芳枝:《公司法论》(上),三民书局2002年版,第239页。

个法律行为可以是单方法律行为,如公司抛弃部分资产的行为;也可以是合同如公司和其他公司缔结的货物买卖合同;还可以是决议,如公司本身作为其他公司的股东,参与其他公司重大事项的决议。可见,决议的形成和决议(社团的意思)的表示而形成的法律行为是两个独立的法律行为。因此,本质上而言决议的形成和决议(已经质变为社团的意思)的表示是两个独立的阶段,也可以看作两个独立的法律行为。混淆这两个阶段将会蒙蔽分析决议的视角,导致盲目主张将决议剔除出法律行为体系的错误观点。

因此,决议作为法律行为的一种,有其自身的特殊性,对其特点的挖掘和研究有助于厘清理论上的混沌不清,更好地解释现实中的问题。但是,借此否定其法律行为属性于理论和实践均无太大意义。在新的理论体系没有构建之前,反而会破坏理论体系的完整性和稳定性。

三、合同与决议的区别

前述对合同和决议的考察,事实上已经指出了合同和决议的各自特征,他们的区别也已比较明了。但是,本章论题在于异化的公司合同理论对决议规则的不正当影响,因此有必要进一步系统阐明两者之间的区别,以利于其后问题的分析和研究。

(一)行为主体数量的不同

合同作为双方法律行为,其行为主体的数量通常为双方,但是,实践中多数当事人缔结一个契约的事例正在增长。决议的行为主体通常为多方,常有两名以上的当事人,当然,有些情形下,即便是只有两名当事人,所达成的仍然是决议。如甲、乙双方意欲共同投资设立公司所形成的意思表示仍然是决议,这将由主体意思表示的异同而定。

(二)意思表示的内容、方向是否一致不同

合同双方的意思表示互异而且相互对立,如甲、乙之间买卖家具的合同,甲的意思表示为支付价金作为对价、获得乙的家具,乙的意思表示则为出售自己的家具、获得甲的价金。决议则不同,决议参与方意思表示的内容相同、方向一致。如社团总会选举董事会时,多项意思表示的内容都是相同且方向一致的,如"我想选举A作为董事"。

(三)意思表示的表达对象不同

合同双方互为意思表示的表达对象。而决议则不同,参与决议的成员的意思表示的表达对象并不是针对其他成员发出的,而是针对有关意思形成机构的(如公司股东针对的是股东大会,董事会议上董事针对的是董事会)。

(四)程序要求不同

合同的缔结程序简单、不够规范,而且合同对程序也没有过多的要求和强调,因为合同缔结的根本原则在于意思自治,因而即便简略的程序,同样可以实现合同的公平、公正。因为法律相信每个人都是理性的,且每个人都是自己最佳利益的判断者,因此,在意思自治原则的统领下,合同的公平性、公正性更加容易实现。而决议的程序要求则高于合同的缔结程序,这源于决议的多数决定规则。决议很难实现众多参与者的意见一致,只有采取多数决定的游戏规则。在多数决定原则的统领下,部分社团参与者的意思必然无法实现,这是效率、绝对公正与相对公正之间的无奈选择。在这种情形下,为了保护少部分参与者的合法权益,实现决议的公平、公正,决议必然要求有更加完善的正当程序,程序本身即是决议的价值体现。

(五)生效的要求不同

合同的生效必须要有合意的存在,即合同双方当事人就意思表示必须达成合意,而且这种合意的形成完全是自主的,即意思自治。决议的生效则要求多数决定的存在。根据决议事项的不同,多数决定的比例要求也不相同。这主要是由于合同和决议的参与者数量的巨大差别决定的。在决议的情形下,参与决议的人数往往多达数十人、数百人,甚至更多,为了追求效率,决议不得不放弃合意下的绝对公平。

(六)瑕疵判断标准不同

合同中的瑕疵判断标准主要是意思表示的瑕疵。合同双方在要约、反要约、承诺等互动的合同缔结程序中形成各自的最终意思,并表示出来。私法只能规范意思表示,不能对合同当事人的内心活动进行干预。如果存在欺诈、胁迫、戏谑、真意保留、错误等意思表示的瑕疵,将会影响到合同的效力。决议的瑕疵判断标准主要是程序的瑕疵和内容的瑕疵。决议的原则之一是民主程序原则,决议之中难以实现意思自治,因此,完善的程序是决议公平性的重要保障。决议内容的瑕疵是指决议的内容是否违反了相关的实体法律规定。

(七)法律效力不同

合同一旦缔结,则意味着合同双方达成了合意,双方都要受合同的拘束;反之,如果没有达成合意,一方不同意对方的意思表示,则无法形成合同,双方也互不负有任何拘束。而决议对那些没有对决议表示同意的人也能够产生拘束力。例如,一个社团的成员大会以必要的多数票通过的变更章程事宜,对于那些没有投票、投反对票或者投弃权票的成员,也具有约束力。[①]

一些学者对合同和决议之间的区别缺乏必要的、基本的认识,其一方面指出,“股东通过参与股东大会行使股东权利的实质就是对公司重大事项进行决策,其结果表现为股东大会决议”。但同时又认为,“从法律性质上看,股东参与股东大会,形成股东大会决议的过程就是股东们在缔结一项契约的过程”。并进而将股东会决议完全视同契约,[②]混淆了决议和契约之间的差别及其法律意义。

第二节　公司法中的多数决议规则

前文已对合同和决议进行了阐述和分析比较,显然,公司意思形成过程并不是公司股东之间的缔约过程,而是决议过程。根据前文分析,公司意思形成过程和公司意思表示是两个独立的法律行为,其行为主体分别是股东和公司。公司意思形成过程是公司股东意思互动和意思表示的过程。由于公司股东往往人数众多,因而公司股东的意思表示尽管方向相同,但是内容却不尽相同,往往难以达成一致决议。但是公司作为独立的民商事主体,出于运营的需要不得不对外做出意思表示,为了及时形成决议,就需要相应的决议规则规范公司股东之间的意思互动和意思表示。

---

① [德]迪特尔·梅迪库斯:《德国民法总论》,邵建东译,法律出版社 2000 年版,第 167 页。

② 石纪虎:《公司法·公司章程·股东大会决议——三者效力关系的“契约论”解读》,载《法学杂志》2010 年第 2 期,第 48 ~ 51 页。

一、公司多数决议规则的形成和现状

公司作为社会团体法人,虽然是具有独立法律人格的主体,但不具备像自然人一样的思维能力和判断能力,其最终对外经营活动的意思表示和对内管理活动的意思表示必须要经过一定的机制形成和表达。如前文所述,公司对外意思表达的行为与公司意思形成是两个独立的法律行为,公司对外意思表达的行为是公司的行为,公司在对外表达意思之前,必须要经历一个公司意思形成的法律行为。公司意思的形成需要公司参与者通过一定的议事规则形成。公司议事规则主要体现为公司的决议规则。公司的决议规则经历了由“一致同意规则”到“资本多数决议规则”的演变。

公司制度初创时期,对于规模较小、业务和组织结构相对简单或有家族统治和经营的公司,常常被法官、学者们视为以公司章程为中介组合而成的股东之间、股东与公司以及股东(公司)与政府之间的契约,公司的股权结构、章程条款、组织结构等均系该契约的当然内容。当股东同意投资于公司时,就意味着他与其他股东、与公司缔约,并有权期待该公司按其投入资本时的状态全面、实际地履行该契约,并获取利益。[①] 在这种契约思想的影响下,股东“一致同意原则”成为公司的议事规则,各国对于公司重大事项的变化都采取“一致同意原则”,如有关公司合并、分离、收购,章程修改以及重要资产的出售等重大变化,都须经全体股东一致同意,方可行动。[②] 依据这种公司契约思想,公司重大事项的变化必须经过股东之间的“合意”。对此,尽管英美曾有公司法源于合同法

① 蒋大兴:《公司法的展开与评判:方法、判例、制度》,法律出版社 2001 年版,第 766 页。

② 同上。

的传统认识，这也正好与公司脱胎于合伙的历史发展轨迹相印证。[①] 合伙人之间通常采取合意原则方能形成合伙决议，否则，合伙决议对于异议合伙人无效，同时以异议合伙人退伙制度来处理合伙人之间的关系，随之形成新的合伙。[②] 但是，根据前文分析，公司意思的形成无论如何也不符合契约的缔结过程特点，它只能是一种独立的法律行为——决议。即便是在公司股东对公司重大事项一致同意的情形下，也只是决议的特殊情形，而不能视为公司股东之间达成了契约，形成了合同成立所要求的“合意”条件。

英美法系中的资本多数决议规则源于1843年英国枢密院的著名判例 *Foss* v. *Harbottle* 案[③]。该案中，由于公司董事和其他股东向公司高价转让土地，因而少数股东认为这一行为对公司造成了损害，要求公司对董事和其他股东提起诉讼。但是，公司股东大会却依照大股东的意志做出了不对董事行为提起诉讼的决议。少数股东中的两名股东对股东会决议不服，向法庭提起诉讼，要求董事对公司造成的损失承担责任。法庭驳回了两名小股东的诉讼请

---

① 张民安：《公司契约理论研究》，载《现代法学》2003年第25卷第2期，第45～50页。

② 我国《合伙企业法》第30条规定：“合伙人对合伙企业有关事项作出决议，按照合伙协议约定的表决办法办理。合伙协议未约定或者约定不明确的，实行合伙人一人一票并经全体合伙人过半数通过的表决办法。本法对合伙企业的表决办法另有规定的，从其规定。”这只是合伙关系的一个特例，何况法律设置的也是任意性规则，合伙企业可以另行规定采取合意原则。

③ 原告福斯和特顿系维多利亚公园公司的股东，公司设立的目的就是购买用于建设游乐园的土地。被告为该公司的其他董事和股东。原告诉称，被告采用各种方法欺诈公司，尤其是一些被告将属于自己的土地以过高价格出售给公司。原告请求法院判决被告补偿公司的损失。维格拉姆大法官认为，既然公司董事会仍然存在，还是有召集股东大会之可能，公司获取其自身内部之救济没有任何障碍，故不支持原告的诉讼请求。参见[英]丹尼斯·吉南：《公司法》，朱羿锟等译，法律出版社2005年版，第237页。

求,理由是董事的不适行为可以由公司加以追认,法庭不应对公司股东大会对董事行为适当与否的决定加以干预。这样,法庭实际上将董事行为适当与否的决定权交给了公司,或者说交给了持有多数公司股份的大股东。对于本案确立的公司事务决议规则,上诉法院法官詹金斯(Jenkins)在 *Edwards* v. *Halliwell*(1950)一案中作如下阐释:首先,关于对一个公司不当行为的诉讼的适当原告初步的应当是公司本身;其次,如果声称的不当行为是一项交易,并且该交易经过公司全体成员以简单多数确定时,任何一个公司成员都不允许对该事实坚持诉讼,因为一个很简单的原因:如果公司多数的成员……支持已经进行过的交易,那么该事实不允许继续辩论。该案确立的原则再次在 1875 年 *MacDougall* v. *Gardiner* 一案中得到确认。① *Foss* v. *Harbottle* 案确立的原则,在英美法中不断被援引,适用于以后许多案例,成为后世学者所称"公司事务的资本多数决原则",②或称为"福斯规则"。资本多数决原则的实质在于,在公司内部实行少数服从多数的民主制度,让公司依据持股多数的股东意见,而不是所有股东的意见来做出经营判断,以有利于公司及时做出决策。③

大陆法系资本多数决规则的确立源于私法自治、公司法人人格独立、公司的资合性等公司法理念。1807 年《法国商法典》首次

---

① 参见 John Lowry & Alan Dignam, *Company Law*, (2nd, ed), LexisNexis UK, 2003, p. 172. 转引自宋智慧:《资本多数决:异化与回归》,吉林大学 2008 年博士学位论文,第 30 ~ 31 页。

② 张民安:《公司少数股东的法律保护》,载梁慧星主编:《民商法论丛》(第 9 卷),法律出版社 1998 年版,第 96 页。

③ 朱慈蕴:《资本多数决原则与控制股东的诚信义务》,载《法学研究》2004 年第 4 期,第 104 ~ 116 页。

比照政治上的民主制度确认了资本多数决制度,[①]此后,该决议规则逐步为其他各国公司法所认可和接受,成为世界公认的公司议事必须遵守的最有效率和最能体现公平的规则。在德国,1861 年旧商法中对于公司解散决议涉及特别多数的规定。[②] 此后,1908 年德国莱比锡法院在著名的西贝尔尼亚(Hibernia)案件[③]中更是指出,"控制股东影响下的股东大会就公司问题所做的决议,即使给小股东造成了不合理的经济损失,仍对小股东产生拘束力"。[④]这是因为,股份公司作为由股东出资设立的资合性的社团法人,需依据其成员的意思表示来实现公司的意志。公司意思形成的过程是公司成员意思表示和意思互动的过程,公司成员人数众多,难以保证每一个成员的意思都能够在公司的意思表示中得到体现。假定全体股东在参加公司时追求同一目的即公司利益,那么出资数额较大的股东享受的投资回报和承担的风险也较大,因而,他的决定一般也最符合公司利益。[⑤] 所以,当公司需要通过决议形成意思表示、而股东之间又难以形成一致意见时,当然采取资本多数决规则。德国学者对此作了较为精辟的概括:"基于私法自治原则,在行使领导权中,公司决议如同公司章程一样,其合法性取决于其

---

① 参见梅慎实:《现代公司治理结构规范运作论》(修订版),中国法制出版社 2002 年版,第 375 页。

② 参见 Katharina Pistor, Yoram Keinan, Jan Kleinheisterkamp & Mark D. West, The Evolution of Corporate Law: A Cross - Country Comparison, Vol. 23, Issue 4, *The University of Pennsylvania Journal of International Economic Law*, 2002, pp. 791 - 805。

③ 本案案情是:控制股东与小股东在公司增加资本时,围绕新股认购权问题争夺公司控制权。法院判决虽然承认股东大会决议给小股东在经济上造成了有形和无形的不利益,但根据资本多数决原则,驳回了原告小股东提出的确认股东大会决议违反公序良俗的诉讼请求。RGZ68, 241,转引自刘俊海:《股份有限公司股东权的保护》,法律出版社 2004 年版,第 506 页。

④ 刘俊海:《股份有限公司股东权的保护》,法律出版社 2004 年版,第 506 页。

⑤ 同上书,第 272 页。

正确性。‘正确性’标准在于票数——以全票或多数票通过的，便视为正确。”[①]《日本商法》第241条亦规定，公司高级职员的选任、解任、合并、章程以及公司经营、组织的基本事项的意思决定是按照一股一表决权原则，依据多数决原则来决定的，即所持有股份越多其表决权重越大。对此，依据多数决原则成立的决议，对反对该决议的股东也具有约束力。[②]

我国公司法也毫不例外地将多数决议规则作为公司机关的议事规则。例如，《公司法》第43条规定，有限公司“股东会会议作出修改公司章程、增加或者减少注册资本的决议，以及公司合并、分立、解散或者变更公司形式的决议，必须经代表三分之二以上表决权的股东通过”；第71条规定，“股东向股东以外的人转让股权，应当经其他股东过半数同意”；第90条规定，股份公司“创立大会对前款所列事项作出决议，必须经出席会议的认股人所持表决权过半数通过”；第103条规定，“股东大会作出决议，必须经出席会议的股东所持表决权过半数通过。但是，股东大会作出修改公司章程、增加或者减少注册资本的决议，以及公司合并、分立、解散或者变更公司形式的决议，必须经出席会议的股东所持表决权的三分之二以上通过”；第111条规定，“董事会作出决议，必须经全体董事的过半数通过”；第55条、第119条均规定，“监事会决议应当经半数以上监事通过”；等等。

---

① 参见邵万雷：《德国资合公司法律中的小股东保护》，载梁慧星主编：《民商法论丛》（第12卷），法律出版社1999年版，第456页。

② 宋智慧：《资本多数决：异化与回归》，吉林大学2008年博士学位论文，第32页。

二、"人头"多数决与资本多数决

多数决议规则原是共同体在决定意思时所遵循的民主议事规则,公司法在吸收和引进该规则时,将基于"人头"的多数决转换成了基于"资本"的多数决。"资本多数决"原则,又称为股份多数决定原则或"福斯规则",是指股东在股东大会上的表决权与其所持有的股份成正比,股东大会依持有多数股份的股东的意志作出决议,法律将持有多数股份的股东的意思视为公司的意思,并且控制股东的意思对少数股东产生拘束力。①

多数决议规则由人头的多数决在公司中演变为资本的多数决,其实质是少数服从多数这一民主制度的变形,使公司的决策根据持股多数的股东的意见作出,而不是所有股东的意见作出经营决策。多数决议规则这一民主制度的根本目的乃在于决策的效率性。公司的议事规则之所以采取资本多数决原则,主要源于公司的资合性,公司作为资本的集合体,其最基本的价值就在于其具有聚合资本的功能,可以在瞬间将若干分散资本集合起来,从事任何一个单个资本都难以问津的事业,实现任何单个资本根本无法获得的利益——一种非单个资本简单相加而可以获得的利益,使资本变得神奇起来。因而,在公司制度下,股东个人身份并不重要,重要的是资本。股东身份被资本掩去,资本面前人人平等,拥有等质等量的资本就拥有相同的权力和利益。② 依据资本的多寡进行表决,有利于鼓励股东的投资热情,确定股东投资风险系数与投资回报率之间的正比关系,以补偿股东为此而承担的风险代价,具有

---

① 樊云慧:《英国少数股东权救济制度》,中国法制出版社2005年版,第14页。

② 朱慈蕴:《资本多数决原则与控制股东的诚信义务》,载《法学研究》2004年第4期,第104~116页。

合理性。[①] 当然,由于资合性的程度不同,法律对有限责任公司和股份有限公司关于资本多数决的要求存在差别。

股份有限公司,由于其开放性、资合性,并且股东人数众多,股东相互之间的信赖并不是公司股东聚合在一起的基础。股东之间遇事协商的解决机制对于股份有限公司来说难以运行,且由于理性冷漠和"搭便车"的心理,很多股份有限公司的小股东根本不参加公司的决议,不行使自己的表决权,因此法律对于股份有限公司的议事规则采取的是资本多数决的强制性规定。法律一般规定股份有限公司股东根据所持股份多少享有相应的表决权,不允许股东之间通过章程改变表决权重。

有限责任公司则通常允许股东通过章程规定来排除按持股比例享有相应表决权的规定。如我国《公司法》第 42 条规定,"股东会会议由股东按照出资比例行使表决权;但是,公司章程另有规定的除外"。这表明我国公司法对有限责任公司股东表决权的态度,股东按出资比例行使表决权是缺省性规定(补充性规定),在公司章程没有另外规定的情况下,股东按出资比例行使表决权。这也意味着,允许股东通过公司章程设定不按出资比例行使表决权的议事规则。韩国公司法对有限责任公司股东表决权比例的态度也是如此,例如,《韩国商法典》第 575 条规定,"各股东按出资一股有一表决权。但是,关于表决权之数可以用章程另外规定之"。我国台湾地区对有限责任公司股东表决权的规定更加突出了有限责任公司的人合性,只有股东通过章程设定时,股东之间才按出资比例分配表决权。如我国台湾地区"公司法"第 102 条第 1 款规定,"股东无论出资多寡,均有一表决权,但得以章程订定按出资比例

---

① 顾功耘等:《公司并购法论》,高等教育出版社 1999 年版,第 239 页。

分配表决权”。

对于有限责任公司,我国公司法还强行规定了“人头”多数决的情况。《公司法》第 71 条第 2 款规定,“股东向股东以外的人转让股权,应当经其他股东过半数同意……”对于有限责任公司的股权转让事项之所以没有像其他事项那样采取资本多数决议规则,乃是为了维护有限责任公司的人合性。尽管有限责任公司在性质上仍属于资合性公司,但是由于有限责任公司的股东人数较少,且股东又重视相互之间的联系,因而具有较强的人合性。有限责任公司股东之间的相互信赖程度是影响公司运营的重要因素。因而,为了维护公司股东之间的信赖,对于股东相互之间的股权转让公司法不做限制,对于向股东以外的人转让股权的行为,公司法要求必须要经过过半数股东的同意。这里之所以采取“人头”的多数决而不采取资本的多数决,目的主要在于防止新股东的加入影响原股东之间的信赖关系,从而对公司的正常运营秩序产生不利影响。

无论股份有限公司还是有限责任公司,其董事会和监事会的议事规则均是“人头”的多数决议规则。如我国《公司法》第 48 条、第 111 条中均规定了,“董事会决议的表决,实行一人一票”。第 55 条、第 119 条中均规定了,“监事会决议应当经半数以上监事通过”。

三、多数决议规则下表决权数的要求

通说认为,股东(大)会是公司意思的决定机关,而股东(大)会决议则是公司意思的表现形式。股东个体意思经过股东(大)会决议程序之后形成了公司的意思,公司的意思已不再是股东个体意思的简单相加,股东个体的意思经过决议程序的互动发生了质的转变,最终形成了公司的意思。公司意思形成的过程是股东

之间意思较量的过程。有些股东的意思最终得以体现为公司的意思,而有些股东的意思却难以在公司意思中彰显。这既源于公司股东之间意思的差别(目标的追求的不同、利益的不一致、经营理念的不同等),也由于持不同意思股东表决权数的多少。随着公司规模的扩大,股东人数的增多,以及公司股东之间身份关系的消失,公司股东能够形成一致意见的情形越来越少。出于对公司运营效率的追求,早期公司股东(大)会议决议所遵循的一致同意规则逐渐被资本多数决议规则所取代。

多数决议规则中的表决权数要求为多数,分为简单多数和特别多数,简单多数的要求是超过 1/2 的多数,特别多数有的要求 2/3 以上、有的要求 3/4 以上。股东(大)会议能否依据多数决议规则形成合法、有效的决议,主要取决于出席会议的法定数和表决时同意的法定数。

对于股份有限公司出席会议的法定数,有学者经过考察,将各个国家和地区的立法例归纳为四种情况①:一是章程优于公司法。如《韩国商法典》规定,除章程中另有规定外,普通决议,出席数为发行股份总数的 1/4 以上(第 368 条第 1 项);特别决议,出席数为发行股份总数的 1/3 以上(第 434 条);《日本商法典》规定,除章程另有规定外,股东大会的决议应有代表已发行股份总数过半数的股东出席(第 239 条、第 343 条);美国《示范公司法修订本》第 7.25 节(a)项也规定,除非公司章程或内部细则对法定人数有其他规定,任何股东年会或特别会议上的法定数由发行在外的股份的多数组成,依照这一立法例,公司章程可对法律规定的法定数增

① 参见钱玉林:《"资本多数决"与瑕疵股东大会决议的效力——从计算法则的视角观察》,载《中国法学》2004 年第 6 期,第 98 ~ 105 页。

加或减少;英国也采此立法例,《1985 年公司法》表 A 第 40 条规定,股东亲自出席、代理或由公司授权的代表出席的两个人构成法定数,如果公司章程排除了对表 A 第 40 条的适用,同时也未规定法定数,则适用《公司法》第 370 节第 1 项和第 4 项的规定,如果章程未作其他规定,两个亲自出席的股东构成法定数。[①] 二是除非公司章程要求出席法定数,否则公司法对出席法定数未作特殊要求。如德国、奥地利、瑞士等国的立法。这些国家的公司法只是规定股东有权参加股东大会,但没有规定构成有效会议的最低出席数。依照这一立法例,只有一位股东出席股东大会也是可以作出合法决议的。三是法律规定了最低出席法定数,公司章程可另行规定,但只能增加不能减少法定最低限度。如我国台湾地区"公司法"规定,股东会的普通决议,应有代表已发行股份总数过半数股东的出席(第 174 条);特别决议,应有代表已发行股份总数 2/3 以上股东出席,公开发行股票公司出席数可以由代表已发行股份总数过半数的股东出席。章程有较高规定者,从其规定(第 185 条)。四是公司章程可以另行规定,但不能违反法律要求,如美国特拉华州、法国。美国《特拉华州普通公司法》第 216 节规定,公司章程可以对出席数另行规定,但最低不能少于有权在会议上参加表决的股票数的 1/3。如果章程未作规定,有权参与表决的多数股票,构

---

① 我国香港地区《公司条例》第 114A(1)(c)条规定,除章程另有规定,两个亲自在场的股东构成法定人数。有学者对此作出了评论:"两个是很低的法定人数,对公众公司来说不难达到,这是法定人数低的好处。坏处在于经营管理层很容易地召集并组成股东会议,因为经营管理权通常赋予管理层,除年度股东大会外,只有在提议根本性变化时才需要召开股东会议。在那些情况下,法定人数低增强了经营管理层对股东的控制,法定人数高增加了维持现状的可能性。所以法定人数低的方便是以昂贵的代价换取的。"何美欢:《公众公司及其股权证券》(中册),北京大学出版社 1999 年版,第 592 页。

成出席法定数。《法国商事公司法》规定，特别股东大会，只有在出席的或由他人代理的股东至少拥有第一次召集时1/3、第二次召集时1/4的具有表决权的股份的条件下，才得有效地进行审议（第153条）。第一次召集普通股东大会时，只有在出席的或由他人代理的股东至少拥有1/4的具有表决权的股份的条件下，才得进行审议。第二次召集时，没有任何法定数要求（第155条）。上述立法例中的后两种立法例，公司法关于股东会出席最低比例的规定为强行法规定，如果公司章程的规定违反法定最低出席数的强行规定时，该章程的规定为无效。[①]

对于表决权数，各国公司法基本上都根据决议事项的种类分别作出了不同的要求。通常情况下，普通决议要求的表决权数为出席会议法定数的简单多数（超过1/2的多数）而特别决议的表决权数为出席会议法定数的绝对多数（2/3以上的多数）。我国公司法对出席会议的股东所持表决权数或股份数并无明确要求。对于有限责任公司，普通事项的表决由公司章程规定，章程没有规定的按公司法的规定；特殊事项的表决，则要求必须经代表2/3以上表决权的股东通过。对于股份有限公司，普通事项的表决要求经出席会议的股东所持表决权过半数通过，特殊事项的表决，则要求必须经出席会议的股东所持表决权的2/3以上通过。

第三节 多数决议规则的正当性

公司事务的议事规则采取多数决议规则既是决议本身法律特

---

① 参见刘甲一：《公司法要论》，五南图书股份有限公司1978年版，第203页。

性的内在要求,又是公司高效平稳运行的客观需要,也是实现公司参与者之间权益公平分配的保障。多数决议规则既是经验性的总结,又是公司发展过程中的自我理性选择,它是公司议事活动规则的天然选择。

一、决议本质属性的要求

公司作为商事组织,属于社团的一种,公司的议事活动特点符合决议的特征,属于法律行为中的决议。

公司的议事活动中,意思表示的数量通常较多,这主要是由公司股东的人数决定的(董事会和监事会的议事活动中意思表示的数量则由董事和监事的人数所决定)。有些公司的股东人数成百上千甚至更多,而即便有些公司的股东只有两人,他们召开股东会形成的公司意思仍然是决议而不是合同;而合同通常仅包含两项意思表示(要约和承诺)。公司议事活动中,股东们若干项意思表示的内容是一致的,而且所用的语句也完全一致。例如,在公司选举董事时,多项意思表示一致称:“我想选举甲做董事”;而合同中的意思表示内容通常是相互对立的。例如,在汽车租赁合同中,承租者的意思表示为:“我想承租”,出租者的意思表示则为:“我想出租”。公司议事活动中,股东们意思表示的对象一致,方向相同,都是向公司股东(大)会作出的,董事的意思表示都是向董事会作出的,监事的意思表示都是向监事会作出的;而合同中的意思表示则是在合同当事人之间相互发出的。

在公司议事活动中,只要出席公司股东(大)会的人数达到法定必要的多数后,部分股东是否参加并不影响决议的效力,股东(大)会并不要求所有的股东都必须参加会议;而在合同的缔结过程中,缺少一方当事人的参与是无法达成有效的合同的。公司议事中部分股东没有参加股东会议,或者虽然参加却反对决议内容,他们的意思在形成的决议中无法得到体现,但形成的决议对其仍然具有拘束力;而合同的缔结要求合同各方当事人的意思表示均获得体现,并且由对立最终达成一致。"社团决议是出席会议的一定人数的表决权人所为的意思表示,而趋于一致的共同行为。它属于一种集体意思形成的行为,即使社团成员存在相反的意思表示,只要其同意的人数符合法律的规定,决议即可成立,与契约须全体当事人意思合致并不相同。"①

公司决议的形成和决议的表示是两个独立的法律行为,决议的形成过程是公司股东之间意思表示和意思互动的过程,这一法律行为的主体是公司股东;决议的表示则是公司将股东会议形成的意思对外进行表示的行为,这一法律行为的主体是公司。公司股东个体的意思经过互动之后质变为公司的意思,已经不再是股东个体意思的简单相加。由股东意思质变而来的公司决议往往难以体现所有股东在决议形成过程中所作的意思表示,因为全体股东一致通过的决议并非决议的常态,尤其对股份有限公司来讲,全体股东达成一致同意非常困难。因此,公司决议中的意思自治只能是持股占多数的股东的意思自治,多数情形下,部分股东的意思难以实现自治,只有将自己的意志屈从于持股占多数的股东的意志,但是这并不影响公司决议的效力。这意味着,公司决议生效与否乃在于必要的多数持股股东的同意,必要多数原则下形成决议的过程乃民主性决策程序的体现。这表明,决议的原则是民主而不是意思自治,只是公司决议中的多数要求已经由"人头"的多数演变成了"资本"的多数(此处当然不包括董事会和监事会的决议)。

---

① 王泽鉴:《民法总则》,中国政法大学出版社2001年版,第185页。

决议的本质特征表明决议不可能体现所有参与决议者的意志。“过半数原则是实现正义原则规定的某些目标的最合理的办法。一般情况下,多数的决定即使说不上是最后的,也是事实上的权威,不同意已经作出的决定的人不可能在普遍正义观的基础上令人信服地确立他们自己的论点。”[①]也许,多数决议规则不是理论上最完美的议事规则,但是从决议的本质属性上看,多数决议规则却是事实上实现正义的最合理的办法,也可以说是一种无奈的现实选择。

二、民主管理制度的内在要求

“是希腊人——很可能是雅典人——创造了民主(democracy)一词,这一词语来源于希腊语 demos(人民)和希腊语 kratos(统治)这两个词的组合。”[②]“民主,指的是一种社会管理体制,在该体制中社会成员大体上能直接或间接地参与或可以参与影响全体成员的决策。”“社会的民主管理意味着,在选择自己的目标时,个人可以自己做主;他可以自己选择,自己决定,以社会为范围的自治或自主就是民主。如果一个社会最重要的决定是通过其成员的普遍参与然后做出的,我们就可以把这一社会称之为自治的。”[③]20世纪以前民主理论范畴多指政治民主理论。20 世纪以来的现代西方民主理论的深化趋势之一,是民主范围扩大,即从政治民主论深化为社会民主论。[④] 恰如萨托利(Giovanni Sartori)所言:“民主

---

① [美]罗尔斯《正义论》,谢延光译,上海译文出版社 1991 年版,第 394 页。

② [美]罗伯特·达尔:《论民主》,李柏光、林猛译,商务印书馆 1999 年版,第 14 页。

③ [美]卡尔·科恩:《民主概论》,聂崇信、朱秀贤译,商务印书馆 1979 年版,第 7 页。

④ 陈炳辉:《20 世纪西方民主理论的演化》,载《厦门大学学报》1999 年第 3 期,第 24 ~ 31 页。

一词形成于公元前5世纪,以后大约直到一个世纪以前,它一直是个政治概念。也就是说,民主只意味着政治民主。但是今天我们也从非政治或准政治的意义上谈论民主。如我们听到过社会民主、工业民主和经济民主。"[①]可见,对民主的讨论范围愈加广泛,也说明民主愈加成为一种广泛的社会需求。

然而,民主的实施必须要具备一定的条件,"必须有某种共同利益或问题,有某种利害关系把成员团结起来,形成哪怕是松散或短暂的自觉的整体,这是绝不可少的"。[②] 公司作为一种经营性的社团组织整体,其成员之间尽管有着个体利益、经营理念、发展目标等差异,但共同的利益取向却是同质的,公司的盈利符合所有成员的利益。因此,公司完全具备了实施民主的条件。

很多学者更是将公司比作政治国家,认为公司就像一个民主的小国家,如梅慎实先生认为,"公司犹如国家、股东犹如公民。公司法人财产归公司拥有,而股东拥有公司。因此,股权犹如公民的权利,是一种兼有人身性和财产性的综合性权利,它是一种独立于民法意义上的权利之外的公司法权利"。江平教授认为,"现代公司是现代国家的缩影"。英国著名公司法专家高维尔(L. C. B. Gower)教授认为:"除公司不是主权国而唯一有点资格限制以外,公司与国家无其他差别。"美国学者沃尔芬森(James Wolfensohn)则进一步指出:"现代巨型公众公司是由控制团体管理的强有力的微型国家,因此,法律的制衡就成为必要。"[③]"公司的规则变革也

① [美]萨托利:《民主新论》,冯克利、阎克文译,东方出版社1998年版,第9~10页。

② [美]卡尔·科恩:《民主概论》,聂崇信、朱秀贤译,商务印书馆1979年版,第44页。

③ 参见郑若山:《公司制的异化》,北京大学出版社2003年版,第23~26页。

总是伴随着投票决策而不是全体一致同意。所以，与其我们把公司看成一整套合同，还不如把它看成一个共和政府。”[①]“200 多年以前，布莱克斯通（William Blackstone）将公司描述为一个‘小共和国’。作为一种治理模式，这一描述到今天仍然是恰当的。”[②]以上论述均把公司比作国家，乃在于公司尤其是股份有限公司与民主国家之间存在着很多共同要素，主要包括[③]：(1) 均有其成员。民主国家的成员被称为“公民”，公民根据社会契约将一部分个人权利集中起来，让渡给国家，赋予其权力来治理公民社会，但仍保留着对国家的监督权利；公司也有其成员，即“股东”，股东将自己的财产交由公司进行经营，在丧失对其出资财产的占有、使用和处分权利的同时，作为出资的“对价”，股东获取了相应的股东权利。(2) 均有其财产。国家有其财产，包括政府及国家机关和国有企事业单位支配的财产；公司的独立财产一方面来自股东的出资，另一方面来自公司经营过程中的经营所得及资产增值。(3) 均有其人格。国家作为一种组织体，有独立的法律人格，具有法律关系中的主体身份；公司由于具备了团体人格独立的基本要素即独立财产、独立名称、独立意思和独立责任，也同样具有了独立的民事权利能力和民事行为能力，从而具有了独立的法律人格。(4) 均有其主权。国家拥有主权，其主权属于全体人民；公司主权即对有关公司事务的管理决断的最高权，它是股东定期集会议决公司各项重大事务的根据，也是董事会及高级管理人员职权的来

① [美]弗兰克·伊斯特布鲁克、丹尼尔·费希尔：《公司法的经济结构》，张建伟、罗培新译，北京大学出版社 2005 年版，第 17～18 页。

② [美]所罗门、帕尔米特：《公司法》（影印版），中国方正出版社 2004 年版，第 113 页。转引自陈醇：《意思形成与意思表示的区别：决议的独立性初探》，载《比较法研究》2008 年第 6 期，第 53～64 页。

③ 参见郑若山：《公司制的异化》，北京大学出版社 2003 年版，第 27～31 页。

源。(5)均有其机关。在全世界范围内的资产阶级革命相继取得胜利之时,资本主义的国家政治制度和股份公司制度也同时建立起来了。国家治理机关包括立法、行政和司法机关,根据“分权制衡”的原则进行设计和运作;公司的机关包括股东大会、董事会和监事会,股东大会代表全体股东的意志和利益,是公司的立法机关,它制定公司的治理总则,董事会行使公司的经营管理权,监事会主要负责监督董事会及高级管理人员的行为。(6)均有其宪法。国家的宪法用来规范各个国家机关的组织与行为,以便保证国家机关正常运转,从而有效保护公民的权利;公司的“宪法”,即公司章程,它是由各公司自己制定的,专门用以规范其机关的组织与行为的“宪法”性文件,除依法或依章程被修改以外,其条款应严格被公司各机关及其工作人员所遵守。

在民主已成为广泛需求的今天,在具有国家组织性的公司内部实行民主管理制度已成为必然的趋势和现实的选择,并且已经被证明是公司有序运行的制度基础。

“制度是一个社会的博弈规则,或者更规范地说,它们是一些人为设计的、型塑人们互动关系的约束。”[①]“在一切社会,从最原始的直至最先进的,人们无不在自己身上施加种种约束,以此来为自己与他人的联系提供结构。在信息与计算能力有限的情况下,比之无制度的世界,约束降低了人类互动的成本。在当代西方世界,我们认为:是正式的法律与产权为生活和经济提供了秩序。”[②]任何组织的有效运行和发展必然要有良好的组织秩序,秩序既是法律的重要价值之一,也是组织生存的基础。然而秩序的维持要

① 道格拉斯·C.诺斯:《制度、制度变迁与经济绩效》,杭行译、韦森译审,格致出版社、上海三联书店、上海人民出版社2008年版,第3页。

② 同上书,第50页。

求有科学、合理的组织运行规则,组织重大事项的决定。为了在一个联合体内共同生存,联合体的成员就需要一个做出决策的程序,以便讨论联合体的各种原则、规则、法律、政策行为,等等。[①] 正如科恩(Carl Cohen)所说:"不论是否合乎理想,社会生活总是要作出某种决定,采取一定具体行动。因此,首要问题是作出具体决定所应遵守的规则。如果这个社会是民主的或想成为民主的,就会通过这些决议规则,具体地实现成员的意愿。"[②]多数决议规则是民主管理制度的议事规则,是民主管理在公司领域的应用,尤其是资本多数决议规则反映了股东作为理性投资者的期望。资本多数决议规则使公司的事务决策依据持股多数的股东的意见作出,因此,公司决议最终反映的是持股多数的股东的意志,部分股东的意志将无法在公司决议中得以体现,其意思自治受到了限制。但是公司的未来决议事项对所有股东都是未知的,所以,由于资本多数决议规则而造成的部分股东的意思约束和限制对所有股东机会都是均等的(存在控股超过50%的股东时的情形除外)。"制度通过为人们提供日常生活的规则来减少不确定性",[③]民主管理制度降低了行为的成本,资本多数决议规则使不确定的后果变得相对确定——以股权的多少来决定公司的行为决策。减少了遇事临时协商的不确定性,降低了决策的成本。

民主的基本含义就是多数人的统治,决议以多数决定为原则,这可以称之为意思民主原则。意思民主与意思自治的区别在于,

① [美]罗伯特·A.达尔:《民主及其批评者》,曹海军等译,吉林人民出版社2006年版,第105页。

② [美]科恩:《论民主》,聂崇信等译,商务印书馆1988年版,第65页。

③ 道格拉斯·C.诺斯:《制度、制度变迁与经济绩效》,杭行译、韦森译审,格致出版社、上海三联书店、上海人民出版社2008年版,第4页。

意思民主不是意思自治或一致同意,而是一种意思冲突规则。与意思自治原则不同,意思民主的目的不在于肯定个人自治或各方的一致同意,而在于解决意思与意思不一致时的冲突,确定哪些人的意思优先。意思民主不要求各方意思的一致(合意),同时也绝不允许个别人在集体事务中实行独裁或专制。每个人都能实现意思自治,这是一种令人神往的事情,但是当这种童话不能实现时,它尽量调和各方的意思,最后以少数人的意思自治为牺牲品,而让多数人实现他们的意思自治。如此看来,意思民主是一种迫不得已的选择。意思民主与意思自治的相同点在于,二者都追求不同主体意思的尽可能的一致。但是我们不能因此而将意思民主等同于意思自治,否则,公法上的很多决议都是意思自治了。[①] 决议作为一种意思表示的结果,经过理性的互动程序,已经不再是单个主体意思表示的简单表现和相加,而是一种整体的意思表示,它反映了意思民主。股东大会的民主,是所谓的资本的、股份的民主。股东平等原则,指“股份”应平等地作为一个单位,包括作为一个表决权的计算单位,所以股东大会内多数决的产生,并非依“一人一票”的原则,而是依“一股一表决权”的原则。[②] 多数决规则这一团体组织在决定意思时所遵守的民主性议事规则,在被公司法吸收之后,打上了公司资合性的烙印,基于“人头”的多数决被转换成基于“资本”的多数决。

---

① 陈醇:《论单方法律行为、合同和决议之间的区别——以意思互动为视角》,载《环球法律评论》2010 年第 1 期,第 49 ~ 58 页。

② 钱玉林:《滥用多数决的股东大会决议》,载《扬州大学学报》(人文社会科学版)2007 年第 1 期,第 74 ~ 79 页。

三、公平与效率的要求

正义是法律永恒不变的话题和追求的目标,对正义的追求同样是公司法赖以存在的基础和价值体现。而“公平与效率问题,其实是正义问题的两个方面,从本质上讲,正义是人的差异性正义与人的同一性正义的统一。公平基于人的同一性正义,效率基于人的差异性正义,二者的矛盾运动推动着人类社会不断发展”。[①] E. 博登海默(Edgar Bodenheimer)通过对正义的探索和分析后指出,“正义有着一张普洛透斯似的脸(a Protean face),变幻无常、随时可呈不同形状并具有极不相同的面貌”。[②] 尽管如此,正义却总是与理性、自由、平等、安全、共同福利等价值紧密相连。[③] 正义是法律的终极价值,公平乃正义的公司法表达,公司法的正义价值主要是通过改进公司的治理结构,平衡公平与效率的关系而实现的。[④] 因此,公司治理过程中公平与效率的实现程度决定着公司法能否实现其正义价值。

人们也常用公道、正义、平等等概念表达公平的含义,也用速度、效益、效用等概念表达效率的含义。[⑤] 关于公平与效率的关系问题,学术观点主要有三种:“公平优先”“效率优先”“效率与公平并重”。三种观点的争论主要表现在两个方面:一是在制度安排的

---

① 易小明:《公平与效率问题新解》,载《河北学刊》2006 年第 6 期,第 57 ~ 60 页。

② [美]E. 博登海默:《法理学:法律哲学与法律方法》,邓正来译,中国政法大学出版社 1991 年版,第 251 页。

③ 同上书,第 251 ~ 302 页。

④ 林建伟:《论公司法的正义价值》,载《东南学术》2006 年第 2 期,第 105 ~ 110 页。

⑤ 强世功:《法理学视野中的公平与效率》,载《法学研究》1994 年第 4 期,第 44 ~ 52 页。

时候或者在选择制度原则的时候,选择公平还是效率为其优先原则;二是公平与效率之间如何通过制度安排实现平衡。但是,这些观点并不否认公平与效率之间的统一性和关联性,而且都在努力寻求公平与效率的最佳结合点。哲学式的博弈论解决效率与公平冲突的这个点就是合理的制度选择,或者是制度安排。公平与效率之间既不是谁优先于谁的问题,也不是并重的问题,而是两者之间如何通过制度安排或者制度设计以达到良好结合,因为尊重效率本身包含着公平,公平也需要效率作支撑。[①] 显然,公平与效率不是截然分离的,虽然各自有自己的维度空间,存在一定的独立性和对立性,但是两者更是相互关联、相互影响、相互包含的,两者都统一于正义的范畴之下。公司法能否较好衡平公平与效率的关系是公司法能否实现正义的关键。

具体到公司治理活动中的议事规则问题,更是如何衡平公平与效率问题的集中反映和体现。前已论述多数决议规则是公司民主管理的内在需求,因为,民主与公平有着不可分割的联系,“民主的自然倾向是为其成员寻求公平”。[②] 民主决策的规则,主要包括一致同意规则和多数同意规则[③]。

所谓一致同意规则,是指一项集体行动方案,只有在所有参与决策者都同意,或者至少没有一个人反对的前提下才能通过的一种表决方式。“一致同意规则”的哲学基础是绝对平等观,其实质是一种结果平等,即“它要求所有的人都受到同样的对待,分配给

① 乔瑞金、刘淑芳:《博弈论视角下的效率与公平关系》,载《理论探索》2007 年第 2 期,第 14 ~ 17 页。

② [美]卡尔·科恩:《民主概论》,聂崇信、朱秀贤译,台湾商务印书馆 1979 年版,第 238 页。

③ 参见宋智慧:《资本多数决:异化与回归》,吉林大学 2008 年博士学位论文,第 9 ~ 12 页。

同样的资源,实现同样的结果”。[①] 一致同意规则的优点表现为:第一,决议通过的方案是符合帕累托最优状态的方案。在一致同意规则下,每个投票人都有一票否决权,在表决方式上每个投票人都是绝对平等的,每个人都有激励去表达符合自己利益的真正的意志。因而,在一致同意规则下,投票通过的决议必然符合每个参与投票者的利益。第二,一致同意规则可以有效地避免“搭便车”的行为。在一致同意规则下,每个个体的行为都会直接关系到集体的选择是否通过。某项集体决策如果能够使部分成员不付出任何成本就可以获得收益,那么该决策也因为损害了其他成员的利益而最终被否决,可以有效地防止“搭便车”行为的发生。但是,一致同意规则也存在着难以克服的局限性:第一,达到一致同意的结果要花费大量的时间成本,该规则在人数众多的情况下很难付诸实施。在参与投票者人数众多的情形下,把相互不同的个人偏好整合成一致的偏好所花费的时间成本可能大大超过投票人从表决结果中的收益。第二,一致同意规则还可能造成“对策性”行为,进而出现“少数压迫多数”的不公平现象,在公司决议中则表现为小股东对大股东的讹诈和勒索。

所谓多数同意规则,是指候选人或方案只要经半数以上参与决策者赞成就能当选或通过的规则。多数同意规则只是在调和投票人中多数人的偏好,而不是满足全体人的偏好,因此,多数同意规则可以大大地节省时间成本,提高决议的效率。但是,多数同意规则的公平性却大受影响。由于多数同意规则下形成的决议只反映了一定比例的多数投票人的意愿,而且这种决议对于没有投赞

① 李常青、冯小琴:《少数人权利及其保护的平等性》,载《现代法学》2001 年第 1 期,第 14 ~ 21 页。

成票的少数人具有强制性的拘束力,这必然造成多数人对少数人的强制,表现为多数人将意志强加给少数人的过程,造成少数人利益的损害。

可见,作为民主表决方式的一致同意规则和多数同意规则均有其优缺点,在公平与效率之间均难以完全兼顾。在团体的组织管理活动中,多数同意规则显然已成为首选的民主议事规则。对于此,科恩深刻地阐释了其中的道理:"评价民主社会任何决议规则时,必须看采用这种规则后的总的结果。这些结果主要有两类。第一,这一规则的倾向是为各社会成员提供保护,使决定不伤害他或作出对他有利的影响。第二,这一规则的倾向是便于作出决定,而且迅速地实现社会意志。所以,评价民主决议规则时,必须权衡其保护作用与效率。""不幸的是,这两大目的之间存在着颇为紧张的关系。"①"由于保护作用与效率这两大目标必然要发生冲突,所以,没有什么规则能把两者都同时增加至最大限度。如果走到一个极端,把指导性的决定权都集中于一人,即独裁者,可能避免争论不休与拖延迟误,但其他人则失去保护,不能反对独裁者使用或滥用权力。如果走到另一极端,规定只有社会全体一致同意时始可采取行动,这可保护每个成员,使他们能反对有损他们利益的任何决议,但这样一来,任何社会几乎都不可能采取任何行动,对全体成员来说将是不可忍受的负担。其他一些决议规则则处于这两个极端之间的某些点。如果能找到居间的某一点,既能实现可能获致的最好的妥协,又能保证民主性与合理的保护作用,同时,在实际决议过程中,给社会带来的具体负担又最轻,那就是合乎理

---

① [美]卡尔·科恩:《民主概论》,聂崇信、朱秀贤译,台湾商务印书馆1979年版,第67页。

想的。”那么,“怎样才算是最恰当的妥协,这就要看该社会各方面的情况……民主要有成效,必须为不同的社会、不同的情况、不同的问题制定不同的规则。没有一种规则对于一切都是最适合的”。[①] 但是,“在所有决议规则中,多数裁定规则是最普通和最重要的。它与民主紧密相连,所以常将二者混为一谈。事实上,多数裁定规则只是符合民主的许多方式之一,有时还不如其他方式恰到好处。由于多数裁定规则集效率与保护作用于一体,所以常被选定为最合适的折中办法”。[②] 可见,多数决议规则并不是最完美的民主议事规则,它只是尽可能地兼顾了公平与效率的相对让人满意的议事规则,它是现实中无奈的选择。

无奈的选择往往恰是自然的和理性的选择,是符合实际的、可行的法则。洛克指出,“根据自然和理性的法则,大多数具有全体的权力,因而大多数的行为被认为是全体的行为,也当然有决定权了”。[③] 斯宾诺沙(Baruch de Spinoza)认为,“大多数人的意见有法律的效力”。[④] 约翰·亚当斯(John Adams)认为,“由于全体一致性是不可能的,并且共同的意见总是意味着多数人的赞同,因此不言而喻,少数人受到多数人的支配”。[⑤] 这便是团体行动的逻辑。正如约翰·洛克(John Locke)在《政府论》(1690 年版)下篇中谈到多数规则的性质时所说的,“由于社会是个体同意组成的,而且

---

① [美]卡尔·科恩:《民主概论》,聂崇信、朱秀贤译,台湾商务印书馆 1979 年版,第 67 页。

② 同上书,第 69~70 页。

③ [英]约翰·洛克:《政府论》(下篇),叶启芳、瞿菊家农译,商务印书馆 1964 年版,第 60 页。

④ [荷]斯宾诺莎:《神学政治论》,温锡增译,商务印书馆 1997 年版,第 277 页。

⑤ [美]丹尼斯·C.缪勒:《公共选择理论》,杨春学等译,中国社会科学出版社 1999 年版,第 73 页。

它必须作为整体向一个方向行动,因此,这一整体必须按推动力量较大的一方行动,这就是多数的同意。否则,就不可能行动或继续成为一个整体,一个社会,这是各个个体同意组成社会时即已造成应该这样做的。所以多数的同意对每个人都有约束力”。[①] 公共选择理论提出的评判民主决策规则的优劣标准为:(1)成本分析模型;(2)概率投票模型。但成本分析有一个致命缺陷,就是无法准确地获悉外在成本和决策成本与 N 的函数关系,因此,雷依于 1969 年提出了概率投票模型。这种模型追求的是集体决策结果与个人偏好的偏差最小。雷依证明多数通过原则是比较符合这一要求的。[②] 科恩的“效率—保护”标准与雷依的证明结果似乎异曲同工,都表明了多数决议规则是在不得不做出决定时的相对合理的选择。

科恩从“保护—效率”的角度提出,“评价民主社会任何决议规则时,必须看采用这种规则后的总的结果”。这与科斯在论述权利配置思想时的社会成本理论有相通之处,“显然,只有那些得大于失的行为才是值得追求的。但是,在个体自主决策的社会中,我们在选择制度安排时必须记住,现有制度安排的改变在改善决策的同时也可能会导致其他决策的恶化。因此,我们必须考虑运行各种社会安排的成本(无论市场主导还是政府主导的社会),以及创建新制度的成本。在设计和选择社会安排时我们应当考虑到总体效用。这就是我所倡导的方法的改变”。[③] 可以看出,科斯的“社会总体效用”(有的表述为社会总体福利、社会总的效用,还有

---

① [美]卡尔·科恩:《民主概论》,聂崇信、朱秀贤译,商务印书馆 1979 年版,第 76 页。

② 参见宋智慧:《资本多数决:异化与回归》,吉林大学 2008 年博士学位论文,第 14 页。

③ R. H. Coase. The Problem of Social Cost, Vol. 3, *Journal of Law and Economics*, Oct., 1960, pp. 1 – 44.

的表述为“科斯最优”[①])与科恩的“总的结果”含义相同,从社会总体的角度考虑,制度的安排追求效用的最大化无疑是正确的,因为这是人类社会发展和进步的前提。

一致同意规则虽然体现了对公平的孜孜追求,但这种目标的实现常常需要耗费大量的时间成本,而且有时根本就是不可能实现的。追求一致通过的结果常常让人疲惫不堪,因此,“一个人如果无法确定在不一致规则下他是否受到‘剥削’,那么他就很可能更愿意选择这种不一致规则,而不愿花时间要求一致性的通过”。[②] 民主的多数决议规则恰有追求效率的理性要求,而独裁和专制在效率上有时会超过多数决议规则,却不为民主的管理制度所采纳,这其中又包含了多数决议规则对公平的追求。如果说在公平与效率之间存在一个可以妥协的黄金分割点,那么,多数决议规则似乎总是在努力发现这一黄金分割点。

公司作为资合性的社团法人,它是“为了适应社会经济关系的要求,掌握统治政权的国家以法律的形式将一定的社会组织人格化,使其与自然人一起,共同构成民事法律关系的两大主体,独立地参加民事活动,从而使法人这一社会组织,具有了自然人的某些‘属性和机能’”。[③] 法人这种社会组织虽然被赋予了独立的法律人格,但“正如它没有血肉之躯一样,它也没有自己的头脑和意志”,它那“积极的、起支配作用的意志就必须追溯至这样的主体之上”。[④] 这样的主体就是股东,所有的股东组成了公司的权力机

① 赵燕菁:《基于科斯定理的价格理论修正》,载《厦门大学学报》(哲学社会科学版)2007 年第 1 期,第 30 ~ 38、75 页。

② [美]丹尼斯·C. 缪勒:《公共选择理论》,杨春学等译,中国社会科学出版社 1999 年版,第 64 页。

③ 江平主编:《法人制度论》,中国政法大学出版社 1994 年版,第 285 页。

④ 张开平:《英美公司董事法律制度研究》,法律出版社 1998 年版,第 30 页。

关——股东(大)会。对股东(大)会议题的讨论似乎应是全体股东一致同意,才符合团体行动的逻辑,因为股东大会是全体股东组成的公司的意思决定机关,股东大会所讨论的议题理应使所有股东受益[①]。但是股东之间由于出资额的不同、投资理念、管理理念的不同、智识和阅历的不同,特别是与公司经营行为的利害关系不同等方面,决定了公司的议事权力机构——股东会的决议很难达成一致意见。因此,一致同意规则让位于多数决议规则既是现实的无奈也是公司民主议事规则的理性选择。由于公司的资合性,"资本"的多数决议规则取代"人头"的多数决议规则更能体现公司治理中民主议事规则的本质。

资本多数决的特征表现在两个方面:首先,资本多数决派生于一股一权的股权平等原则,即每一同种类的股份享有相同的表决权,它是一股一表决权原则的必然逻辑延伸;其次,资本多数决的核心是多数股份的支配性,即持有公司多数股份的股东在公司中居于支配地位。作为商事组织的公司,股东投资设立的主要目的是为了获得合理的期望收益。因此,追求盈利是公司的天然性格,从这一点来讲,公司对效率的追求似乎更甚于民主社会。公平优先还是效率优先?有学者鲜明地指出,"法律的首要功能是保证效率,也就是说,如何使整个社会的蛋糕变大(或使社会成本最小)。衡量一个法律是否合理的首要标准应该是效率标准,而不是分配标准。当然,我这样说的意思并不意味着在任何情况下法律都无须顾及分配问题,而是说,分配原则应该在效率原则之下,如果离开了效率标准,就不可能有真正的公平"。[②] 当然,效率与公平的

① 钱玉林:《股东大会决议瑕疵研究》,法律出版社2005年版,第246页。

② 张维迎:《作为激励机制的法律——评〈侵权损害赔偿的经济分析〉》,载《中国人民大学学报》2003年第2期,第155~156页。

优先性和成本—效益的考量应当顾及特定的领域和环境。[①]

资本多数决议规则作为公司的民主议事规则,同样体现出了其力图兼顾公平与效率的意图和谨慎态度,这从公司法针对不同决议事项对表决权数要求的不同可以看出。

我国公司法规定的股东(大)会多数决议规则对表决权数的要求包括两种情形:一种是简单多数,要求为过半数的表决权数通过;另一种为绝对多数,要求为2/3以上表决权数通过。

对公司一般事项的决议通常仅要求过半数的表决权数通过即可,如我国《公司法》第16条规定,"公司向其他企业投资或者为他人提供担保,依照公司章程的规定,由董事会或者股东会、股东大会决议;公司章程对投资或者担保的总额及单项投资或者担保的数额有限额规定的,不得超过规定的限额。公司为公司股东或者实际控制人提供担保的,必须经股东会或者股东大会决议。前款规定的股东或者受前款规定的实际控制人支配的股东,不得参加前款规定事项的表决。该项表决由出席会议的其他股东所持表决权的过半数通过"。第90条规定,股份有限公司"创立大会对前款所列事项作出决议,必须经出席会议的认股人所持表决权过半数通过"。第103条第2款前半部分规定,"股东大会作出决议,必须经出席会议的股东所持表决权过半数通过"。一般事项决议表决权数的过半数要求,体现了公司法对效率的追求与对公平的兼顾。因为一般事项对股东的权益影响相对较小,而且一般事项较

---

① 作为法律经济学创始人之一的卡拉布雷西预感到了侵权法中经济学与道德哲学的冲突。犯罪、性侵害、出卖身体器官所涉及的法律问题,是否可以用成本——效益、资源合理配置和分配来解决,在卡拉布雷西看来,这是一个涉及公平正义的世界,应该为他们留下一片"法律道德哲学的自留地",他统称为"不可转让性"。参见徐爱国:《侵权法的经济学理论:一个思想史的札记》,载《法制与社会发展》2007年第6期,第103~117页。

多,如果过于考虑决议的公平性而要求过高的表决权数,则可能会使公司的运行迟滞,影响公司的效益,并进而影响到股东的权益。

但对于公司重大事项的决议,公司法通常要求 2/3 以上的表决权数通过,而且属于强制性规定,不允许公司通过章程加以变更。如我国《公司法》第 43 条规定,“股东会的议事方式和表决程序,除本法有规定的外,由公司章程规定。股东会会议作出修改公司章程、增加或者减少注册资本的决议,以及公司合并、分立、解散或者变更公司形式的决议,必须经代表三分之二以上表决权的股东通过”。第 103 条第 2 款后半部分规定,“但是,股东大会作出修改公司章程、增加或者减少注册资本的决议,以及公司合并、分立、解散或者变更公司形式的决议,必须经出席会议的股东所持表决权的三分之二以上通过”。第 121 条规定,“上市公司在一年内购买、出售重大资产或者担保金额超过公司资产总额百分之三十的,应当由股东大会作出决议,并经出席会议的股东所持表决权的三分之二以上通过”。第 181 条规定了公司章程规定的营业期限届满或者公司章程规定的其他解散事由出现,如果公司股东不想解散,可以通过修改公司章程使公司存续,如果要修改公司章程使公司存续,则“有限责任公司须经持有三分之二以上表决权的股东通过,股份有限公司须经出席股东大会会议的股东所持表决权的三分之二以上通过”。重大事项决议表决权数的 2/3 以上的要求,体现了公司法对公平的追求和慎重的态度,以及对效率的兼顾。修改公司章程、增加或者减少注册资本,以及公司合并、分立、解散或者变更公司形式等事项,对股东的权益将会产生根本性的影响,因此,公司法要求 2/3 以上表决权数的通过,这体现了公司法对公平的追求。尽管事项对股东意义重大,但是公司法并未要求一致通过,这表明了公司法对效率的兼顾。

公司法对重大事项和一般事项决议时表决权数的不同要求,表明了立法者力求在公平和效率之间寻求到合适的折中点的努力。也许

“过半数”和“2/3 以上”的规定都无法精确体现公平与效率的最佳折中,但至少到目前为止,尚无法证明有其他精确的比例要求可以取代现行规定。

公司法第 71 条第 2 款中规定,“股东向股东以外的人转让股权,应当经其他股东过半数同意”。该条规定是公司法关于股东会决议时唯一要求“人头”多数的规定。体现了对有限责任公司人合性特点的考虑,以及对有限责任公司股东之间相互信赖基础的尊重。该条规定抛弃资本多数决议规则,照顾了股东的感情需要,以维持公司团体内部的团结和稳定,有利于公司更好的发展,变相地体现了公司法对公平和效率的追求。同时,出于公平的考虑,对有些事项涉及具体股东利益的,公司法要求该股东不得参与投票,如《公司法》第 16 条、第 71 条的相关规定。

第四节　公司合同理论对公司议事活动解释力的缺陷

无论公司合同理论的反对者还是支持者都不得不承认公司合同理论给公司法学研究带来的新气象和新视角。但从某种意义上讲,公司合同理论仍然存在缺陷与不足,一些观点和建议是片面的、不切实际的,甚至是有违法律基本原理的。[①] 合同理论把公司

---

① *Kornhauser* 指出:“无论反对者还是支持者都不可否认,在过去的十年间,公司合同联结体说(the nexus of contracts)横扫了公司法理论领域。尽管这场理论变革毫无疑问地转变了我们对法律的理解,以及法律自身,但是转变的本质和意义依然模糊不清,从某种意义上说,这场变革仅仅把公司由过去信托的法律比喻替换成了合同联结体的法律比喻。不幸的是,无论信托还是合同联结体的法律外衣都不适合公司本身。”参见 Lewis A. Kornhauser, The Nexus of Contracts Approach to Corporations: A Comment on Easterbrook and Fischel, Vol. 89, *Columbia Law Review*, Nov., 1989, p. 1449.

合同视为一般的合同，认为公司内部的合同与公司之间的合同没有根本的区别，从而淡化了公司的组织特性。即使仅依公司合同理论审视公司议事活动，其仍然存在解释力的缺陷与不足。

一、无法解释股东投票行为的非契约性

由股东分散的意思经过一定的程序最终形成统一的公司意思，开会是不可或缺的重要程序阶段。而且，公司法明确规定股东(大)会是公司的权力机构，事关公司和股东权益的重大事项必须要经过股东(大)会的通过。可见，股东会议对于公司的重要性犹如会议之于政治团体的重要性。孙中山先生早就发现并指出，"夫议事之学，西人童而习之，至中学程度，则已成为第二之天性矣，所以西人合群团体之力常超吾人之上也"。[①] 贺卫方教授也谈到了开会的重要性，"英语民族在搞政治上的优越性，就是他们会开会：认真开会，和实行开会得出的决议案。其他任何民族开起会来都是半真半假"。[②] 虽然他们针对的是公法上的会议，但是亦可表明私法上会议之于团体的重要性。

会议可以分为不同的程序阶段，如会议前的通知程序、会议中的听证程序、公开讨论、质询、辩论、表决、唱票等阶段，直至宣布表决结果，其中最核心的程序为表决程序。公司股东会议表决程序中的投票行为是股东意思表示的重要途径和方式，经此途径，股东分散的意思才能最终形成统一的公司的意思，然后由公司作为独立的主体对外表达自己的意思，形成有效的法律行为，实现公司的运营目标。

---

① 孙中山：《孙中山选集》，人民出版社1956年版，第385页。

② 贺卫方：《走向具体法治》，载《现代法学》2002年第1期，第3~4页。

不管股东会议就某一事项的表决是一致同意通过还是多数同意通过,仔细分析股东的投票行为,其并不符合合同的契约性特点。

首先,股东作为投票人,在投票中意思表示的内容不像合同当事人之间的意思表示那样相互对立。例如,在增加公司注册资本的股东会议上,有两种表决选择,投赞成票股东的意思表示都是"同意",投反对票的股东的意思表示都是"不同意"。作出"同意"选择的股东的意思表示内容是相同的;做出"不同意"选择的股东的意思表示的内容也是相同的,两类股东之间意思表示内容并不像合同中双方当事人之间的意思表示那样相互对立。以房屋租赁合同为例,出租方的意思表示内容为"出租房屋"、获得对价,承租方的意思表示内容为"租住房屋"、支付对价,合同当事人之间的意思表示内容相互对立。其次,公司股东会议表决活动中,无论投赞成票股东的意思表示还是投反对票股东的意思表示,其表示方向都是一致的,都是向股东(大)会表示,而不是相互之间为意思表示。合同的缔结则不同,合同当事人之间互为意思表示,方向相向。再次,投票行为中股东意思表示的对象也不同于合同当事人意思表示的对象。所有股东,无论投赞成票的股东还是投反对票的股东,其意思表示的对象是相同的,都是向股东(大)会表达自己的意思。而合同当事人则互为意思表示的对象。最后,从投票行为的结果看,表决事项的通过并不要求所有股东之间合意的达成,也就是并不要求股东对表决事项一致同意。而合同的成立和生效则不同,必须要求合同当事人之间合意的达成。①

---

① 合意是合同成立和生效的内核,但是存在合意的情形并不就是合同,如情谊行为。即便存在合意,还要考虑是否符合合同的其他特点。

因此,公司议事活动中股东的意思表示(通过投票行为)并不具有契约性的特点,将公司合同理论适用于公司股东会议决议活动存在理论上的障碍,无法自圆其说。

二、无法解释意思表示欠缺时的决议效力

从抽象的或观念性的意义而言,股东(大)会由全体股东组成,但从具体的或现实的角度而言,股东(大)会会议并不要求所有股东全部出席。股东可以委托代理人出席会议,授权代理人行使自己的相关权利,也可以不委托代理人出席会议,直接缺席会议。部分股东对会议的缺席,以及对自己意思表示机会的放弃,并不必然影响到股东大会的合法召开以及大会决议的法律效力。而合同理论要求合同参与方的意思表示必不可少,而且要求意思表示必须真实。"合同在所有参加的权利主体之间的关系方面是一种发生法律约束力的双方行为。"因为,"如果当事人明确地排除了法律约束力,那么便不存在法律行为,因而也便无法律意义上的合同存在"。[①] 显然,依据公司合同理论,在部分股东缺席股东会议、或者部分股东虽出席会议却投反对票的情形下,会议所形成的表决结果当然无效(虽然达到了规定的表决权数)。这显然不符合公司议事活动的现实情况和公司发展过程中的表决机制的理性自我选择。有学者提出,"多数决"原则不过是一种经验性的规则,经由立法者上升为具有普遍约束力的团体意思的决定方法而已。它是借助于权力分割、协调运作和相互制衡的政治实体上的机制,处理团体法律行为的一种手段。在此基础上,"私"的法律

① [德]卡尔·拉伦茨:《德国民法通论》,王晓晔、邵建东等译,法律出版社2003年版,第718页。

行为透过“公”的权力方式表达，因而决议是法律行为的变形物。[①]这种观点指明了多数决议规则的经验性和实用性，但是，将决议看作是法律行为的变形物却是对决议法律地位的贬损，决议本身就法律行为的一种，而不是所谓的“变形物”。

因此，公司合同理论中的合意原则无法适用于股东会的议事活动，多数决议规则才是被实践证明合理的、符合公正与效率的股东会议事规则。

三、无法解释公司议事活动中的代理现象

契约行为中通常不允许双方代理。“双方代理又称同时代理，是指一人同时担任双方的代理人为民事行为。”[②]而在公司议事活动中并没有禁止双方代理，乃至多数代理也没有被禁止。如我国《公司法》第 106 条规定，股东可以委托代理人出席股东大会会议，代理人应当向公司提交股东授权委托书，并在授权范围内行使表决权。这里，代理人只要向公司提交授权委托书并在授权范围内行使表决权，即可合法代理委托股东参加股东大会。法律并没有禁止一个代理人只可以代表一名股东参加股东大会[③]，根据契约理论，这一点显然不符合其特质，这也说明股东(大)会投票行为并不符合契约的特征。

契约行为中之所以不允许双方代理或多数代理，乃在于契约双方当事人之间的意思表示方向相互对立，意思表示的内容相互

---

① 钱玉林:《股东大会决议的法理分析》，载《法学》2005 年第 3 期，第 94 ~ 100 页。

② 魏振瀛主编:《民法》，北京大学出版社、高等教育出版社 2000 年版，第 182 页。

③ 我国台湾地区对社员表决权的代理行使禁止多数代理。“社员表决权之行使，除章程另有限制外，得以书面授权他人代理为之。但一人仅得代理一人(第 52 条第 3 项)。”参见黄立:《民法总则》，中国政法大学出版社 2002 年版，第 152 页。

对立，双方的利益存在着直接的利益冲突，所以，从公正的角度而言，法律原则上禁止契约行为中的双方代理或多方代理行为，“因恐有偏颇之虞”。[①] “原则上，双方代理为法所不许，因为通常人于行为时，在许多不同利益立场间，甚难毫不偏私。”[②]根据决议的特征，主体的意思表示方向一致，都是向公司的权力机关——股东会作出。决议主体意思表示的内容不具有直接的对立性，如果决议主体都赞成某一事项，则决议主体的意思表示内容一致。即便决议主体的意思表示内容不一致，也不会造成决议主体相互之间利益的直接对立和冲突，因为最终的决议结果才会对持不同意思表示的股东之间的利益产生不同的影响。正是考虑到决议的特点，法律才并不禁止股东会议上投票行为的多数代理。从这一点来看，公司议事活动中的投票行为并不符合公司契约理论的特点，而是一种决议行为。

四、无法解释决议的普遍拘束力

根据决议的特点，依法产生的股东（大）会决议对所有股东均具有拘束力，不管该股东是赞成还是反对决议内容，也不管该股东有无出席股东（大）会。同时，依法产生的股东会决议不仅对股东具有拘束力，还对公司的董事、监事、经理、员工等具有拘束力。如我国《公司法》第 11 条规定，“设立公司必须依法制定公司章程。公司章程对公司、股东、董事、监事、高级管理人员具

---

① 林诚二:《民法债编总论——体系化解说》，中国人民大学出版社 2003 年版，第 81 页。

② 黄立:《民法总则》，中国政法大学出版社 2002 年版，第 421 页。

有约束力”。[①] 公司股东会决议的普遍拘束力充分说明了公司的团体组织性特点。

而合同只对合同当事人产生拘束力,这源于合同的相对性。“所谓合同相对性,在大陆法中通常被称为债的相对性,它主要是指合同关系只能发生在特定的合同当事人之间,只有合同当事人一方能够向另一方基于合同提出请求或提起诉讼;与合同当事人没有发生合同上权利义务关系的第三人不能依据合同向合同当事人提出请求或提起诉讼,也不应承担合同的义务或责任;非依法律或合同规定,第三人不能主张合同上的权利。”[②]“合同相对性是指合同主要在特定的合同当事人之间发生法律拘束力,只有合同当事人一方能基于合同向对方提出请求或提起诉讼,而不能向与其无合同关系的第三人提出合同上的请求,合同当事人也不能擅自为第三人设定合同上的义务,合同债权也主要受合同法的保护。”[③]合同的相对性是合同法律制度的基石。合同的相对性可以归结为一句话,因合同而产生的权利、义务关系只能建立于特定的合同当事人之间。同时,合同对当事人产生拘束力的前提是合同必须是依法成立和生效的合同,也就意味着合同当事人的意思表示对合同的成立必不可少,而且合同当事人的意思表示必须是在其意思自治的情形下的真意表达。如果合同当事人的意思表示存

---

① 公司章程,包括公司章程修正案,实际上是股东会决议的一种特殊表现形式,因为公司章程的制定、修改都要通过股东会的讨论、表决通过。只是公司的初始章程制定时,异议股东如果不同意公司章程可以即刻选择退出公司,因而,初始章程的通过往往表现为所有股东一致同意;而在章程修正时,当修正决议的表决权数符合法定多数(通常为 2/3 以上),公司章程修正案就会发生效力,这时,反对的股东也不可因为反对而随意退出公司,因而章程修正案的通过往往表现为资本多数同意。

② 王利明、崔建远:《合同法新论 · 总则》,中国政法大学出版社 1996 年版,第 27 ~ 28 页。

③ 王利明:《合同法研究》,中国人民大学出版社 2002 年版,第 96 页。

在瑕疵,则合同可能是无效合同、可撤销合同与效力未定合同。

显然,股东会决议的普遍拘束力已经超出了参与决议的股东,同时对董事、监事、经理及其他高级管理人员和公司职员也可产生拘束力。决议普遍拘束力的特点与合同相对性的基本特征格格不入、相去甚远。因此,决议不同于合同,公司合同理论无法解释决议的普遍拘束力现象,决议的多数决议规则也不同于合同的合意原则,合同理论中的合意原则不能盲目适用于公司的议事活动规则。

五、无法解释公司议事活动中股东的处分行为

"处分行为乃对现存的权利,直接加以改变,移转或消灭之法律行为。""就权利为处分的权限,乃权利的成分,故处分行为以处分人有处分权为前提,因此于为处分时,须有处分权,始能生效。"①合同理论下合同当事人的处分行为所针对的对象必须是自己的权利,否则为无权处分,将会对合同的效力产生影响。

股东通过投票表决行为所处分的权益既关系自己的权益,也会对公司其他参与者的权益产生影响。股东享有的股权,根据股东行使权利的目的不同可以分为自益权和共益权。自益权通常指股东仅为自己的利益而行使的股东权利,这种权利的行使一般不会影响到其他公司参与人的权益,如公司盈余分派请求权、剩余财产分派请求权;共益权是指股东为了参与公司的管理、营运所享有的权利,如股东会召集请求权、投票表决权。股东共益权的行使不同于自益权,往往会涉及公司的利益以及其他公司参与人的利益,特别是表决权的行使。股东行使表决权的投票行为有时处分的直

① 黄立:《民法总则》,中国政法大学出版社 2002 年版,第 201 ~ 202 页。

接是他人的权益。例如,股东会选举和更换董事、监事的决议,增加董事和监事薪酬的决议,股东对这类事项的投票表决行为实际上是对他人权益的处分行为。这与合同理论下所要求的缔约者的处分行为对象必须是自己的权益显然不同。

公司议事活动中,股东通过行使表决权对他人权益的处分行为更加凸显了公司的组织性,也从一定程度上解释了企业替代市场的机理。企业家运用权威(企业科层制度)来指挥生产,在企业各个部门之间对资源进行配置。企业的出现,将部分市场上的交易转为企业内部的交易,这部分被转化的交易的调解机制也由价格机制转变为企业家的指挥。[①] 公司合同理论无法解释公司议事活动的特点,表明决议是一项独立的法律行为,而多数决议规则是决议的基本规则,也是保障公司运行的核心议事规则。

本章小结

本章通过对合同和决议的解读与比较可以看出,这两种民事法律行为有着本质的区别,不可混为一谈。作为社团之一种的公司这种商事组织,其股东会通过议事活动形成公司意思的过程无疑是民事法律行为中的决议,既然是决议就应当遵循决议的基本规则——多数决议规则。资本多数决议规则是由公司的本质特点所决定的,是公司在形成和发展过程中的自觉选择,是经过历史选择和印证的最为科学合理的议事规则。公司股东会议事活动采取

① “在企业之内,市场交易被取消,伴随着交易的复杂的市场结构被企业家所代替,企业家指挥生产。”参见[美]科斯:《企业、市场与法律》,盛洪、陈郁译,格致出版社、上海三联书店、上海人民出版社 2009 年版,第 36 页。

资本多数决议规则是决议的本质属性和特点决定的，也是公司民主管理制度的内在要求，以及公司对公平与效率追求的必然选择。同时，资本多数决议规则的选择也反映了公司合同理论对公司议事活动解释力的缺陷，公司合同理论无法解释股东投票行为的非契约性，无法解释意思表示欠缺时的决议效力，无法解释公司议事活动中的代理现象，无法解释决议的普遍拘束力，无法解释公司议事活动中股东的处分行为。对公司合同理论的误读、误解蒙蔽了人们对公司决议活动本质的认识，以公司合同理论强调的合意原则作为公司议事活动规则不仅理论上难以自圆其说，而且实践中将使公司活动故步自封、难以运营。

第四章　公司合同理论本土化反思

第一节　理性看待公司合同理论

在公司法研究领域，许多经济学家都希望法学研究者能向经济学看齐，因为他们认为经济学对公司的分析更为透彻，经济学的分析工具也更为有效。[①] 然而在法学研究者看来，经济学理论多建立在假设的模型之上，于现实中问题的解决只能起到画饼充饥的作用。即便是经济学家也不得不承认现有经济学对公司的研究仍不可避免地存在理论与现实脱节的问题。从事法学和

---

① Oliver Hart 认为他发表 *An Economist' s Perspective on the Theory of the Firm* 一文的目的就是让律师了解经济学家是如何看待企业的。参见 An Economist' s Perspective on the Theory of the Firm, Vol. 89, *Columbia Law Review*, Nov. ,1989, p. 1757。另参见奥利弗·威廉姆森对法学教育提出的建议，[美]奥利弗·威廉姆森：《法、经济和组织学解析》，载《比较》第 9 期，第 43 页。

经济学研究的学者做出了最为重要也最为无奈的让步,他们承认现有正统企业理论再也不能贴近现实,再也无力解释公司和市场组织中的难题。[①] 德姆塞茨更是一针见血地指出,混同理论中的企业和现实世界的企业绝对是个错误。[②] 公司合同理论(企业契约理论、公司契约理论)这一源于经济学领域的理论同样面临理论与现实接轨的难题。公司合同理论在经济学领域中的诞生,首先,由经济学者借用民法学上的契约理念来解释公司参与者之间的关系;其次,经济学者再运用契约理论解释企业和公司的形成机理;最后,公司被认为是一系列合约的联结体,是公司参与者之间通过契约形成的虚拟物,而规范公司的公司法则应当是任意性的,公司的管理和运行应当完全由市场决定,国家不应干预,公司合同理论得以形成。然而,公司合同理论却建立在一系列的假设之上:完全自由竞争的完善市场机制;公司参与者都是理性的"经济人";市场信息披露充分;市场参与者掌握的信息完全对称;合约的缔结无需费用等。基于这些假设,公司合同理论者彻底否定了公司的组织性,认为公司合同理论指导下的公司将会实现效率最大化。

不同的学科有不同的使命和不同的研究方法。经济学的使命就在于研究如何使有限的资源产出最大化,在此目标统领之下,经济学者创设各种经济模型,并向着效率最大化的目标努力迈进。因而,经济学界的公司合同理论倡导者将公司视作公司参与者之间的"合同束",并基于一系列的假设推导出此条件下公司将会实现效率最大化,无可厚非。然而,法学的使命在于通过解决现实中

---

① [美]奥利弗·威廉姆森:《法、经济和组织学解析》,载《比较》第9期,第17页。

② Harold Demsetz, *The Structure of Ownership and the Theory of the Firm/Comment*, 26 Journal of Law & Economics, 1983, pp. 375 – 393.

的利益冲突、衡平各方的利益关系来实现公平、正义、效率等价值目标,因而法律制度的生命在于其符合法律的价值目标,贴近现实,并且易于操作。

当然,无论是合同理论的批评者还是支持者都不能否认合同理论给公司法带来的变革,但从某种意义上说,合同理论仍然是不完善的,在许多方面都存在不足,有些观点建议甚至是片面的。[①]波斯纳也承认,因为“经济学没有回答是否有效的资源配置在社会和伦理意义上都是值得追求的这一终极问题,而经济学家也没能告诉我们,在假设现行收入和财富分配是正义的条件下,消费者的满足是否将是社会的主要价值。由此,经济学家讨论法律制度的能力是有限的”。[②] 所以,公司法学者在接纳公司合同理论时应当注意,经济学上关于“合同”的概念外延范围要比法学上强调权利和义务的“合同”更为广泛,经济学家视野中的合同概念的外延远远大于法学家对合同的界定。经济学家将公司视作“合同的联结”,意指公司只不过是一系列在各种公司参与者之间,包括股东、债券持有人、管理人员、雇员、供货商和顾客等,达成的明示的和默示的合同的聚集点。这些明示的和默示的合同在经济学家那里被看作两个或多个基于互惠的期望和行动的公司参与者之间的一种安排,它的含义要比法学家对合同的定义宽广得多,法学家关注的是法律认可的责任和义务的存在。法学家将会尤其专注于合同形成的表征——要约和承诺,一种允诺的交流——反映在清晰的交易过程中。这种观念的差别在“默示”合同的情形下尤为突出,对

① [美]R. M. 昂格尔:《现代社会中的法律》,吴玉章、周汉华译,译林出版社 2001 年版,第 70 页。

② [美]理查德 · A. 波斯纳:《法律的经济分析》,蒋兆康译,林毅夫校,中国大百科全书出版社 1997 年版,第 17 页。

法学家来说,默示合同实际并不存在,只是因为正义的更高的原则性要求使其具有法律上的执行力而已。对经济学家来说,默示合同将会通过市场机制得到执行,而不是通过法院得到执行,如名誉影响,执行的方式也不会减轻受害一方的痛苦,但是随着时间的推移,不履行义务的一方终将会受到惩罚。[①] 对于其他经济组织、甚至政府等非经济组织也可以用经济学上的概念加以定义,把公司视作公司参与者之间的合同束并没有突出公司的商事组织特征。公司是长期存续经营的商事组织,其现实的经济活动与利益分配都是建立在公司组织结构的基础之上的。在公司内部"股东与公司间的关系不是普通的合同关系,而是团体与成员间的关系"。[②] 我国有学者已经意识到不同学科和语境下对公司的界定差别,"公司合同理论把公司看作由一系列明确合同或隐含合同组成的集合,这是源于经济学理论对公司的认识,因此不应该完全不加修改地移植到对公司的法律认识中"。[③]

基于公司合同理论所引发的关于公司法的强制性与任意性之争,似乎注定是一个无法述说清楚的命题。如爱森博格所言,"市场的不完善并不意味着强制规则就更好,反过来同样的道理,强制规则不完善也并不意味着市场就更好"。[④] 汤欣教授亦指出,"公司是市场经济的产物,现代公司的发展历史表明,管理和控制的'两权分离'所带来的代理成本问题,可以因市场机制而得到相当的控制。但市场机制并不能一劳永逸地解决代理成本问题,在'市

---

① Jeffrey N. Gordon, *The Mandatory Structure of Corporate Law*, Vol. 89, Columbia Law Review, Nov., 1989, pp. 1550 – 1551.

② 谢怀栻:《外国民商法精要》,法律出版社 2002 年版,第 276 页。

③ 徐菁:《公司法的边界》,对外经济贸易大学出版社 2006 年版,第 31 页。

④ Melvin Aron Eisenberg, The Structure of Corporation Law, Vol. 89, *Columbia Law Review*, Nov., 1989, p. 1526.

场失灵’或‘市场不足’发生的时候，法律尤其是具有强制性作用的强行法不可或缺。判定市场和强行法的得失，选择在何种情形下使何种机制发生主导作用，必须严格遵循投入——产出规则，比较他们在具体场合中的成本和收益”。[①] 因此，公司法的强制性与任意性不是固定不变的，它随着外部环境的变化而变化，对于公司法的属性应当以发展的眼光和动态的视角观察之。因为，“从治理机构的角度、用过程而非结果的方法、用动态而非静态的眼光来认识公司可能最贴近现实”。[②] “总体而言，公司法的适应性品格要求其对技术和市场保持敏感，对于多元利益主体格局之变迁做出明智的调适，这使其任意性与强制性规则的界限游移不定。”“我国新《公司法》的诸多规则，亦应在适应市场的动态均衡中，努力寻求任意性与强制性之间的妥当平衡，唯此方能保持公司法的实质正当性。”[③]公司法的强制性与任意性唯有随经济形势的变化而动态的调整和适应，公司法才能保持其旺盛的生命力。

一国的公司法受该国的经济发展、历史文化传统、人们传统的交易习惯等许多因素的影响，因此不同国家之间的公司法存在较大差异。而同一国家的不同历史时期，其公司法律制度也不相同。公司法作为调整商事组织活动的法律，随着经济环境的变化甚至是政党交替而变化。“公司法的本质是组织法，组织法的生命在于运营。组织是在运营中存在和发展的。如果组织不能‘动’起来，

---

① 汤欣：《公司法的性格：强行法抑或任意法》，载《中国法学》2001 年第 1 期，第 109～125 页。

② 徐菁：《公司法的边界》，对外经济贸易大学出版社 2006 年版，第 18 页。

③ 罗培新：《公司法强制性与任意性边界之厘定：一个法理分析框架》，载《中国法学》2007 年第 4 期，第 69～84 页。

操作起来,只存于'静'的层面上,则不可能发生应有的功效。"[①]以美国为例,在进步党时代前,联邦法院一直信奉自由放任的不干预态度,而在进步党兴起的年代,被迫作出相应的调整。但进入20世纪20年代后,最高法院又开始转向注重保护企业生产自由、管理自由及签约自由的权利。但这种转变尚未调整到位,最高法院就在罗斯福新政的强大压力下又开始倾向于更为严格的干预。[②]人们可以清晰地看到所谓的钟摆摆动——每当市场欺诈挫伤投资信心的时候,总会有一批强化管制的法律出台;每当经济因政府管制而举步维艰的时候,放松管制的主张又重新抬头。20世纪30年代以来,美国法律一直都按照这样的轨迹周期性前进。几年前,以安然、世通为代表的公司丑闻震惊美国社会,朝野上下一片"严打"呼声,布什总统在2002年7月30日签署了国会以压倒多数通过的"Sarbanes - Oxley Act"。布什总统称该法案是"罗斯福时代以来,有关美国商业实践的影响最为深远的改革"。[③] 可见,公司法的强制性与任意性应当顺时势而变,才能紧扣经济发展的脉搏,才能符合国家不断变化的经济形势的需要。

滥觞于经济学领域的公司契约理论正在不断地向公司法学领域渗透,作为公司法学者在接受或引进以及运用这一理论时,应当对该理论具有清晰的认识,保持清醒的头脑,不应当盲目地进行理论的移植。尽管公司契约理论为公司法学提供了新的研究进路和思考视角,但是公司契约理论的滋生土壤和自身存在的语境限制

---

① 梁上上:《自行召集的股东会议所作出的决议是否有效》,载《法学》2003年第1期,第102~104页。

② 王希:《原则与妥协:美国宪法的精神与实践》,北京大学出版社2000年版,第6章至第7章的描述。

③ 转引自方流芳:《乱世出重典——2002年美国公司改革法案述评》,载《21世纪经济报道》2002年8月21日。

决定了公司法学领域中的某些固有制度必然要对这一理论产生排斥反应。如何解决公司法中的多数决议规则与公司合同理论合意原则之间的冲突,必须要从公司这一商事组织的本质特征出发,不能盲目适用合同理论中的合意原则。从某种意义上讲,也许公司合同理论的更大意义乃在于其为公司法学者提供了一种新的研究视角和方法。

第二节　公司多数决议规则:理想与现实冲突之间的必然选择

帕累托最优是福利经济学期望实现的最为理想的状态。[①] 但是,通过帕累托改进实现帕累托最优的状态时,必须要在不使任何一方受损的前提下才能实现。因此,帕累托改进受到了很大的限制。在现实中,通过帕累托改进实现帕累托最优的理想状态几乎难以实现和操作,尤其是在公司法领域。因为帕累托最优的改进只能解决社会主体之间不存在利益冲突的问题,而公司法需要解决的参与者之间的利益关系往往是此消彼长的关系。根据传统公司法的观点,保护股东的利益必然意味着经理人的利益将受到一定的损失;而根据利益相关者理论的指引制定和修改公司法,在保护了雇员等利益相关者的利益时,必然又会影响到包括股东在内的多方利益。即便是在作为公司参与者一方的股东内部,其利益也非完全一致,股东之间追求的目标、利益诉求等往往存在重大差

① 帕累托最优必须满足以下四个条件:(1)无法使所有各方境况更好;(2)不可能使某一方境况更好,而又不使另一方境况变坏;(3)从交易中能得到的所有收益都已取尽;(4)无法进一步再作互利的交易等。参见[美]H. 范里安等:《微观经济学:现代观点》,费方域等译,上海三联书店、上海人民出版社 1994 年版,第 618 页。

异。实践中的大股东与小股东之争愈演愈烈,大股东利用控股优势对小股东利益的侵害,小股东对大股东的讹诈等情形层出不穷。所以,如果严格遵循帕累托改进的标准,则公司法的修订与改进将只能永远停滞,成为一个梦想。而公司自身的内部治理活动如果严格秉承帕累托改进标准的话,公司的运行又将举步维艰。因此,帕累托最优状态似乎只是一个理想而美好的童话世界。如果遵循公司合同理论的合意原则开展公司治理活动,以合意原则作为公司的议事规则,让每个股东的意志都得到体现,使公司的决议符合每一个股东的利益,这将是令人无比神往的图景。然而,现实让我们不得不冷静思考和面对这一问题。由于公司股东之间的地位区别、利益分歧、理念差异等,让所有股东一致同意表决事项,几乎是不可能的,公司必将限于故步自封、无法运营的局面。伯利与米恩斯早就指出:"即使是对章程进行初步的修改也需要全体股东一致投票同意;根据这种投票的经验,它在阻止公司内部某一集团侵犯另一集团的权利时,通常会使公司陷入瘫痪而损害股东的利益。"①

因此,理想的帕累托改进标准实际上限制了改进,反而阻碍了社会总体福利水平的提高,进而影响到社会成员的福利,故而其往往只能是一种理论上的最优。由于寻求一种公认的公正标准是非常困难的,因而看似极力追求正义的帕累托最优标准是否能够反映正义的本质也不免让人质疑。于是,福利经济学经历了一场由帕累托最优到希克斯效率的标准变革。希克斯效率以社会福利总体最大化为最终目标,强调只要一方的损失小于他方的收益,那么

---

①　[美]阿道夫·A. 伯利、加纳德·C. 米恩斯:《现代公司与私有财产》,甘华鸣、罗锐韧、蔡如海译,商务印书馆 2003 年版,第 220 页。

这种改进就是有效的。[①] 这正如波斯纳所言，“如果他们甚至还不能像普通法法官那样改变社会中不同集团所收受的馅饼份额，那么他们倒不如将注意力集中于其馅饼面积的增长”。[②] 体现在公司法中就是，不管是以股东为导向，还是以经理人为导向，或是以利益相关者为导向，公司法的制定和修改应当着眼于公司总体效率的提高，而不关注谁将在公司法的改革中受益或受损；而在公司的内部治理活动中，公司的运行将遵循公司的效率最大化原则，而不管公司的决策结果到底谁受益或受损。当然，追求社会效率的最大化并不意味着对公平和正义的放弃，恰当地衡平相关者之间的利益也是社会效率总体最大化的应有之义和必要条件。

毋庸置疑，公司作为市场中的商事主体，其在从事商事活动的过程中必然以商事活动效率最大化为目标。而公司法作为调整公司这一商事组织的法律规范，当然也应当以效率为首要目标，但是公司法作为法律规范也应该体现法律基本的公平、公正原则。所以，公司法应当以效率为首要目标，当效率目标出现背离公正的偏差时，应当以公正为指针来纠正这种偏差。公司在运营的过程中，其内部决策活动在追求总体效率最大化目标的同时，应当对受到

---

① 希克斯效率又称为卡尔多—希克斯效率（Kaldor - Hicks Efficiency）。卡尔多与希克斯在效率判断标准上有共同的认识，只是在受益方对受损方的补偿上存在分歧。卡尔多认为，尽管改变经济政策以后可能使一方得利，另一方受损，但如果通过税收政策或价格政策，使那些得利者补偿受损者而有余，那就不失为正当的经济政策，也就是说，那就增加了社会福利。希克斯则认为，补偿可以自然而然进行，而不必由受益者来补偿。希克斯认为，在长时期的一系列政策改变之中，政策改变对于收入分配的影响是或然性的，这次使这些人受益，使另一些人受损，下次可能使这些人受损而使另一些人受益，结果相互抵消，而使全社会所有人都收益。参见厉以宁、吴易风、李懿：《西方福利经济学述评》，商务印书馆 1984 年版，第 102 ~ 106 页。

② ［美］理查德 · A. 波斯纳：《法律的经济分析》，蒋兆康译，林毅夫校，中国大百科全书出版社 1997 年版，第 333 页。

损害的公司参与者提供相应的保护和救济。但是,这种保护和救济决不能以牺牲公司的正常运行为代价。它应当是一种程序的保障和经济利益的保护,而不应当成为权利滥用的借口。“我们应当牢记:公司法的主要目的是促进社会经济利益的增长,公司法并不是社会保障法,因此,虽然它可能要关注公平,也能在一定程度上实现公平,但对公平的追求永远无法超越其盈利目标,绝对的公平永远无法在公司法框架中彻底实现。”①

多数决议的议事规则在追求公司总体效率最大化的情形下,确实存在以民主形式侵犯个人利益的情况。但是从现实的角度而言,确实难以找到更好的替代方法。法学中普遍存在着类似于经济学中“次优”选择的“次差”选择。法律是一种利益的权衡机制、资源的分配机制和社会关系的调节机制,每一种规范方法都难以十全十美,存在着各种缺陷和不足,因而法律规范往往是两害相权取其轻,两利相权取其重。当我们在考虑替代机制的选择时,除了考虑被替代机制的缺陷外,还应当考虑替代机制本身的缺陷,防止陷入纳维纳谬误的逻辑之中。决议是公司分配最重大权益的途径和方式,对公司治理的意义不言而喻。恰如有学者所言,“毫不夸张地说,决议是现代社会分配权益的最重要的制度”。② 而公司决议的重要规则——资本多数决规则的确立和发展,对平衡股东间的利益冲突、使公司快速有效地形成决策,并为保护和刺激股东的投资热情具有不可磨灭的贡献。③ “无论是过去、现在和将来,它

---

① 蒋大兴:《公司法的观念与解释Ⅰ》,法律出版社2009年版,第150页。

② 陈醇:《意思形成与意思表示的区别:决议的独立性初探》,载《比较法研究》2008年第6期,第53~64页。

③ 周凯军:《论资本多数决及其限制》,载《河北法学》2000年第1期,第90页。

都将是公司法的一项基本规则和重要内容。”[①]多数决议规则是公司这一商事组织在运行的历史实践中作出的自我选择,是公司治理、决策的核心规则,而合意原则已经被证明难以操作。在公司的议事活动中以合意原则取代多数决议规则是在走回头路,也是由于对公司合同理论的错误理解而产生的。

因此,在公司的议事活动中,多数决议规则既是无奈的选择也是理性的选择,多数决议规则虽不是最理想的选择却是最现实可行的选择,多数决议规则虽不完美却无可替代。

第三节　公司多数决议规则下少数股东权利保护的路径

查阅相关文献资料会发现,众多的资料都在探讨资本多数决的滥用与小股东权利的保护问题。一时间让人感觉大股东似乎天生就是邪恶的,小股东天生就是纯洁的,必须要对小股东施以额外的保护才符合公正的要求。还依据公司合同理论推导出,没有经过小股东同意的修改章程限制股权的决议行为以及对股东权利处分的决议行为对该股东不发生约束力等论断。这种天生倾向于小股东情结的行为,忽视了公司作为商事组织的本质特征和生态运行机理。“通过资本多数决形成的章程限制股权规定不能约束异议股东的观点,也许尚未真正理解公司法作为组织法的特性,将合同法的理念简单套用于解决公司法问题,以至于得出有悖于常理

① 杨辉:《资本多数决与少数股股东之保护》,载《安徽大学学报》(哲社版)1998年第1期,第109页。

的结论。"[①]

根据公司存在和发展的生态机理及其追求的价值目标,公司法中永远无法实现股东之间的绝对平等,对于股东权利的保护,既不应当偏爱大股东,也不应当溺爱小股东。对于股东权利的保护界限应当以其合理期待为界限,而这种合理期待的判断标准应当来自两方面:"其一,就股东与公司之间的关系而言,所谓合理意指给予股东整体的权利不能强大到足以吞并公司独立存在的程度;其二,就股东与股东之间的关系而言,所谓合理意指股东权利的分配原则上按股东各方经济地位——投资多少的不同来进行安排。"[②]合理期待要求小股东不应超出其在公司中经济地位和投资比例去期待法律的保护。"少数股东的保护应当受限于一个合理框架,安排给少数股东的权益不能突破股东权构造的基本面——股东权利整体的规模不应影响到公司法人人格的独立,股权配置应当遵守'大股东大权利、小股东小权利'的股权分配生态规则,提供给小股东的立法和司法保护不应超出其合理期待。"[③]因此,在资本多数决规则之下,对小股东的保护不应超出其合理期待,否则将会造成股东之间权利保护的不对称,有违公司运行的内在机理要求。过度的权利保护也会宠坏小股东,难以避免小股东对大股东的要挟和讹诈。

有的学者甚至认为,"在时下中国,所谓少数股东的保护其实是一个伪造的法律命题,是一个单纯通过法律改革方式无法解决的问题,决策层之所以如此关注少数股东的保护,并非该等关注可

---

① 吴建斌、赵屹:《有限公司收购设限股权效力解析》,载《社会科学》2009 年第 4 期,第 87 ~ 93 页。

② 蒋大兴:《公司法的观念与解释 Ⅰ》,法律出版社 2009 年版,第 150 页。

③ 同上书,第 148 ~ 149 页。

以在事实上改变少数股东的不利地位,而是因为该等关注可以减轻政府面临的压力。因此,当前所谓少数股东保护的实质不是法律问题,而是社会问题、政治问题。该问题的全面解决,必然有赖于法律之外的管道”。[①] 因此,应当清醒地认识到,“资本多数决可能造成压迫,但少数人也可能形成暴政——大股东并非总是魔鬼,小股东也并非永远都是天使;我们应当重申股权平等原则——少数股东和多数股东作为投资人的经济角色没有差别,不应采取不同的保护政策”。[②] 资本多数决原则有可能但并非必然成为多数股东压迫少数股东的工具,在尚无其他更好的机制替代之前,资本多数决仍是公司治理机制的基础,当其带给少数股东不利益时,受害股东可以通过其他途径进行救济。[③] 笔者认为,从法律的理性要求和司法实务的经验来讲,在资本多数决议规则之下对小股东的权利保护应当从以下几个方面着手。

一、完善决议程序的保障

公司中的多数决定结果不可能为全体当事人满意,不可能实现皆大欢喜的理想局面,因而,如何消弭部分当事人的不满至关重要,也是公司有序运行的基本条件。程序要件的满足可以使决定变得容易为失望者所接受。[④] 正当的程序吸收不满,从而使正义成为看得见的正义。这些都是现代程序的基本特征——“处于平等地位的个人参加决定过程,发挥各自的角色作用,具有充分而对

---

① 蒋大兴:《公司法的观念与解释Ⅰ》,法律出版社2009年版,第151页。

② 同上书,第150页。

③ 吴建斌、赵屹:《有限公司收购设限股权效力解析》,载《社会科学》2009年第4期,第87~93页。

④ 季卫东:《法治秩序的建构》,中国政法大学出版社1999年版,第36页。

等的自由发言的机会，从而使决定更加集思广益、更容易获得人们的共鸣和支持。这种程序使个人既有选择的自由，同时也为自己的行为负责。"[①]萨默斯等人对程序的独立性价值进行了研究，认为法律程序不仅有助于结果的实现，而且其自身就具有和平、参与、自愿、公平、及时、人道、正统等独立性价值。[②] 决议即使没有经过所有股东的一致同意，但是对异议股东却仍然具有拘束力，根据罗尔斯的理论，决议这种拘束力的正当性来自决议的正当程序。罗尔斯以赌博为例对这一问题进行了分析：赌博的实体是不正义的，但是赌徒对结果却心悦诚服，其原因在于赌博的程序是正当的，这类行为从实体上找不到正义之处，其正义之处应当从程序上得到。[③] 根据其理论，决议程序的正当性是决议拘束力正当性的来源之一。

我国公司法已经开始重视公司参与者程序性权利的保障。我国《公司法》中，仅决议程序就涉及 54 个法条，约占《公司法》总条文数的 25%（54/218）。[④] 决议是群体行动，在群体议事的情况之下，如果没有严格的决议程序，就无法保证议事的秩序，不能保障各种意思的有效表达、交流和提炼，更不能保障多数决定原则的贯彻。决议是不同意思之间的有序博弈，可以说，没有合理的程序，这种有序的博弈就不可能成功。因此，决议程序在决议的形成之中具有重要的地位。与缔约程序相比，决议程序的特点是系统性、

---

① 季卫东：《法治秩序的建构》，中国政法大学出版社 1999 年版，第 36 页。

② 陈醇：《论单方法律行为、合同和决议之间的区别——以意思互动为视角》，载《环球法律评论》2010 年第 1 期，第 49～58 页。

③ 参见［美］约翰·罗尔斯：《正义论》，何怀宏等译，中国社会科学出版社 1988 年版，第 87 页。

④ 陈醇：《商行为程序研究》，中国法制出版社 2006 年版，第 286 页。

专业性、强制性。[①] 一个有效的决议必须具备两个特殊的要件：决议过程合法，即决议过程符合法定的决议程序；多数决定的存在，即决议案经过多数票通过。前者旨在保障意思互动过程的有序性，后者旨在保障“化合物”的民主属性。[②] 程序合法是决议合法性的重要组成部分和重要保障。

我国《公司法》第 22 条第 2 款规定，“股东会或者股东大会、董事会的会议召集程序、表决方式违反法律、行政法规或者公司章程，或者决议内容违反公司章程的，股东可以自决议作出之日起六十日内，请求人民法院撤销”。这表明我国公司立法对决议程序的重视，为了保障股东在决议过程中的程序性权利，公司法赋予了股东提起撤销决议诉讼的权利。然而，司法实务中对这一问题的态度似乎并不明朗，适用法律也并不统一。

有的法院坚持决议程序的独立价值，依法支持股东撤销决议的诉讼请求。例如，某信息咨询公司共有四名股东，李先生、薛先生、张先生和薛女士，四人的出资比例分别为李先生、张先生各占公司 30% 的股份，薛先生占 25% 的股份，薛女士占 15% 的股份。2000 年 9 月 27 日，该公司召开股东会议，占有公司 85% 股份的李先生、张先生和薛先生参加了股东会并作出决议，免去薛先生公司法定代表人资格及其公司经理的职务，任命李先生为公司新的法定代表人和经理。决议作出后，三名股东分别在决议上签了字。六年后，当时并未参加股东会的薛女士突然发表声明称，不同意上述股东会决议，要求认定该决议无效（实际应为撤销决议之诉）。而且主张该决议并未在法定时效内办理任何工商登记手续，已经

---

① 陈醇：《论单方法律行为、合同和决议之间的区别——以意思互动为视角》，载《环球法律评论》2010 年第 1 期，第 49～58 页。

② 同上。

完全失去法律效力,不应作为当前的法律根据。为此,股东李先生诉至法院,请求判决信息咨询公司和第三人薛先生按照股东会决议到工商行政管理部门进行工商变更登记。审理过程中,薛先生与信息咨询公司均认为,股东会决议的内容明显与实际情况、章程规定不一致。薛女士没有参加股东会且其不同意决议内容,所以该决议无效。法院支持了薛女士的请求,驳回了李先生的请求。① 有的法院则更倾向于决议内容的合法与否,忽视了程序的价值。例如,北京中咨华科有限公司于2006年初召开股东会议,并未通知持股1%的离任职工股东樊女士,又冒用后者名义在增加公司资本的股东会特别决议上签名,引入了新的股东,导致樊女士在公司的股权比例下降。樊女士以公司行为在程序上违反了公司法的强行性规定以及公司章程为由,诉请法院确认股东会的决议无效(实际应为撤销之诉)。北京市海淀区法院在确认公司行为构成侵权的同时,却又以樊女士持有公司1%的股份,其是否到会及参与表决,均不会产生改变增加注册资本决议内容的结果,且公司难以恢复到初始状况的理由,认定该股东会决议的内容,在不违背法律禁止性规定的情形下,应属有效。最后驳回了原告樊女士的诉讼请求。②

笔者认为,决议程序有其本身的独立价值,而且又是决议内容合法和公正的保障,因此,应当不惜代价维护程序的正当性。如果在个案中以小股东所持股份比例较小,其是否参加股东会决议均不会改变决议结果的内容,只能是徒增成本为由,而迁就大股东对

---

① 李松、黄洁:《不按章程通知全体股东参会够法定表决权数决议仍无效》,载《法制日报》2007年9月27日。

② 参见范静:《公司冒用股东签名海淀法院判其侵权》,载《法制日报》2006年3月7日。

小股东议事活动中程序性权利的侵犯,必将会产生示范效应,助长大股东的这种行为,损害的将是公司法的制度价值,公司运行的秩序将会被破坏殆尽,小股东的投资热情势必受到严重打击,社会经济的发展必将受到不利影响。因此,完善决议程序、尊重小股东的程序性权利,既是防止大股东滥权的重要措施,也是使异议小股东承认多数决议规则下公司决议正当性的前提,是公司顺利运行的重要保障。

二、加强对小股东财产权益的保护

股东权是股东以丧失所出资产所有权为条件而获得的相对于公司的法律地位。股东权内涵丰富,具有多层次和多样化的特点,它既包括财产权也包括对公司的管理参与权。股东通过投资这一市场行为,导致其对投入公司资产的所有权演变为了股权,股东权已不能完全等同于民法上的财产性权利。股东通过投资行为加入公司成为公司的一员,就意味着其要承担自己投资行为所带来的风险和收益;而且,加入公司这种社团组织,还必然要接受公司规章制度的约束,如章程、决议,股东权利的行使还必须要符合公司这种商事组织游戏活动的规则,如多数决议规则。所以,股东权利虽由所有权演化而来,但是已不具有所有权那样的绝对性和不受支配性。

尽管逐利目的通常被视为股东加入公司的原动力和根本目的(当然不排除一些股东为其他的理想和目标而加入公司),但由于公司股东之间的理想、信念、目标、经营理念、管理水平和方式存在重大差别,所以在公司的运行、管理活动中,公司股东之间往往难以达成一致意见,为了实现管理和决策的效率,不得不采取多数决议规则。“协商一致是最为理想的决策机制,然而在参与者众多的情况下，如公司中的股东（大）会的表决、董事会的表决机制等，各方观点差距较大，协商往往难以达成一致意见，决策的顺利进行还须借助其他机制完成。其中，多数决议规则就是最常用的决策机制。但是必须指出的是，民主的多数决定原则既可能受多数人自我利益甚至激情的左右、而令少数人的利益蒙受损害，也可以在追求集体性目标的同时忽略甚至牺牲个人的权利。"[①]在少数股东以丧失所出资产所有权为代价获取股权，并且接受自己反对而公司依据多数决议规则形成的决议结果的条件下，少数股东股权中的合法财产权益应予保证，如此才能衡平股东之间、公司与股东之间的权利义务配置关系。在公司通过多数决议规则对部分股东的股权进行处分和限制时，应当保障该部分股东股权中的财产权益不受侵犯，从而实现决议内容的公平和正义。多数决定的过程是一个多数派把自己的意志强加给少数派的过程，在这个过程中一部分人获得了收益，一部分人遭受了损失，因此在多数同意规则实施过程中需要补偿和保护少数。[②] 当然，部分股东财产权益的保护应当限制在合理期待范围内，应当与其投资比例相对称。

例如，周某诉大丰市丰鹿建材有限公司股东权纠纷案中，丰鹿公司通过的修改公司章程决议规定，"股东……被解除劳动合同关系的，股东会可以决定其股权由其他股东受让，股权转让价格不论

① 梁治平：《法治：社会转型时期的制度建构——对中国法律现代化运动的一个内在观察》，载梁治平编：《法治在中国：制度、话语与实践》，中国政法大学出版社2002年版，第147页。

② 宋智慧：《资本多数决：异化与回归》，吉林大学2008年博士学位论文，第12页。

公司到时盈亏状况,一律以实际认缴出资的原值结算……”[①]这种多数决议规则下通过的对股东权利的强制处分决议本身没有问题,但是“股权转让价格不论公司到时盈亏状况,一律以实际认缴出资的原值结算”的规定,却大有侵犯异议股东财产权益之嫌,损害了异议股东的合理期待权利。试想,如果公司亏损,是否还会给异议股东“一律以实际认缴出资的原值结算”?类似的情形还有张某请求确认章程条款部分无效案中,怡康公司章程修正案第16条的规定,“职工股东调离本公司,必须按原出资额转让其在公司的股份……”[②]也同样没有体现出股东投资公司应当承担的风险性和对盈利期待的特性。但是也有些案例中公司章程的规定则体现了公司这一事业的投资性特点。例如,姜某诉某集团有限公司股东会决议无效案中某集团公司的章程第17条规定,“公司股份实行内部转让,由公司调剂。股份转让价格以公司上一年度每一股净资产值为参考依据……”[③]在朱某诉南京金凌石化工程设计有限公司股东会决议无效案中,南京金凌公司的章程修正案第56条规定,离职股东“拥有的全部股份由公司以经会计师事务所审计后的公司上一年度每股净资产为转让价统一收购……”[④]在公司无论处于亏损还是盈利的状况下,以上一年度每股净资产值作为强制处分股东股权的价格依据比较符合公司的投资性特点,同时

---

① 吴晓锋:《江苏大丰丰鹿建材公司转让股权案小股东二审胜诉》,载《法制日报》2007年5月27日。

② 常州市中级人民法院民二庭课题组:《股权转让若干审判实务问题研究》,载《人民司法》2008年第23期,第37~43页。

③ 一审案号:山东省烟台市芝罘区人民法院(2006)芝民二初字第579号;二审案号:山东省烟台市中级人民法院(2006)烟民二终字第124号。

④ 一审案号:江苏省南京市栖霞区人民法院(2007)栖民二初字第508号民事判决,二审案号:江苏省南京市中级人民法院(2008)宁民二终字第447号。

也有利于对少数股东和多数股东的一体平等保护。

就此问题如何处理，前述已有江苏省高院部分法官发表了相关意见。笔者认为，对于股权的概括处分或限制决议，只要不违反法律、行政法规和公司章程，司法应当尊重公司的游戏规则以及议事结果，这也是有限公司在后续经营过程中人合性基础破裂之后进行修复的一种途径和渠道。但是对于被“清理”出公司的、对决议持异议的股东的财产权益应当予以合理保护。对于决议中股权转让价格部分的规定，应当允许司法权力的介入。但是，应当注意采取恰当的介入方式。司法权力的介入应当针对具体的处分股东股份的决议，如果是修改公司章程的决议，则法院不应当也不必要直接改写章程，因为通过对其后依据章程做出的具体处分异议股东股份的决议的干预，不仅达到了目的，也防止出现解释上的逻辑悖论[①]。这里，尽管异议股东请求决议无效或撤销决议的诉讼得不到法院的支持，但是应当允许他们通过侵权诉讼的方式实现其对财产权益的保护。

三、完善异议股东退出机制

公众公司的开放性特征自不待言，其股东的进出机制相对闭锁公司而言更加自由和通畅。即便是闭锁公司，由于其人合性而具有一定的封闭性，在股东进出机制方面限制相对较多，其股东组成也需要因应时势而调整。闭锁公司成立的重要基础是股东之间的感情和相互信任的社会关系，因而人合性是闭锁公司的重要特性，闭锁公司人合性的特征反过来又要求股东人员组成的稳定性。

---

① 这类似于行政诉讼的对象只能是具体行政行为而不能是抽象行政行为，由于抽象行政行为是具体行政行为的依据，对具体行政行为的否定，也就达到了司法权对整个行政行为的监督目的。

但是,随着公司的成立、运营和发展,公司成立之初无法预料的许多情况开始出现,加之公司股东之间的经营理念、长期目标和近期目标、管理方法和手段等方面的差异,必然导致股东之间观念的分歧,进而影响信任的基础和感情的维系。

当闭锁公司人合性的基础——股东之间的信任不复存在时,如何进行修复以维持公司的顺利运行是摆在我们面前的现实问题。如周某诉大丰市丰鹿建材有限公司股东权纠纷案中,丰鹿公司共有九名股东,另外八名股东都和股东周某的观点不一致,以至于另外八名股东希望以修改章程的方式将周某“清理”出公司,以维护公司股东间共同的情感一致性和信任的基础。公司依据资本多数决议规则通过的关于异议股东股权的强制处分决定如果必须要经过异议股东的同意才对其产生拘束力的话,对于闭锁公司人合性的维持无疑是一大障碍,也为异议股东要挟其他股东提供了条件,并且容易诱导异议股东要挟其他股东的机会主义行为。显然,依公司合同理论合意原则为基础的所谓没有异议股东同意不得处分其股东权利的观点不具有现实可行性,应当允许多数决议规则下对异议股东股权的处分。但是,通过此种方式强制异议股东退出的机制应当保护异议股东的合法财产权益。

还有我们所举案例并未涉及的情形,当公司股东对公司重大决议持有异议而希望退出公司时,如何保证其顺利退出公司并且其合法财产权益不受损害。各国立法通常通过赋予异议股东股份收买请求权来实现。异议股东股份收买请求权,是指公司股东大会基于资本多数决议规则就有关公司的重大事项作出决议后,反对公司该决议的少数股东有权表示异议,并享有请求公司以公平价格回购其股份,从而退出公司的权利。“赋予异议股东股份收买请求权既能使公司按多数股东意志做出重大决策，符合效率原则，又能使持不同意见的少数派股东在被补偿的前提下离开与先前预料不同的公司，保护小股东的合法权益，符合实质公平原则。”[①]而且，异议股东股份收买请求权对于维持闭锁公司的人合性意义重大。

但是，股份收买请求权的滥用同样可以给公司和其他股东带来不利，因此各国对于异议股东股份收买请求权的行使条件均做出了相应的限制。以美国为例，美国 1998 年《示范公司法》第 13.02 条规定，当公司出现以下情形时，异议股东有权请求公司以公平价值购买其股票：(1)在公司合并的情况下，应当由股东会作出决议，而且在股东大会上享有表决权的股东享有股份收买请求权；(2)在股份交换的情况下，取得股份的公司中享有表决权的股东享有股份收买请求权；(3)在公司处分公司全部或实质性全部财产时，对处分行为享有表决权的股东享有股份收买请求权；(4)在公司设立章程时，将某些股东持有的某类股份的数量缩至不足整数的情况下，公司有权利或者有义务购买由此产生的非整数股份；(5)在设立章程、附属章程或者董事会决议规定的章程的修改、公司合并、股份交换或者资产处分的情况下，反对股东亦享有股份收买请求权。[②] 美国对异议股东股份收买请求权行使条件的规定属于宽泛式立法，我国公司法则通过列举的方式明确了异议股东股份收买请求权的条件。《公司法》第 74 条第 1 款规定："有下列情形之一的，对股东会该项决议投反对票的股东可以请求

---

① 侯东德：《股东权的契约解释》，西南政法大学 2008 年博士学位论文，第 137～138 页。

② 刘俊海：《新公司法应确认反对股东股份收买请求权》，载《中国证券报》2005 年 7 月 28 日。

公司按照合理的价格收购其股权:(一)公司连续五年不向股东分配利润,而公司该五年连续盈利,并且符合本法规定的分配利润条件的;(二)公司合并、分立、转让主要财产的;(三)公司章程规定的营业期限届满或者章程规定的其他解散事由出现,股东会会议通过决议修改章程使公司存续的。"第 142 条第 1 款第 4 项规定:"股东因对股东大会作出的公司合并、分立决议持异议,要求公司收购其股份的。"不受"公司不得收购本公司股份"的限制。异议股东股份收买请求权的确立是我国公司法的完善和进步,但仍有一些问题没有明确,如债权人利益的保护以及何为"公平价格"等问题。

同时,笔者认为上述我国公司法列举的异议股东股份收买请求权行使的条件仍然不够全面,基于本书对相关公司章程和决议对少数股东股权限制和强制处分的案例的分析,我国公司法非常有必要将公司股东会决议对股东股权进行限制或强制性处分时的情形作为异议股东享有股份收购请求权的条件。这样可以保障异议股东在合法财产权益不受损害的情形下顺利退出公司。既有利于保证公司的决策效率,也有利于多数决议规则下公司股东会决议的顺利实现,又不违背公平正义的原则。

四、恰当确立控制股东的诚信义务

控制股东的诚信义务,或称信义义务、信托义务,是指控制股东在行使其权利时,除了考虑自己利益之外,还负有认真考虑其他股东利益和公司利益的义务。控制股东对其他股东和公司的诚信义务要求他们以公平、正义、平等的方式,而不是以损害中小股东利益的方式运用其控制公司的权力。① 一般而言，控制股东的诚信义务包括忠实义务和注意义务两个方面。忠实义务是一种消极性义务，他要求控制股东在行使控制权时不侵害公司利益和其他股东利益；而注意义务则是一种积极义务，他要求控制股东在行使控制权时，应当积极主动的维护因资本多数决议规则而无法表达自己意愿的小股东的利益，不得怠于履行职责。

无论小股东还是控制股东，作为投资者其逐利的本性都是一致的，尊重这种逐利的本性是鼓励社会公众释放投资热情和创业热情的催化剂。当然，逐利的行为应当控制在法定的框架之内。因此，如何平衡控制股东与小股东之间在逐利过程中产生的利益冲突至关重要。之所以赋予控制股东诚信义务，乃在于其基于资本多数决议规则而获得的控制权力。但是，控制股东的诚信义务不能无限扩展，不能忘记控制股东作为投资者的逐利性而仅将其视作小股东的“公仆”或者社会慈善家，否则会导致对大股东的角色定位错误，引起公司秩序的混乱。

控制股东诚信义务的界定可以从小股东的合理期待权利范围中看出，而小股东的合理期待权利应当与其所占股份比例相对称。公司的资合性决定了股东平等的基础是一股一权的平等，只能是一种基于投资比例的平等。因而，小股东期待法律保护的权利范围不能超越其在公司中的经济地位和对公司的投资比例，否则无异于讹诈。所以，施加给控制股东的诚信义务也应当以小股东的合理期待权为界限，或者说以小股东基于投资比例所应当享有的权利范围为界限。同时，当基于外部环境的需要或公司内部经营

---

① Julian Javier Garza, Rethinking Corporate Governance: the Role of Minority Shareholders - Comparative Study, *St. Mary's Law Journal*, 2000. 转引自朱慈蕴：《资本多数决原则与控制股东的诚信义务》，载《法学研究》2004 年第 4 期，第 104 ~ 116 页。

的需要不得不做出对公司股东权利相应的限制的决议时,控制股东的信义义务要求其对小股东的权利限制比例也应当和其在公司的投资比例相对称。

控制股东违反诚信义务时,小股东可以通过停止侵害之诉、决议无效之诉、撤销决议之诉、股东代表诉讼等诉讼的方式维护自己的合法权益。我国公司法第 20 条规定:“公司股东应当遵守法律、行政法规和公司章程,依法行使股东权利,不得滥用股东权利损害公司或者其他股东的利益……公司股东滥用股东权利给公司或者其他股东造成损失的,应当依法承担赔偿责任。”通过这一规定,当大股东违反诚信义务通过决议方式实施侵害小股东权益的行为时,异议小股东可以提起停止侵害之诉、侵权损害赔偿之诉。公司法第 22 条第 1 款、第 2 款规定:“公司股东会或者股东大会、董事会的决议内容违反法律、行政法规的无效。股东会或者股东大会、董事会的会议召集程序、表决方式违反法律、行政法规或者公司章程,或者决议内容违反公司章程的,股东可以自决议作出之日起六十日内,请求人民法院撤销。”这一规定实际上赋予了异议小股东对股东会决议提起撤销之诉和无效之诉的权利。由于公司利益与股东利益的相关性和某种程度上的一致性,公司利益受到损害就意味着股东利益将受到损害。尤其是大股东利用其控制地位以及其所掌握的内部信息等优势条件,往往运用关联交易等手段掠取公司交易机会,甚至直接侵吞公司利益,[①]造成侵害其他股东权益

① 当年顾雏军利用其“类家族企业”香港格林科尔科技控股有限公司(香港上市公司)和生产制冷剂的天津格林科尔公司(顾雏军私人所有的全资公司)所进行的关联交易即为典型案例。参见崔之元:《郎咸平风波,所有者掠夺与好的市场经济》,载《读书》2004 年第 11 期,第 3 ~ 8 页;郎咸平:《操纵——机构投资人与大股东操纵策略案例》,东方出版社 2004 年版,第 137 页。

的后果。结合公司法第 20 条、第 151 条的规定,我国公司法赋予了小股东对控制股东违反此种诚信义务时代表公司对控制股东提起诉讼的权利。

小股东基于控制股东违反诚信义务提起诉讼的权利应当给予恰当的、合理的规制,防止小股东滥用此类诉讼权利要挟控制股东,给公司的运营制造障碍,影响公司的发展。对于有学者提出的修正控制股东表决权的建议,如累积投票制度(我国 2005 年修订公司法时已经确立累积投票权制度)、股东投票权征集制度,[①]笔者不敢苟同。笔者认为,这些建议违反了公司决议的生态规则——投资比例决定投票权重比例的基本规则。它使部分股东的表决权重超过了其投资比例以及合理期待权的范围,这与小股东剩余索取权的比例不相符合,至少是给予了小股东要挟控制股东的资本和机会,有矫枉过正之嫌,人为地给公司的议事活动制造障碍,降低了公司决策的效率,提升了公司运行的制度成本,实非明智之举。

本章小结

源于经济学领域的公司合同理论给公司法学研究带来的变革无可否认,但是对公司合同理论的理解决不可脱离学科之间特定的目标、研究方法和语境等差别,更不能盲目地、不加分析地进行理论移植。公司法学者应当理性对待公司合同理论,摒弃那种静

---

① 参见朱慈蕴:《资本多数决原则与控制股东的诚信义务》,载《法学研究》2004 年第 4 期,第 104 ~ 116 页;侯东德:《股东权的契约解释》,西南政法大学 2008 年博士学位论文,第 115 ~ 132 页。

态的、标签式的和脱离实际的对公司法的强制性和任意性进行研究的方法,注重对公司合同理论的实证研究。法学的研究不能脱离生活的现实,公司法学的研究不能脱离公司的本质特点和运行的实际状况。资本多数决议规则是理想与现实冲突之间公司股东会议事活动规则的必然选择。公司多数决议规则下对异议股东的保护应当和其股权比例与地位相适应,不应超出其合理期待而走向另一个极端。

结语

滥觞于经济学领域的公司合同理论被引入公司法学领域,对于拓展公司法学研究者的视野无疑具有重要意义。但是,由于学科之间的研究目标、研究方法和具体语境等差别的存在,公司法学者应当正确理解、理性看待、谨慎接纳公司合同理论,避免对公司合同理论的误解和滥用。

由公司合同理论的引入而引发的公司法的强制性与任意性之争,似乎永远难分胜负,于现实公司治理活动也意义不大。尽管公司合同理论者为公司参与者们选出公司法的权利而竭力呐喊,然而,实践中的公司参与者们似乎对这一权利非常冷漠,公司参与者们在章程制定过程中往往不加选择地直接适用公司法中的任意性规则。公司法的强制性与任意性程度受外部环境的影响而变动不居,绝不能以静态的眼光审视之。任何国家的经济政策都会根据该国特定的时期、变动的经济环境而调整,非要为公司法的强制性和任意性贴上标签是不切实际的,也没有任何意义。

公司合同理论强调公司自治和股东意思自治,而遵守公司多数决议规则并不意味着反对公司自治和股东意思自治,只是公司自治的意思形成机制不同、股东意思自治的表现形式不同。公司合同理论在我国的误读、误解和滥用,导致公司这一商事组织运行的基础——股东会议事活动的多数决议规则受到了冲击和动摇,并引发了司法实务裁判的混乱,破坏了司法的统一性和权威性,损害了公平和正义,影响了公司的运行秩序。多数决议规则是公司运行的生态规则,以合同法中的合意原则取代股东会议事活动的多数决议规则是对公司本质的违反,也不符合决议活动的本质特点和公司的运行状况。因此,合意原则对股东会议事活动来说似乎是理想的和美好的,但却是脱离实际的,注定只能是一个美好的童话。

公司章程性质的界定关系到公司章程的效力以及公司治理活动的开展。无论从公司的现实运作机理来看,还是从立法规定来看,抑或从公司章程的形成过程审视之,公司章程的性质都应当是公司内部的自治性规则,而绝不应是公司股东之间的契约。公司章程形式上体现为股东会决议的议案,无论是初始章程还是章程修正案,均源自股东之间依据多数决议规则进行的决议活动,初始章程只不过是作为股东的发起人之间多数决议的特殊情形——一致同意的结果,而绝不是股东之间的契约。初始章程和章程修正案的性质相同,均是多数决议规则下股东决议活动的结果,是公司内部的自治性规则,不应区别对待,否则只能造成理论上和实务中不必要的混乱。

公平和效率并重的资本多数决议规则是理想和现实冲突之间

公司议事活动的必然选择。多数决议规则下对异议小股东权利的保护应当尊重公司运行的生态规则，根据股东权蕴含的投资性、风险性等特征，以其合理期待为界限保护其合法权利。

参考文献

中文著作：

1. 陈醇：《商行为程序研究》，中国法制出版社 2006 年版。

2. 陈郁编：《企业制度与市场组织——交易费用经济学文选》，上海三联书店、上海人民出版社 2006 年版。

3. 崔建远主编：《合同法》（第 3 版），法律出版社 2003 年版。

4. 董慧凝：《公司章程自由及其法律限制》，法律出版社 2007 年版。

5. 范健：《商法》（第 2 版），高等教育出版社、北京大学出版社 2002 年版。

6. 冯果：《公司法》（第 2 版），武汉大学出版社 2007 年版。

7. 甘培忠：《公司控制权的正当行使》，法律出版社 2006 年版。

8. 甘培忠：《企业与公司法学》（第 5 版），北京大学出版社 2007 年版。

9. 韩世远:《合同法总论》,法律出版社 2008 年版。

10. 黄立:《民法总则》,中国政法大学出版社 2002 年版。

11. 季卫东:《法治秩序的建构》,中国政法大学出版社 1999 年版。

12. 江平、李国光主编:《最新公司法理解与适用》,人民法院出版社 2006 年版。

13. 江平主编:《法人制度论》,中国政法大学出版社 1994 年版。

14. 江平主编:《新编公司法教程》(第 2 版),法律出版社 2003 年版。

15. 蒋大兴:《公司法的观念与解释Ⅰ》,法律出版社 2009 年版。

16. 蒋大兴:《公司法的展开与评判:方法、判例、制度》,法律出版社 2001 年版。

17. 柯芳枝:《公司法论》,中国政法大学出版社 2004 年版。

18. 梁慧星:《民法总论》,法律出版社 2001 年版。

19. 林诚二:《民法债编总论——体系化解说》,中国人民大学出版社 2003 年版。

20. 刘甲一:《公司法要论》,五南图书股份有限公司 1978 年版。

21. 刘俊海:《现代公司法》,法律出版社 2008 年版。

22. 罗培新:《公司法的合同解释》,北京大学出版社 2004 年版。

23. 梅慎实:《现代公司治理结构规范运作论》(修订版),中国法制出版社 2002 年 3 月修订版。

24. 钱玉林:《股东大会决议瑕疵研究》,法律出版社 2005 年版。

25. 施启扬:《民法总则》,三民书局,1996 年 4 月增订 7 版。

26. 施天涛:《公司法论》(第 2 版),法律出版社 2006 年版。

27. 汤欣:《公司治理与上市公司收购》,中国人民大学出版社 2001 年版。

28. 王保树、崔勤之:《中国公司法原理》,社会科学文献出版社 1998 年版。

29. 王利明、崔建远:《合同法新论 · 总则》,中国政法大学出版社 1996 年版。

30. 王利明:《合同法研究》,中国人民大学出版社 2002 年版。

31. 王文宇:《公司法论》,中国政法大学出版社 2004 年版。

32. 王泽鉴:《民法总则》,中国政法大学出版社 2001 年版。

33. 金剑峰等:《公司诉讼的理论与实务问题研究》,人民法院出版社 2008 年版。

34. 徐菁:《公司法的边界》,对外经济贸易大学出版社 2006 年版。

35. 杨良宜:《国际商务游戏规则——英国合约法》,中国政法大学出版社 1998 年版。

36. 杨桢:《英美契约法论》,北京大学出版社 1997 年版。

37. 叶林:《公司法研究》,中国人民大学出版社 2008 年版。

38. 虞政平编译:《美国公司法规精选》,法律出版社 2004 年版。

39. 张海棠:《公司法适用与审判实务》,中国法制出版社 2009 年版。

40. 张开平:《公司的权利解构》,中国社会科学出版社 1999 年版。

41. 张民安、蔡元庆主编:《公司法》,中山大学出版社 2003

年版。

42. 赵旭东:《公司法学》(第 2 版),高等教育出版社 2006 年版。

43. 郑若山:《公司制的异化》,北京大学出版社 2003 年版。

44. 郑显芳等:《中国公司法律制度研究》,西南财经大学出版社 2008 年版。

45. 周友苏:《新公司法论》,法律出版社 2006 年版。

中文译著:

1. [德]迪特尔 · 梅迪库斯:《德国民法总论》,邵建东译,法律出版社 2000 年版。

2. [德]卡尔 · 拉伦茨:《德国民法通论》,王晓晔、邵建东等译,法律出版社 2003 年版。

3. [德]托马斯 · 莱塞尔等:《德国资合公司法》(第 3 版),高旭军等译,法律出版社 2005 年版。

4. [韩]李哲松:《韩国公司法》,吴日焕译,中国政法大学出版社 2000 年版。

5. [加]布莱恩 · R. 柴芬斯:《公司法:理论、结构与运作》,林华伟、魏旻译,法律出版社 2001 年版。

6. [美] 萨托利:《民主新论》,冯克利、阎克文译,东方出版社 1998 年版。

7. [美]阿道夫 · A. 伯利、加德纳 · C. 米恩斯:《现代公司与私有财产》,甘华鸣、罗锐韧、蔡如海译,商务印书馆 2005 年版。

8. [美]爱森博格:《公司法的结构》,张开平译,载王保树主编:《商事法论集》(第 3 卷),法律出版社 1999 年版。

9. [美]昂格尔:《现代社会中的法律》,吴玉章、周汉华译,译林出版社 2001 年版。

10. [美]奥利弗·威廉姆森:《法、经济和组织学解析》,载《比较》第9期。

11. [美]奥利弗·威廉姆森:《交易费用经济学:契约关系的规制》,载陈郁编:《企业制度与市场组织——交易费用经济学文选》,上海三联书店、上海人民出版社2006年版。

12. [美]奥利弗·威廉姆森:《经济组织的逻辑》,载陈郁编:《企业制度与市场组织——交易费用经济学文选》,上海三联书店、上海人民出版社2006年版。

13. [美]奥利弗·威廉姆森:《生产的纵向一体化:市场失灵的考察》,载陈郁编:《企业制度与市场组织——交易费用经济学文选》,上海三联书店、上海人民出版社2006年版。

14. [美]本杰明·克莱因、罗伯特·克劳福德、阿尔曼·阿尔奇安:《纵向一体化、可占用性租金与竞争性缔约过程》,载陈郁编:《企业制度与市场组织——交易费用经济学文选》,上海三联书店、上海人民出版社2006年版,第110页。

15. [美]E.博登海默:《法理学:法律哲学与法律方法》,邓正来译,中国政法大学出版社1991年版。

16. [美]丹尼斯·C.缪勒:《公共选择理论》,杨春学等译,中国社会科学出版社1999年版。

17. [美]道格拉斯·C.诺斯:《制度、制度变迁与经济绩效》,杭行译、韦森译审,格致出版社、上海三联书店、上海人民出版社2008年版。

18. [美]弗兰克·伊斯特布鲁克、丹尼尔·费希尔:《公司法的经济结构》,张建伟、罗培新译,北京大学出版社2005年版。

19. [美]康芒斯:《制度经济学》(上册),商务印书馆1981年版。

20. [美]科斯:《企业、市场与法律》,盛洪、陈郁译,格致出版社、上海三联书店、上海人民出版社,2009 年版。

21. [美]理查德·A. 波斯纳:《法律的经济分析》,蒋兆康译、林毅夫校,中国大百科全书出版社 1997 年版。

22. [美]罗伯特·A. 达尔:《民主及其批评者》,曹海军等译,吉林人民出版社 2006 年版。

23. [美]罗尔斯《正义论》,谢延光译,上海译文出版社 1991 年版。

24. [美]所罗门、帕尔米特:《公司法》(影印版),中国方正出版社 2004 年版。

25. [美]尤金·法玛:《代理问题与企业理论》,载陈郁编:《所有权、控制权与激励——代理经济学文选》,上海三联书店、上海人民出版社 2006 年版。(原载[美]《政治经济学杂志》1980 年第 88 卷第 2 期)

26. [美]约翰·凯、奥伯利·希尔伯斯通:《关于利益相关者的争论——公司的治理结构》,载《经济社会体制比较》1996 年第 3 期。

27. [英]保罗·戴维斯:《英国公司法精要》,樊云慧译,法律出版社 2007 年版。

28. [英]丹尼斯·吉南:《公司法》(第 12 版),朱羿锟等译,法律出版社 2005 年版。

学术论文:

1. 陈宝敏:《科斯定理的重新解读》,载《中国人民大学学报》2002 年第 2 期。

2. 陈醇:《论单方法律行为、合同和决议之间的区别——以意思互动为视角》,载《环球法律评论》2010 年第 1 期。

3. 陈醇:《意思形成与意思表示的区别:决议的独立性初探》,载《比较法研究》2008 年第 6 期。

4. 丁俊峰、闫志旻:《股东请求法院审查公司章程的效力》,载《人民司法·案例》2010 年第 6 期。

5. 范黎红:《公司章程"侵权条款"的司法认定及救济》,载《法律适用》2009 年第 1 期。

6. 方流芳:《乱世出重典——2002 年美国公司改革法案述评》,载《21 世纪经济报道》2002 年 8 月 21 日。

7. 郭富青:《论公司自治与司法介入的临界点及范围——兼析梅亚兵诉泰兴市液压元件厂股东会召集权案》,载胡道才、吴建斌主编《参阅案例研究》(商事卷第一辑),中国法制出版社 2009 年版。

8. 贺少锋:《公司自治与国家强制的对立与融合——司法裁判角度的解读》,载《河北法学》2007 年第 6 期。

9. 侯东德:《股东大会决议的契约解释》,载《理论与改革》2007 年第 6 期。

10. 侯东德:《论股东权的本质与股东导向公司治理模式——以公司契约理论为视角》,载《管理世界》2008 年第 9 期。

11. 江平:《公司法与商事企业的改革与完善》,载《中国律师》,1999 年第 2 期。

12. 江平:《完善公司治理结构的基本法律问题》,载《财经》2002 年 6 月 5 日。

13. 江苏省常州中院民二庭课题组:《股权转让若干审判实务问题研究》,载《人民司法·应用》2008 年第 23 期。

14. 江苏省高级人民法院民二庭:《审理有限责任公司治理结构案件中的三个基本问题》,载《人民司法》2007 年第 7 期。

15. 蒋大兴、金剑锋:《论公司法的私法品格——检视司法的立场》,载《南京大学学报》(哲学人文科学社会版)2005 年第 1 期。

16. 蒋大兴:《公司裁判解散的问题和思路——从公司自治与司法干预的关系展开》,载王保树主编:《全球竞争体制下的公司法改革》,社会科学文献出版社 2003 年版。

17. 柯华庆:《科斯命题的谬误》,载《思想战线》2006 年第 2 期。

18. 李国光、王闯:《审理公司诉讼案件的若干问题——贯彻实施修订后的〈公司法〉的司法思考》,载奚晓明主编:《民商事审判指导》(2005 年第 2 辑),人民法院出版社 2006 年版。

19. 刘迎霜:《公司契约理论对公司法的解读》,载《当代法学》2009 年第 1 期。

20. 罗培新:《从政府管制走向市场导向——公司法修改的合同路径分析》,载《金融法苑》2003 年第 5 期。

21. 罗培新:《公司法的合同路径与公司法规则的正当性》,载《法学研究》2004 年第 2 期。

22. 罗培新:《公司法强制性与任意性边界之厘定:一个法理分析框架》,载《中国法学》2007 年第 4 期。

23. 罗培新:《公司法学研究的法律经济学含义——以公司表决权规则为中心》,载《法学研究》2006 年第 5 期。

24. 罗培新:《填补公司合同"缝隙"——司法介入公司运作的一个分析框架》,载《北京大学学报》(哲学社会科学版)2007 年第 1 期。

25. 钱玉林:《"资本多数决"与瑕疵股东大会决议的效力——从计算法则的视角观察》,载《中国法学》2004 年第 6 期。

26. 钱玉林:《公司章程"另有规定"检讨》,载《法学研究》2009

年第2期。

27. 钱玉林:《滥用多数决的股东大会决议》,载《扬州大学学报》(人文社会科学版)2007年第1期。

28. 钱玉林:《作为裁判法源的公司章程:立法表达与司法实践》,载《法商研究》2011年第1期。

29. 宋从文:《公司章程的合同解读》,载《法律适用》2007年第2期。

30. 汤欣:《公司法的性格:强行法抑或任意法》,载《中国法学》2001年第1期。

31. 汪和建:《企业的起源与转化:一个社会学框架》,载《南京大学学报》(哲社版)1999年第2期。

32. 王欣新:《股东大会决议无效案件的审理》,载《人民法院报》2009年9月3日。

33. 王延川:《有限责任公司合约效力的司法干预及其界限》,载《法商研究》2011年第2期。

34. 吴建斌、赵屹:《公司设限股权转让效力新解》,载《南京大学法律评论》2009年春季卷。

35. 吴建斌、赵屹:《有限公司收购设限股权效力解析》,载《社会科学》2009年第4期。

36. 吴建斌:《合意原则何以对决多数决——公司合同理论本土化迷思解析》,载《法学》2011年第2期。

37. 吴建斌:《追寻合乎逻辑的裁判理由——兼谈公司案件裁判的特殊性》,载胡道才、吴建斌:《参阅案例研究》(商事卷第一辑)。

38. 吴晓锋:《江苏大丰丰鹿建材公司转让股权案小股东二审胜诉》,载《法制日报》2007年5月27日。

39. 徐爱国:《侵权法的经济学理论:一个思想史的札记》,载《法制与社会发展》2007 年第 6 期。

40. 张恋华、胡铁红、沙洵:《公司章程条款与〈公司法〉强制性规定冲突问题研究》,载《法律适用》2008 年第 9 期。

41. 张民安:《公司契约理论研究》,载《现代法学》2003 年第 2 期。

42. 张民安:《公司少数股东的法律保护》,载梁慧星主编:《民商法论丛》(第 9 卷),法律出版社 1998 年版。

43. 张维迎:《作为激励机制的法律——评〈侵权损害赔偿的经济分析〉》,载《中国人民大学学报》2003 年第 2 期。

44. 赵万一、吴民许:《论有限公司出资转让的条件》,载王保树主编:《转型中的公司法的现代化》,社会科学文献出版社 2006 年版。

45. 赵旭东:《公司僵局的司法救济》,载《人民法院报》2002 年 2 月 8 日。

46. 赵子忱:《科斯〈社会成本问题〉的产权思想辨析》,载《南京大学学报》(哲学·人文·社会科学版)1998 年第 1 期。

47. 朱慈蕴:《资本多数决原则与控制股东的诚信义务》,载《法学研究》2004 年第 4 期。

博士论文:

1. 宋智慧:《资本多数决:异化与回归》,吉林大学 2008 年博士学位论文。

2. 侯东德:《股东权的契约解释》,西南政法大学 2008 年博士学位论文。

学术讲座:

郎咸平:《中国式资本主义,美国式社会主义》,2005 年 12 月

21 日郎咸平教授在清华大学的演讲。

案例资料：

1. 常熟市人民法院(2006)常民二初字第 335 号民事判决书。

2. 常州市天宁区人民法院(2005)天民二初字第 497 号民事判决书。

3. 常州市天宁区人民法院(2006)天民二初字第 338 号民事判决书。

4. 常州市天宁区人民法院(2006)天民二初字第 338 号民事判决书。

5. 常州市天宁区人民法院(2007)天民二初字第 36 号民事判决书。

6. 常州市中级人民法院(2006)常民二终字第 313 号民事判决书。

7. 常州市中级人民法院(2006)常民二终字第 313 号民事判决书。

8. 常州市中级人民法院(2006)常民二终字第 95 号民事判决书。

9. 江苏省高级人民法院(2005)苏民二终字第 198 号民事判决书。

10. 莱州市人民法院(2007)莱州民二初字第 431 号民事判决书。

11. 烟台市芝罘区人民法院(2006)芝民二初字第 1176 号民事判决书。

12. 烟台市芝罘区人民法院(2006)芝民二初字第 579 号民事判决书。

13. 烟台市中级人民法院(2006)烟民二终字第 124 号民事判

决书。

14. 烟台市中级人民法院(2007)烟民二终字第183号民事判决书。

15. 烟台市中级人民法院(2008)烟商二终字第15号民事判决书。

16. 镇江市京口区人民法院(2008)镇京民二初字第238号民事判决书。

17. 镇江市中级人民法院(2008)镇民二终字第0392号民事判决书。

英文论文、著作和案例:

1. Adolf A. Berle & Gardiner C. Means, "*The Modern Corporation and Private Property*", Macmillan Company, 1933.

2. Anthony T. Kronman, A Comment on Dean Clark, Vol. 89, *Columbia Law Review*, Nov., 1989.

3. Armen A. Alchian & Harold Demsetz, Production, Information costs and Economic Organization, Vol. 62, No. 5, *The American Economic Review*, Dec., 1972.

4. Brudney, Corporate Governance, Agency Costs, and the Rhetoric of Contract, 85 *Colum, L. Rev.*, 1985.

5. Carlton & Fischel, The Regulation of Insider Trading, 35 *Stan. L. Rev.*, 1983.

6. Easterbrook & Fischel, Corporate Control Transactions, 91 *Yale L. J.*, 1982.

7. Easterbrook & Fischel, Voting in Corporate Law, 26 *J. L. & Econ.*, 1983.

8. Fama and Jensen, Separation of Ownership and Control, Vol.

XXVI, *Journal of Law and Economics*, *June*, 1983.

9. Fama, Agency Problems and the Theory of the Firm, 88 *J. POL. ECON*, 1980.

10. Fischel, The Corporate Governance Movement, 35 *Vand. L. Rev.*, 1982.

11. Frank Easterbrook, and Daniel Fischel, The Corporate Contract, 89 *Columbia Law Review*, Nov., 1989.

12. Harold Demsetz, The Structure of Ownership and the Theory of the Firm/Comment, 26 *Journal of Law & Economics*, 1983.

13. Henry Hansman, Corporation and Contract, V8 N1 *American Law and Economics Review*, 2006.

14. Henry N. Butler, The Contractual Theory of the Corporation, Vol. 11 (4), *Geo. Mason U. L. Rev.*, 1989.

15. Jeffrey N. Gordon, Corporate, Market and Courts, 91 *Columbia Law Review*, 1991.

16. Jeffrey N. Gordon, The Mandatory Structure of Corporate Law, Vol. 89, *Columbia Law Review*, Nov., 1989.

17. Jensen & Meckling, *Theory of the Firm: Managerial Behavior, Agency Costs and Ownership Structure*, 3 J. Fin. Econ, 1976.

18. Jensen, Organization Theory and Methodology, 58 *Acct. Rev.*, 1983.

19. John C. Coffee, Jr., The Rise of Dispersed Ownership: the Roles of Law and the State in the Separation of Ownership and Control, Vol. 111, No. 1, *The Yale Law Journal*, 2001.

20. Klein, Crawford & Alchian, Vertical Integration,

Appropriable Rents, and the Competitive Contracting Process, 21 *J. LAW & ECON.*, 1978.

21. Lewis A. Kornhauser, The Nexus of Contracts Approach to Corporations: a Comment on Easterbrook and Fischel, Vol. 89, *Columbia Law Review*, Nov., 1989.

22. Macey, *From Fairness to Contract*: The New Direction of the Rules Against Insider Trading, 9 *Hofstra L. Rev.*, 1984.

23. Melvin Aron Eisenberg, The Structure of Corporation Law, Vol. 89, *Columbia Law Review*, Nov., 1989.

24. Michael C. Jensen & William H. Meckling, Theory of the Firm: Managerial Behavior, Agency Costs and Ownership Structure, V. 3, No. 4, *Journal of Financial Economics*, October, 1976.

25. Michael Klausner, The Contractarian Theory of Corporate Law: a Generation Later, spring, *The Journal of Corporation Law*, 2006.

26. Oliver E. Williamson, Transaction Cost Economics: The Governance of Contractual Relations, Vol. 22, No. 2, *Journal of Law and Economics*, 1979.

27. Oliver Hart, An Economist's Perspective on the Theory of the Firm, Vol. 89, *Columbia Law Review*, Nov., 1989.

28. Paul L. Davies (ed.), *Gower's Principles of Modern Company Law*, Sweet & Maxwell, 1997.

29. R. H. Coase. The Problem of Social Cost, Vol. 3, *Journal of Law and Economics*, Oct., 1960.

30. R. Posner, *Economic Analysis of Law*, 3d ed, Toronto: Little, Brown and Company, 1986.

31. Robert C. Clark, Contracts, Elites, and Traditions in the Making of Corporate Law, Vol. 89, *Columbia Law Review*, Nov., 1989.

32. Robert Romano, Answering the Wrong Question: the Tenuous Case for Mandatory Corporate Laws, Vol. 89, *Columbia Law Review*, Nov., 1989.

33. Romano, Metapolitics and Corporate Law Reform, 36 *Stan. L. Rev.*, 1984.

34. Schwartz & Wilde, Imperfect Information in Markets for Contract Terms: The Examples of Warranties and Security Interests, 69 *Va. L. Rev.*, 1983.

35. Scott, Corporation Law and the American Law Institute Corporate Governance Project, 35 *Stan. L. Rev.*, 1983.

36. Wolfson, A Critique of Corporate Law, 34 *U. Miami L. Rev.*, 1980.

致　谢

大学虽毕业于医科院校并获得医学学士学位，但兴趣和冲动却驱使我在毕业之际做出了攻读法学硕士的决定，这也注定我的求学之路将充满曲折和坎坷，但我十几年来从未后悔。始终坚信天道酬勤，好事多磨，故我能以平常之心面对挫折和失败；而无数的关心和帮助则是鼓舞我不断前行的动力，故我常怀感恩之心对待这个世界。

衷心感谢我的博士生导师吴建斌教授对本书写作的指导和帮助！吴老师知识渊博、思想深刻、治学严谨，对我撰写本书过程中遇到的问题和困惑给予了方法上的指导和思路上的指引，并和我一起分析和探讨一些疑难问题，使我受益匪浅。对吴老师的感激之情，无以言表。

感谢我的硕士导师张学军教授，硕士毕业已经多年，但张老师仍然像当初一样关心着我的生活、学习和工作，并对本书写作给予了很多的指导、帮助和鼓励。

感谢镇江市中级法院的娄正前法官、无锡市

中级法院的陈志超法官、原常州市中级法院的孙远辉法官、山东工商学院的张超老师、山东同济律师事务所周晓钰律师、山东鑫希望律师事务所闫峰律师,他们为本书写作所需案例的收集给予了莫大的帮助。

感谢尚倩女士为本书的校对所付出的辛劳!

最后,感谢我的家人!他们一直是我坚实的脊梁和前行的动力。感谢父母将我带到这个世上并将我抚养成人,他们辛苦一生,任劳任怨。感谢我的岳父、岳母,他们深明事理,宽厚大度,无私的相助帮我度过了人生最困难的阶段。感谢妻子的理解和帮助以及对家庭的付出,没有她的支持我无法完成本书的写作。感谢我活泼可爱的儿子,他带给了我无限的快乐与动力。

祝愿母亲健康长寿!祈愿已逝的父亲天堂里安息!愿这个世界充满快乐、祥和与幸福!

祝　彬
2017 年 7 月于南京

图书在版编目(CIP)数据

公司合同理论本土化反思 / 祝彬著. -- 北京 : 法律出版社, 2017
ISBN 978-7-5197-1632-5

Ⅰ. ①公… Ⅱ. ①祝… Ⅲ. ①公司-合同法-研究-中国 Ⅳ. ①D923.64

中国版本图书馆 CIP 数据核字(2017)第 282461 号

公司合同理论本土化反思
GONGSI HETONG LILUN BENTUHUA FANSI

祝 彬 著

责任编辑 黄倩倩
装帧设计 鲁 娟

出版 法律出版社
总发行 中国法律图书有限公司
经销 新华书店
印刷 北京京华虎彩印刷有限公司
责任校对 杨锦华
责任印制 陶 松

编辑统筹 学术 · 对外出版分社
开本 A5
印张 8
字数 182 千
版本 2017 年 12 月第 1 版
印次 2017 年 12 月第 1 次印刷

法律出版社/北京市丰台区莲花池西里 7 号(100073)
网址/www.lawpress.com.cn
投稿邮箱/info@lawpress.com.cn
举报维权邮箱/jbwq@lawpress.com.cn
销售热线/010-63939792
咨询电话/010-63939796

中国法律图书有限公司/北京市丰台区莲花池西里 7 号(100073)
全国各地中法图分、子公司销售电话:
统一销售客服/400-660-6393
第一法律书店/010-63939781/9782
西安分公司/029-85330678
重庆分公司/023-67453036
上海分公司/021-62071639/1636
深圳分公司/0755-83072995

书号:ISBN 978-7-5197-1632-5
定价:38.00 元